外国家庭法及妇女理论研究中心项目
家 事 法 研 究 学 术 文 库

陈　苇 主编

人文主义视阈下的离婚法律制度研究

冉启玉 著

群 众 出 版 社
·北京·

《家事法研究学术文库》顾问

（以姓氏笔画为序）

丛书主编简介

陈苇　女，四川资中县人，1987年于西南政法学院民法专业硕士研究生毕业，获法学硕士学位，留该校任教至今。主要研究方向为婚姻家庭继承法、妇女儿童老人权益保护。2003年12月至2004年12月，其受国家留学基金资助公派出国留学，作为访问学者到澳大利亚悉尼大学法学院进修外国家庭法一年，现任西南政法大学民商法学院教授、博士生导师、外国家庭法及妇女理论研究中心主任、婚姻家庭继承法及妇女理论教研室主任，兼任家庭法国际协会执行委员会委员、中国婚姻家庭法学研究会副会长，重庆市人民代表大会内务司法委员会咨询专家、重庆市妇联法律顾问，重庆市渝北区人民代表大会代表，重庆市沙坪坝区人民法院"未成年人司法制度研究基地"专家咨询委员会委员。

代表性成果包括：独著、主编、主持翻译的《中国婚姻家庭法立法研究》（第一版、第二版）、《外国婚姻家庭法比较研究》、《中国大陆与港、澳、台婚姻家庭法比较研究》、《中国大陆与港、澳、台继承法比较研究》、《当代中国民众继承习惯调查实证研究》、《外国继承法比较与中国民法典继承编制定研究》、《改革开放三十年（1978~2008）中国婚姻家庭继承法研究之回顾与展望》、《加拿大家庭法汇编》、《澳大利亚家庭法（2008年修正）》、《美国家庭法精要》（第五版）、《澳大利亚法律的传统与发展》（第三版）等著作、译作二十余部；在《中国社会科学文摘》、《中国法学》以及International Journal of Law, Policy and the Family, The International Survey of Family Law, US-China Law Review, 21st Century Law Review等中外学术刊物发表中英文学术论文六十余篇；此外，主编出版《家事法研究》学术论文集六卷（2005年卷~2010年卷）和"家事法研究学术文库"系列著作；应邀与美国、意大利学者合作撰写美国法学院比较家庭法英文教材一部：Practical Global Family Law ——United States, China and Italy（2009年4月在美国出版）。

目　录

附录

CONTENTS

前　言

自1978年西南政法学院复办以来，我国著名的婚姻法专家、中国法学会婚姻法学研究会副总干事杨怀英教授担任我校婚姻法研究方向的学科带头人。1985年3月至7月，我校承担了司法部委托的全国法律专业婚姻法师资进修班的教学任务。当时全国著名的婚姻法专家巫昌祯、杨大文、王德意、李忠芳、任国钧等教授应邀前来我校，与我校全国著名的婚姻法专家杨怀英教授及胡平等教师一起为来自全国的婚姻法师资进修班学员们上课，传授婚姻法学的理论知识和教学经验。如今，该婚姻法师资进修班学员们大部分都成为各高校的婚姻法领域的著名专家学者和骨干教师，他们为国家培养了大批优秀的人才。因此，可以说，我校是我国婚姻法学人才培养的摇篮。在科研方面，杨怀英教授先后主编出版了：《滇西南边疆少数民族婚姻家庭与法的研究》（法律出版社1988年出版）；《中国婚姻法论》（重庆出版社1989年出版，1991年荣获重庆市社科优秀科研成果三等奖）；《凉山彝族奴隶社会法律制度研究》（四川民族出版社1994年出版，1996年荣获四川省社科优秀科研成果二等奖）等专著和教材。1995年杨怀英教授去世后，由中国法学会婚姻法学研究会常务理事邓宏碧教授担任婚姻法学科带头人。邓宏碧教授、胡平副教授等老教师带领婚姻法课程的教师们继续努力进行教学和科研工作。尤其值得指出的是，邓宏碧教授主编的《中国少数民族人口政策研究》（国家社会科学“八五”规划重点科研项目，重庆出版社1998年出版），2001年荣获重庆市社会科学优秀科研成果一等奖。

本人于1979年9月考入西南政法学院法律系本科学习，1983年6月毕业任教一年后，于1984年9月考入西南政法学院攻读民法专业硕士研究生，师从杨怀英教授，主要研究婚姻家庭法。1987年7月本人硕士研究生毕业后留校任教至今。我在母校学习和从事教学科研工作至今已有30多年了。在这30多年期间，在母校各级领导和教师们的辛勤培养下，我由一名学生成长为教授、博士生导师、博士后合作导师；于1996年5月起担任民法教研室副主任，于1999年5月起担任民法教研室主任，于2003年5月起至今担任婚姻家庭继承法教研室主任。在婚姻法学界老一辈专家的辛勤培养下，本人于1996年7月起担任中国法学会婚姻家庭法学研究会理事；于1999年7月起担任中国法学会婚姻家庭法学研究会常务理事；于2004年7月至今，担任中国法学会婚姻家庭法学研究会副会长。2003年12月至2004年12月，本人受国家留学基金资助由教育部公派出国留学，作为访问学者到澳大利亚悉尼大学法学院进修家庭法一年。我留学回国后，于2005年1月向学校提出了建立“西南政法大学外国家庭法及妇女理论研究中心”的书面申请。2005年4月1日，西南政法大学校长办公会议批准同意该研究中心成立，任命我担任主任。

自2005年4月该研究中心成立后，本人夙夜忧虑，恐负厚望，带领研究中心的教师和研究生组成科研创新团队，勤奋科研，不敢懈怠。近6年，我担任项目负责人，主持完成并公开出版的专著、译著有十余部:《外国婚姻家庭法比较研究》（重庆市哲学社会科学“十五”规划项目，2006年1月出版）、《加拿大家庭法汇编》(2006年1月出版)、《中国大陆与港、澳、台继承法比较研究》(重庆市教委人文社科项目，2007年1月出版)、《当代中国民众继承习惯调查实证研究》（国家社科基金项目子课题，2008年1月出版)、《澳大利亚家庭法（2008年修正)》（重庆市教委人文社科重点项目，2009年1月出版)、《美国家庭法精要》（2007年第五版，

2010年3月出版)、《改革开放三十年（1978~2008）中国婚姻家庭继承法研究之回顾与展望》（西南政法大学重点项目，2010年1月出版)、《中国婚姻家庭法立法研究》（第二版，2010年1月出版)、《外国继承法比较与中国民法典继承编制定研究》（国家社科基金项目，其结项专著被鉴定为“优秀”，并且入选2010年度《国家哲学社会科学成果文库》，全国哲学社会科学办公室在“出版说明”中指出：入选成果代表当前相关领域学术研究的前沿水平，体现我国哲学社会科学界的学术创造力，按照“统一标识、统一封面、统一版式、统一标准”的总体要求组织出版，2011年3月出版)、《澳大利亚法律的传统与发展》（2011年6月出版）等。此外，应邀与美国、意大利学者合作撰写美国法学院比较家庭法英文教材1部：*Practical Global Family Law—United States, China and Italy*（2009年4月在美国出版)。

为促进婚姻家庭继承法领域的学术研究和学术交流，本人于2005年起创办《家事法研究》学术论文集刊。自《家事法研究》首卷面世以来，历时6年，先后出版了2005年卷至2010年卷共计6卷，推出了一批具有前沿性的学术论文，培养了一批学术新人，受到学术界同人和实务界人士的肯定和好评，产生了良好的社会影响。为进一步扩大《家事法研究》的学术影响，经本人提出申请，中国法学会婚姻家庭法学研究会常务理事会研究同意，《家事法研究》从2011年卷起始转为“中国法学会婚姻家庭法学研究会”的会刊。可以相信，今后在该研究会的精心主办下，《家事法研究》将在法学理论研究与司法实务探索相结合的沃土中更加茁壮成长、枝繁叶茂!

长江后浪推前浪。为了推出婚姻家庭继承法学研究领域具有前沿性、创新性的学术著作，培养学术新人，本人主编出版《家事法研究学术文库》丛书。此套丛书主要遴选婚姻家庭继承法研究领域具有前沿水平的博士学位论文和学术专著组成，每年拟出版2~3本。本学术文库丛书的出版目的，旨在通过婚姻家庭继承法学研究领域前沿水平学术著作的出版，进一步提升家事法研究的理论水平，推出一批婚姻家庭继承法学研究领域的新秀，促进我国婚姻家庭继承法学研究朝着更深、更广的方向发展，以更多的优秀研究成果为国家的立法和司法服务。

最后，我对重庆市市场交易法律制度研究基地给予的部分资助表示感谢；对群众出版社的编辑同志们对本文库丛书辛勤的编辑工作，也表示衷心的感谢！

陈 苇

2011 年 8 月 18 日

人文精神
——婚姻家庭法的时代呼唤
（代自序）

在现代化进程中，全球范围内婚姻家庭受到了多方面思潮的冲击、挤兑和影响，并产生了严重的信仰危机。离婚率急剧上升、婚外同居增加、主流观念支配、绑架婚姻家庭观、亲密关系遭到质疑、人们像对待找工作或交易一样对待婚姻，甚至有人将婚姻视为投资行为……这些现象足以让人思考：现代社会，婚姻家庭究竟何去何从？面对社会变化，婚姻家庭法是否应有所作为？婚姻家庭法的时代精神是什么？婚姻家庭法应当坚持何种原则、如何作为？

在此背景下，国际社会及一些国家及时采取了一些措施以维护婚姻家庭关系，支持“回归家庭”。联合国 1948 年《世界人权宣言》宣称：家庭是天然的、基本的社会单元，应受社会和国家的保护；1966 年《公民权利和政治权利国际公约》进一步指出应采取适当步骤确保结婚双方权利和责任平等，解除婚约时应为儿童规定必要的保护办法。联合国将 1994 年定为“国际家庭年”，并强调家庭理应受到特殊之重视，社会保障与政策支持都应着眼于家庭。在国际社会号召下，苏联较早采取措施保护家庭。自 20 世纪六七十年代以来，苏联采取了一系列措施以防止轻率离婚、教育提升青年的婚姻家庭责任感、积极开展家庭问题研究等。英国针对 1969 年离婚法破裂原则确立以来离婚率大幅度提高的情况，积极改革离婚法。该国 1996 年《家庭法》体现了离婚法改革的目标，规定应支持婚姻制度、采取一切可行措施挽救婚姻。澳大利亚1975年《家庭法》亦明确规定：维持和保护婚姻制度，排除对婚姻的干预，给予家庭最可能宽泛的保护和救助，尤其是考虑在家庭对未成年子女负有照料和教育职责时的需要。美国1996年的《个人责任与工作机会协调法》旨在扶助贫困家庭、促进双亲家庭，体现了维护“传统的家庭价值”的观念。该法前言规定：婚姻是成功社会的基础，是促进子女利益与幸福必不可少的制度，父母责任是子女养育、保障子女利益与幸福之必须。这些巩固婚姻、维护家庭的措施充分体现了尊重人、关心人的人文精神以及以人为本的价值取向。

改革开放30多年来我国离婚率急剧上升，尤其是2003年《婚姻登记条例》施行以来离婚率增长更快。1978年我国离婚总数为28.5万对，2009年已达到246.8万对。家庭破裂后离婚女性的经济贫困化、未成年子女的抚养监护等一系列问题可能导致不和谐的社会现象。我国构建和谐社会新时期的民法典制定工作已经提上议事日程。新时期应制定一部什么样的离婚法？离婚法律制度需要相应的理论为指导，这迫切需要对离婚法进行理论上的梳理与再认识，并进行制度上的构建与完善。在现代化进程中，发达的工业文明和对技术理性的纯粹追逐导致了人类人文精神的危机：人在某种程度上为人所创造的法律所异化。由于在某种程度上缺乏价值定位，法律倾向于作为解决纠纷的理性工具，过于强调法律的功利性，注重强调法律的效率而忽略了对人的终极关怀。法律因缺乏人的主体性定位及对于人的终极性关怀，脱离了人的本性，违背了人文主义以人的价值为中心的法治精神，降低了人们对法律的真正信仰。法律不应仅仅是现世主义的工具，应以人为中心旨归。因此，只有以人为基础制定的法律才能得到人们的有效遵守，符合构建和谐社会的目标。

笔者尝试从人文主义角度研究离婚法，强调离婚法关怀人、尊重人，与“回归家庭、复兴人文精神”的理念一致，更是现代婚姻家庭对人文精神的时代呼唤。在当今高离婚率的背景下，离婚法不仅要解决当事人之间的纠纷，更需要一种价值定位与信念支撑。虽然立法不能完全阻止夫妻离婚与家庭破裂，但离婚法并非完全无所作为；离婚法不应只是社会主流观念的反映，更应发挥其塑造人类文化的作用。至少，离婚法在离婚程序方面可以通过设定一定的程序性障碍以减缓离婚的步伐，防止轻率离婚，因为婚姻家庭仍然是人类生存的基本组织，其中的亲密关系仍然无法被取代。夫妻关系如能维持，离婚法应首先创设婚姻挽救机制；确系无法维持时，也应鼓励夫妻协商解决相关纠纷；实在协商不成，法律也应根据人的利益和需求解决离婚纠纷，处理好相关法律后果、衡平家庭成员利益、保障弱势权益，以谋求“在社会核心建立最小的民主体制”。离婚法体现法律的人文精神，以有别于财产法的规则处理相关纠纷，符合人的利益需求。和谐社会是“以人为本”的社会，和谐社会的构建以构建和谐的婚姻家庭关系为基础。离婚法只有从人出发，考虑人的多方面的合理需求，维护人的利益，处理好离婚的多种关系才能促进和谐社会的构建。

总之，维护和巩固婚姻家庭、尊重婚姻家庭的价值，维护人的尊严，以符合人的利益和满足人的合理需求的方式处理离婚纠纷，是人文精神在婚姻家庭领域的回归，是时代对人文精神的呼唤，也是本书从人文主义角度研究离婚法的时代背景。

是为序。

冉启玉

2011 年秋于重庆歌乐山下

导 论

一、本书的写作背景及意义

（一）写作背景

人文主义是一个开放的概念，是一种以人的价值为中心，尊重人的平等，维护人的尊严，实现人的全面、自由发展的思想或观念。西方人文主义最初萌芽于古希腊，正式形成于文艺复兴时期。在封建的中世纪，神学统治着整个社会，僧侣们掌握着文字和教育，古希腊、古罗马辉煌的文化被神学所取代。在封建教规影响下，人的欲望被压抑，人性被扭曲。神学对人性的压抑源于人类在伊甸园犯下的原罪，人类因其原罪而只能做屈从于上帝的子民才能获得上帝的救赎。人文主义正是在反对封建神学对人性奴役的基础上产生的，其最初主张恢复古希腊、古罗马的文化，将人从神学统治下解放出来，提倡人性，反对神性，提倡人权，反对神权。由于人文主义者主张对人的终极关怀，颂扬人的伟大，文艺复兴时期因而被誉为“人的发现”的伟大时代。该时期的人文主义者认为，人才是目的，人并非为上帝而存在，正如但丁所言：“永恒的上帝用其天的力量命令全人类存在，以达其最后的目的。所谓最后之目的，就是人类之幸福。”① 文艺复兴时期的人文主义者极力颂扬人

① 周辅成：《从文艺复兴到十九世纪资产阶级哲学家政治思想家有关人道主义人性论言论选辑》，商务印书馆1966年版，第18页。

的价值，包括人的自由、才能和尊严，催生了资产阶级启蒙运动的自由、平等、博爱等思想，奠定了西方法治的理性基础，促成了西方国家对法律的信仰，并以平等、自由等价值作为法治追求的目标，在西方法治进程中发挥着重要的作用。西方人文主义经历了古希腊、古罗马的萌芽时期、文艺复兴时期、资本主义启蒙运动时期，盛行于现代西方社会，虽然在历史上因受科学理性主义和工具理性主义挤压一度衰落，但在20世纪人类再度兴起人文主义思潮，成为人类的一种时代精神需要和永恒的价值追求。

自文艺复兴以来，上帝祛魅，人已扎根于世俗社会的土壤。而在我国这样一个并非具有深厚的宗教传统的国家，神性统治人性似乎是不曾发生或将来也不大可能发生的事实。但正如有学者在考察外国婚姻家庭法概况时发出的感慨：对于婚姻家庭法，“走进历史是沉重，面对现实亦沉重”。“在近代，当资产阶级思想家吹响推崇人的尊严，要求人的权利平等与自由，处处讲究对人的权利保护的号角，并成功地促成了以尊重个人意志自由、保护个人权利为本位的近代西方法制的建成，体现在其他部门法中的这种精神与原则，却在实质上没有能够在婚姻家庭法制中得以贯彻。”① 综观人类文明发展史，英国在17世纪确立最早的资产阶级民主国家，18世纪开始工业革命，在20世纪西方各国开始法制现代化的进程。但与人类的进步思想相比，婚姻家庭法迈向文明、平等的步伐远远滞后而缓慢，与人类社会辉煌的经济成就和源远流长的各种权利理论形成鲜明的对比。发生在婚姻家庭法领域中的发育迟滞与不良现象引发了诸多学者的关注和感慨。“人类婚姻家庭法的历史经历了特殊而又艰难曲折的历程”，“西方世界作为自由、平等、民主等现代文明的发源地，其婚姻家庭法发展的沉重步伐显得沧桑而令人费解。”② 英国学者也指出，在英国，尚无法律领域未受到1998年

① 叶秋华：《外国法制史》，中国法制出版社2000年版，第82页。

② 李喜蕊：《英国家庭法历史研究》，知识产权出版社2009年版，第1页。

《人权法》的影响，但直到20世纪末，家庭法仍然是受《人权法》及其培育的权利话语与权利意识影响最小的法律领域之一。[①] 家庭法作为保护家庭成员权益的法律，其发展滞后，甚至有学者认为："与合同法、侵权法的复杂体系相比，子女相关法律还只是处于婴儿期。"[②] 有学者对人的发现作了如下归纳："西洋在16世纪发现了人，18世纪发现了妇女，19世纪发现了儿童。"[③] 足见婚姻家庭领域对妇女儿童权利保护的步伐更慢，比之"人的发现"晚了一到两个世纪。一方面，在结婚法和离婚法方面，很多国家受宗教的影响深远。直到16世纪新教运动，一些基督教国家才开始脱离罗马教会，始承认婚姻"与衣食住问题同为俗的性质之物"。英国1836年的《结婚法》才废除"普通法式婚姻"结婚必须履行宗教仪式的规定，开始承认民事婚姻，但同时保留了宗教婚必须履行宗教仪式的规定。[④] 1898年英国的《婚姻条例》才废除了以宗教仪式为结婚必经程序的规定。在1857年英国才设立世俗法院管辖离婚和婚姻诉讼案件，在此之前英国还是一个不承认离婚制度的国家。荷兰、比利时、意大利、瑞士、德国于19世纪中叶才实行必要民事婚姻主义，葡萄牙于1910年，苏俄于1907年，土耳其于1926年才采必要民事婚姻主义。[⑤] 另一方面，婚姻家庭中的男女平等、未成年子女主体地位等问题任重而道远。以英国为例，女性获得与男性平等的财产权还只是20世纪的事情。受中世纪夫妻一体主义思想的影响，在1882年《已婚妇女财产法》颁布前，英国已

---

① Julie Wallbank, Shazia Choudhry and Jonathan Herring, *Rights, Gender and Family Law*, Routledge, 2010, p. 199.

② Barbara Bennett Woodhouse, Child Custody in the Age of Children's Rights: The Search for a Just and Workable Standard, *Family Law Quarterly*, 33, 1999, p. 831.

③ 周作人：《公茶随笔》，河北教育出版社2002年版，第42页。

④ 何勤华主编：《英国法律发达史》，法律出版社1999年版，第232～233页。

⑤ ［日］栗生武夫：《婚姻法之近代化》，胡长清译，中国政法大学出版社2003年版，第4、6页。

婚妇女不能独立拥有财产权，没有契约能力和诉讼能力。1857 年英国的《离婚与婚姻诉讼法》才规定已婚妇女在分居、离婚或被抛弃后，可以独立拥有自己的财产，直到 1962 年才赋予夫妻相互享有对对方提起诉讼的权利，已婚妇女才取得和男性真正平等的财产权。[①] 在国际社会，联合国将 1975 年定为国际妇女年，并在墨西哥首次召开国际妇女大会，妇女人权才真正形成。由于历史及社会现实等多种因素的影响，现实中女性并未获得与男性完全平等的地位。在人权运动背景下，直到 1989 年联合国才将“儿童最大利益原则”作为儿童人权保障的基本原则写进《儿童权利公约》。虽然“儿童最大利益原则”在许多国家的家庭法中得以确立，但长期以来的父母本位思想，尤其是父权至上观念并未完全消除，将儿童作为实现父母权利的客体而非独立的权利主体的思想仍然存在。在人类民主、文明高度发展的现代社会，在婚姻家庭中某种程度上仍然存在人文主义精神的缺失。在婚姻家庭中，由于多种因素的影响，以人的自由、平等、尊严为主要内容的人文主义精神的渗透缓慢而艰难，婚姻家庭领域因其隐秘性而成为人文精神隔离的天然屏障。

家庭是人类心灵的港湾，被誉为现代社会“位于冷漠世界的天堂”(heaven in a heartless world)。家庭也是社会的细胞，家庭的和谐稳定是社会发展的前提，也可以为社会提供前进的动力。孟子说:“人有恒言，皆曰，‘天下国家’天下之本在国，国之本在家，家之本在身。”[②] 孟子的古训道出国家与个人的关系。国家的根本在于家庭，家庭的根本在于成员个体自身。没有家庭及构成家庭的个体，国家就无从存在。古人也曾提出“修身、齐家、治国、平

① 李喜蕊:《英国家庭法历史研究》，知识产权出版社 2009 年版，第 6、170 ~ 173 页。

② 《孟子·离娄上》。

天下”[1] 作为人生理想，强调个人、家、国为不可分割的整体，将修身、齐家与治国、平天下并列，体现家为国的根本，个人乃家的主体的观点。甚至有学者认为，“在儒学孔子那里，直接关怀的是修身齐家，至于治国则是间接的”，“以《大学》的语言看，儒学的本分在修身、齐家而不在治国、平天下”。[2] 基于婚姻家庭的特殊地位及人在家庭中的主体地位，维护家庭关系、关怀作为家庭主体的人自然成为婚姻家庭法的基本要求。

离婚法是婚姻家庭法的一部分，家庭法中存在的法律发展迟滞，人文精神不足等现象在离婚法中同样存在。在离婚方面，我国1980 年《婚姻法》确立了“夫妻感情破裂”作为判决离婚的基本原则，2001 年修订《婚姻法》时仍沿用该原则。我国 2003 年《婚姻登记条例》进一步简化了行政登记程序，离婚变得更加简易，离婚率在我国逐年攀升。我们虽然不能对离婚进行道德上的评判，但离婚意味着家庭的解体，会带来离婚当事人情感的困扰、对未成年子女利益的冲击，且家庭的解体意味着社会细胞的分裂，随之而来的则是此种分裂可能带来的创伤及对离婚成本的分担。面对高离婚率，法律到底能做什么？离婚法是放任婚姻当事人追求自己的婚姻幸福还是兼顾法律的其他价值？离婚自由是人类婚姻文明的体现，也有利于促进婚姻幸福，在尊重婚姻自由的前提下如何真正实现对人的关怀是各国离婚法关注的中心。但离婚自由与人性对婚姻家庭的需求是一对相互矛盾的价值，如何寻找二者的最佳结合点，缓和二者的对立以趋于统一，这必须以人本身作为制度的根基。家庭中仍然存在社会强势和弱势的分层，在经济上男女两性仍然存在差距。由于家庭中仍然存在男女不平等关系，女性在婚姻期间的劳动价值仍未得到应有的体现，一些情况下对女性权益的“系统性

① 《礼记·大学》。

② 龙佳解：《中国人文主义新论——评当代新儒家的传统文化诠释》，湖南大学出版社 2001 年版，第 135 页。

剥夺”仍然存在。加上我国离婚法救济措施及社会救助制度不完善，可能限制女性的离婚自由，也可能进一步造成男女之间的不平等。未成年子女作为生理和心理上的弱势者其权益保障仍然存在不足，在离婚法中尚未完全确立未成年子女的主体地位。“人文精神是人类共同的精神财富，它对人的价值的关怀和人生意义的追求是人们创设一切社会制度的基本动力。人文精神在过去哺育了西方法治文明，在当代也将是我国社会主义法制建设的精神支柱。”[①] 基于此，笔者对我国高离婚率背景下的离婚法进行人主义解读，并追寻其本身的人文精神，为我国离婚法寻找精神支点。人文主义视野下的现代离婚法，在现代性背景下，不是为摆脱神性而抗争，而是通过对人文主义合理内核的挖掘，让人文主义精神更好地渗透于婚姻家庭法，以构建更自由、民主、平等，充满人性的法律秩序。在新的千年，我们应当构建怎样的人性化的婚姻家庭法，这唤起笔者对离婚法定位的反思，而人文精神在现代社会的复兴之风促成了进行离婚法人文精神探讨的初衷和构想，希望乘此尝试之机，将人文主义精神扎根于婚姻家庭法的土壤，为制定新时期以人为价值中心的离婚法提供一种观念的指导。

（二）意义

从人文主义角度研究离婚法，是从人出发，从人的角度观察法律，强调以人为离婚法的制定、修改及完善的中心。从人文主义角度研究离婚法，不仅仅是研究视角的转换，更是研究范式的转变或深化，是从传统的“阶级斗争研究范式”、“义务本位研究范式”向“以人为本，尊重和保障人权”的研究范式的深化与转变。

现代意义的范式一词是美国科学家、哲学家托马斯·库恩（Thomas Kuhn，有翻译为孔恩的）提出的一个概念。在《科学革命的结构》中，库恩认为：“范式一词指的是公认的科学成就，在

① 汪太贤：《论中国法治的人文基础重构》，载《中国法学》2001 年第 4 期，第 16 页。

某一阶段，它们对于科学家社群而言，是研究工作所要解决的问题与解答的范例。”[①] 库恩认为科学界是由一个流行的范式所控制的，那个范式代表科学界的世界观，它指导和决定问题、数据和理论的选择——直到另一个范式将其取代，范式是现代科学中整体性观点和整体性方法在哲学上的反映。[②] 库恩的“范式”一词本身就存在内涵的不确定性特点，现代人对库恩“范式”一词的理解也存在较大的分歧，但人们一般将范式理解为“研究和观察问题的进路、方向、方法”。[③] 在《科学革命的结构》之后不久，范式一词在许多学科中广泛使用。今天，这一概念早已超出了库恩赋予范式的原意，被广泛地用来表征或描述一种理论模型、一种框架、一种思维方式、一种理解现实的体系、科学共同体的共识。[④] 人文主义离婚法的研究范式是以人文主义作为离婚法的基本理论基础，从人出发，以人的权利本位为视角进行离婚法的研究。

英国的布洛克在《西方人文主义传统》一书中将西方看待人和宇宙的思想分为三类。第一种模式是超越自然的，即超越宇宙的模式，将上帝看做宇宙的中心，人是神创造的一部分，与此相对应的就是神学模式的法律观。第二种模式是自然的，即科学的模式，集焦点于自然，把人看成自然秩序的一部分，与此对应的就是机器模式的法律观。第三种模式是人文主义的模式，集焦点于人，以人作为出发点，与此相关的就是人文主义的法律观。[⑤]

---

① ［美］孔恩：《科学革命的结构》，程树德等译，台湾源流出版事业股份有限公司1994年版，第38页。

② 张文显、于宁：《当代中国法哲学研究范式的转换——从阶级斗争范式到权利本位范式》，载《中国法学》2001年第1期，第63页。

③ 孙国华、张小军：《以人为本与法学研究范式》，载徐显明主编：《以人为本与法律发展》，山东人民出版社2008年版，第5页。

④ 张文显、于宁：《当代中国法哲学研究范式的转换——从阶级斗争范式到权利本位范式》，载《中国法学》2001年第1期，第64页。

⑤ ［英］阿伦·布洛克：《西方人文主义传统》，董乐山译，生活·读书·新知三联书店1997年版，第12页。

中世纪的法律就是神学模式的法律观的体现。在神学观念下，上帝无所不能，人在上帝面前是渺小的，只能听从上帝的安排。由于人犯有原罪，只有禁欲，才能成为上帝喜欢的子民。因此，人类的幸福掌握在上帝手中，寄托在虚无缥缈的来世。在具有宗教传统的国家，婚姻家庭受宗教教规的制约，婚姻案件也属于教会法院管辖。宗教教规认为“婚姻是神事和人事的结合”，终身不得离异。此种神学法律观使人完全丧失了本性，成为上帝面前的奴仆。马克思在《黑格尔法哲学批判导言》中对夸大宗教作用的观点进行了深刻的批判，提出“反宗教的批判的根据就是：人创造了宗教，而不是宗教创造了人”。[①] 宗教神学法律观是教会出于统治人的需要，以教会作为麻痹人民的工具，其完全颠倒了人与神的关系。

机器模式的法律观是将研究自然科学的方法推及社会科学及人文科学的研究。此种法律观认为世界是一个相互作用的系统，其任何一个组成部分都可以以某些公式或定律加以说明。例如，美国政治学家认为，16～18 世纪人们的观念是将“社会和整个世界看做是一架庞大的机械装置、一台机器或是一个钟表装置，它是由神圣的造物主所创造并使它不断地运转的。在这个机械装置内及其构成部分的许多小机械装置内，人们相信各部件的相互关系可以通过机械计算加以精确地确定，它们的作用和反作用也可以精确地遇见到”。[②] 将科学主义的方法运用到法律研究中，就形成了机器模式的法律观。此种法律观认为，法律就是调整世界的一种规范，因此和自然科学一样，可以通过对规律的认识和运用研究、设计法律。在这种观念下产生了功利主义法学、实证主义法学及法经济学等。功利主义法学派认为功利是法律的唯一原则，是人间法律的出发点和归宿。边沁的功利主义法律观认为，法律的制定应考虑人的本

① 《马克思恩格斯选集》第三卷，人民出版社 1972 年版，第 1～2 页。

② ［美］汉斯·J. 摩根索：《国家间的政治》，杨歧鸣等译，商务印书馆 1993 年版，第 267 页。

性，人的本性就是受苦与乐的支配，法律的制定就是根据这些苦乐制定的。根据边沁的功利原则，少数人要服从多数人的幸福，因此可以为了多数人的幸福牺牲少数人的幸福。但边沁的功利主义法律观遭到了多方批判：功利主义不是人类伦理的最高绝对原则，人类对自身行为的认识是不断变化的，本无所谓最高原则；功利原则不是人类行为的唯一原则；边沁的功利计算根本上是不可能的。[①] 功利主义法律观虽然考虑到了人性，但其对人性的理解是片面的，人不可能永远只有苦与乐的情感，人的情感是复杂的，不是像纯粹的机器那样可以将其感受分为苦与乐。而且，功利主义缺乏对少数人幸福的保障。分析实证主义法学派认为，法律只不过是机械化、形式化的东西，法官判案只是针对具体法律规则加以简单的对号入座，法官只是一部“自动售货机”。纯粹主义法学是一种极端的分析实证主义法学，其强调研究法的实然性，将法排斥在价值论之外。“纯粹法学研究的对象是实在法的结构，不研究法律与经济、政治、道德或心理因素的关系。”[②] 因此，纯粹主义法学难以克服“恶法亦法”的局限。作为纯粹主义法学的创始人之一的凯尔逊的纯粹法学“因过于强调纯粹的公式，忽视了创造、适用和遵守法律的人的因素，没有探讨法的社会目的和社会效果”而招致学者批判。[③] 法经济学派主要从收益与成本角度分析法律制度的设计，将人类看做追逐利益最大化的理性动物。法经济学派将法律的价值归结为效益，割裂了法律与公平正义等其他价值的关系，忽略了人类对法律价值多元化的追求。

神学模式的法律观忽略了人的主体地位，自然是应予摒弃的法律观。文艺复兴时期人文主义法学派就是在强烈反对宗教对人的奴役的背景下产生。机器模式的法律观虽然在一定程度上考虑到了法

---

① 时显群：《西方法理学研究》，人民出版社 2007 年版，第 237 页。

② 时显群：《西方法理学研究》，人民出版社 2007 年版，第 244 页。

③ 张文显：《二十世纪西方法哲学思潮研究》，法律出版社 2006 年版，第 76 页。

律应从人出发，但其忽略了法律的制定、适用及遵守中人的复杂性、多变性及人的需求的多样性。人并非是简单的计算苦乐的工具，法律也不是简单衡量收益和成本，法律应当具有人文精神，这正是人文主义法律观的主张。人文主义法律观不仅仅是一种世界观，也是法律研究的重要方法论和研究视角。本论文即在看待人与法律的关系上，转移到以人为法律的前提和核心，强调以人作为法律制度的中心，在此种视角下对离婚法人文主义的应然性和实然性进行分析，探讨人文主义的理念和具体要求，并对我国现行离婚法从人文主义视角进行审视，以提出符合人文精神的完善建议。

由于看待法律的视角不同，对法律的研究范式及制定就存在很大的差异。长期以来，我国法律研究以阶级斗争为主要研究范式。法律的阶级斗争范式下，强调法律的阶级性，在法律的制定、适用及遵守中强调“以阶级斗争为纲”，以法的统治阶级的意志代替法律的人文性，而不是从人的权利与尊严保护出发制定与适用法律。甚至在历史上，就连法学研究探讨人性问题都成了忌讳，只能谈论法律的阶级性而不能探讨法律的人性。[①] 法律的阶级性强调法律对统治阶级的利益，导致“阶级—阶级矛盾—阶级斗争”的思维方式，过分夸大阶级矛盾和阶级斗争，忽略法律对人的终极关怀这一最终目的。法律最终成了统治人民的高高在上的工具，而不是为了增进人类的幸福，人为法律所“异化”。由于过分强调法的阶级性也就导致了国家理论指导或代替法学研究、法律规则模式论、法律的义务本位等缺陷。[②]

在20世纪60年代，我国“文化大革命”时期的婚姻家庭法就是以阶级斗争为纲的体现。在此时期，阶级斗争被带入婚姻家庭，婚姻家庭问题以解决阶级矛盾的方式处理，在婚姻家庭领域片

① 徐国栋：《人性论与市民法》，法律出版社2006年版，第3页。

② 张文显、于宁：《当代中国法哲学研究范式的转换——从阶级斗争范式到权利本位范式》，载《中国法学》2001年第1期，第66~67页。

面强调“兴无灭资”，把恋爱关系视为“谈情说爱的资产阶级生活方式”，主张夫妻之间、父母子女之间也要“划清政治界限”，在离婚问题上用“唯正当理由论”代替夫妻感情等。[①] 在“文化大革命”期间，婚姻家庭法制为政治路线所代替，亲情、婚姻带上了政治色彩，人性被扭曲，人权被践踏，人们的婚姻家庭权利成了政治斗争的牺牲品，我国的婚姻家庭法制建设遭到了颠覆性破坏。“文化大革命”结束后，在改革开放新形势下，我国进入拨乱反正时期，于1980年制定了新的《婚姻法》，结束了婚姻家庭法以“阶级斗争为纲”的局面，在我国1980年《婚姻法》中全面贯彻婚姻自由原则。在离婚法方面，确立了“感情破裂”为判决离婚的法律原则，承认了夫妻有平等的离婚自由权，在夫妻感情破裂的情况下双方都有权利请求离婚。在离婚经济方面，丈夫和妻子拥有平等的权利，并规定了对离婚经济弱势方的救济制度。在离婚后子女的监护方面，体现和维护未成年子女的利益。所有这些，体现了家庭法对个体权利的保护，对人性的尊重。

另外，我国历史上的家庭制度是以家国同构的宗法制度为基础构建的，几千年来，婚姻家庭制度深受宗法制度的影响，家庭活动是以治国的方法治理。在我国历史上，曾经历过长时期的过于强调团体利益、强调“义务本位”的家庭立法。由于过于强调家族、家庭的利益，也就会导致某种程度上对个体利益的忽略，注重个体对团体的义务，甚至对某些个体的权利视而不见。而在对个体利益的尊重、保护中，尤其是女性和未成年子女利益更容易为法律所忽略。例如，虽然我国宪法规定了公民的私有财产权受法律保护，但女性在婚姻期间家务劳动的价值并未得到充分的体现，而该价值为丈夫的权利所吸收。在离婚亲子关系方面，由于父权至上观念根深蒂固，导致未成年子女成为父母尤其是父亲的“私有财产”的依

---

① 杨大文等：《完善社会主义初级阶段的婚姻家庭制度》，载《中国法学》1989年第2期，第35页。

附性地位，否认未成年子女在家庭中的权利主体地位的现象在一定程度上仍然存在。在处理离婚后子女抚养、监护问题时，仍然是作为父母离婚案件的附带问题加以解决。

在社会主义新时期，我国政府提出了构建“和谐社会”、“以人为本”等要求，本文在婚姻家庭中探讨离婚法的人文性，符合新时期的时代要求，体现了婚姻家庭法以人为中心，法律制度以人性为基础的观念，这既与传统的人文主义精神相一致，也契合了我国新时期以人为本的思想。在社会主义新时期，对人权利的保护和尊重提高到了前所未有的高度，实现以人为中心已经成为新时代法的使命。“当今法学研究和法学的基本思想或观点，或者说基本范式，仍应是以人为本，把人的自由与社会和谐作为其出发点和归宿。”① 此种背景下，应改变重视法的阶级性、义务本位研究的现状，应调整法学研究和观察问题的思路与方法。在人文主义精神指引下，从“阶级斗争研究范式”转向“以人为本，尊重和保障人权的研究范式”既符合马克思主义者“每一个人的自由发展是一切人自由发展的条件”的基本论断，也是现代社会发展的必然要求。② 本书即为在离婚法研究中从“阶级斗争研究范式”、“义务本位研究范式”向“以人为本、尊重和保障人权”研究范式的转变。

二、国内外研究现状

人文主义从其产生、发展及演变至今，学界从未停止过对其进行深入细致的研究。国内外学者对人文主义及其价值研究奠定了人文主义离婚法研究的基础。对人文主义的研究自文艺复兴以来一直构成西方世界的“主流话语和理念支撑”。国外学者对人文主义的研究，如英国学者阿伦·布洛克著、董乐山翻译的《西方人文主

---

① 武步云：《人本法学的哲学探究》，法律出版社 2008 年版，前言第 3 页。

② 孙国华、张小军：《以人为本与法学研究范式》，载徐显明主编：《以人为本与法律发展》，山东人民出版社 2008 年版，第 3 页。

义传统》，全面介绍了西方人文主义的内涵，并从历史的宏观角度，广泛地论及了人文主义对西方哲学、政治学、经济学、社会学、心理学、建筑学、文学、艺术、音乐等各个领域的影响和贡献。意大利学者加林著、李玉成翻译的《意大利人文主义》对意大利艺复兴时期的人文主义进行了全面深入的介绍，该书被学者誉为战后研究文艺复兴的论述中“影响最大的一部著作”。由于人文主义产生于文艺复兴之土壤，对其研究离不开文艺复兴的时代背景，因此国外学者多在有关文艺复兴的著述中涉及人文主义研究，如英国学者丹尼斯·哈伊著、李玉成翻译的《意大利文艺复兴的历史背景》，意大利学者欧金尼奥·加林主编、李玉成翻译的《文艺复兴时期的人》，英国学者昆廷·斯金纳著《近代政治思想的基础》（上卷：文艺复兴）等相关著述。

目前国内学者对人文主义研究主要在两个层面：一是理论层面，主要包括法哲学、政治学等领域，如张椿年所著《从信仰到理性——意大利人文主义研究》中对人文主义与文艺复兴、人文主义的发展阶段、人的主体地位、人文主义与人道主义的区别等进行了深入分析。杜宴林所著《法律的人文主义解释》，于文杰所著《现代化进程中的人文主义》等都涉及对西方人文主义的研究。二是理论与部门法相结合的研究，如李永军所著《私法中的人文主义及其衰落》涉及民法及其人文精神的研究，李永成博士在《经济法人本主义论》中从人本主义角度对经济法的理论及如何在经济法中落实以人为本的实践进行探讨。此外，武步云著《人本法学的哲学探究》，徐国栋著《论民法的人文精神》，叶必丰著《行政法的人文精神》等，虽然未直接探讨西方人文主义，但涉及法律的人文精神。

在离婚法律制度方面，国内学者进行了细致深入的研究。从离婚自由与限制、判决离婚的法律原则等方面的研究主要包括：《完善离婚制度的几点设想》（巫昌祯）、《论我国法定离婚理由的依据及其领先性》（李忠芳）、《法定离婚理由之我见》（杨大文）、《关于离婚自由与我国裁判离婚标准的几点思考》(陈明侠、薛宁兰)、《离婚理由与限制》(夏吟兰)、《中国破裂主义离婚法律制度》(胡志超)、《离婚利益协调机制研究》(陈群峰)等。从离婚救济方面对离婚法律制度进行的研究主要包括:《离婚损害赔偿法律适用若干问题探讨》(陈苇)、《离婚救济制度的评价与选择》(马忆南)、《离婚扶养制度比较研究》(陈苇、冉启玉)、《我国离婚经济帮助制度的立法缺陷及其完善》(宋豫、陈鸣)、《离婚救济制度之实证研究》(夏吟兰),《我国离婚损害赔偿制度的完善》(薛宁兰)、《我国应建立离婚后扶养费给付制度》(蒋月、庄丽梅)、《离婚扶养制度研究》(张学军)、《离婚救济制度研究》(李俊)等。还有学者对离婚亲子关系、离婚财产分割、离婚债务清偿等方面进行了研究。但目前将人文主义与离婚法相结合进行细致深入的研究较少涉及,本书希望对离婚法进行一次研究视角及研究方法转换的尝试。①

三、研究方法与思路

(一)研究方法

法哲学研究方法。西方哲学起源于对人和宇宙的认识,历代哲学家从来未停止过对人的探讨。人文主义强调以人为中心,理解人、关注人既是哲学研究的范畴,也是人文主义人性关怀的需要。人文主义强调人的主体地位,以人的自由、平等、尊严等为内容,这也是法哲学的基本内容。本书即运用哲理分析的方法对离婚法的人文主义应然性和实然性进行分析,并对如何在离婚法中进一步从人的关怀角度完善现行法提出相应建议。

---

① 需要说明的是,我国的离婚法律制度主要规定在2001年修订的《婚姻法》及相关法律、法规及司法解释中,我国并没有制定单独的离婚法,为方面起见,以下所称我国的离婚法指的是我国与离婚相关的法律制度简称。此外,离婚法的主要内容包括离婚的条件、离婚夫妻关系、离婚亲子关系、离婚程序等内容。因篇幅所限及行文安排需要,本书对离婚法的内容并非面面俱到,而是择其主要问题进行探讨。

社会学研究方法。婚姻家庭本身作为一种社会现象存在，对家庭法的人文精神的探讨离不开其作为社会基本细胞的特性研究。家庭作为社会初级群体组织相关理论为人文主义离婚法研究奠定了基础，社会学的统计方法、实证方法也成为人文主义离婚法研究的基本方法。

历史研究方法。狭义的人文主义本身是一个历史的范畴，是指14、15世纪产生于欧洲，主要是以意大利为发源地的一种哲学思想。人文主义在现代社会仍处于不断发展演变之中。对人文主义的发展演变进行历史性考察，把握人文主义的精髓，可以探寻法律制度的精神。对离婚法的发展演进进行历史性分析，对其中人文精神进行提炼，寻找其符合人文精神的内容，对现行法人文精神体现不足的规定进行完善，可以促进离婚法更好地服务于人，满足人的合理需求。

社会性别分析方法。社会性别（gender）相对于生理性别（sex），是20世纪70年代西方女权主义者提出的一个概念，也是一个新的分析范畴和研究视角。生理性别是相对固定不变的，是人的自然生理因素所决定的。而社会性别理论认为男女之间的差异是社会“造就”的，应从社会原因而非从生理上的男女差异去寻找男女不平等的根源。社会性别分析方法运用到法律方面，主要包括以下要求：一是从社会体制、习俗、文化等对男女不同的社会期望等角度分析男女不平等现象的根源并寻找解决男女不平等问题的途径。二是对性别“中立”或“无性别”的现行法的实施结果进行分析、评估，制定能实现男女之间实质平等的法律，甚至突破法律的形式平等才能实现女性与男性的实质平等。

（二）研究思路

本书首先分析了人文主义的语源及其内涵并考察法律中的人文思想之流变，探讨了从人文主义角度研究离婚法的哲学、政治学、伦理学及社会学基础。接着，分析了离婚法人文主义基本理念及其嬗变。离婚法人文主义的基本理念即“以人为本”。从离婚法内在发展演进分析，离婚法在离婚自由、离婚夫妻法律地位、未成年子女法律地位方面始终朝着自由、平等、维护人的尊严方向发展，体现离婚法的人文品性。在前述研究基础上，本书进一步探讨了人文主义离婚法的立法目标及其功能定位：保障离婚自由、反对轻率离婚、保障弱者权益，并发挥离婚法在离婚纠纷解决中的引导功能、保护家庭成员人身及财产权益功能。最后对我国离婚法人文主义的实然性进行了分析，肯定其符合人文精神的规定，分析人文精神体现不足的方面，并提出完善我国离婚法的相应建议。

四、创新与不足

（一）创新

研究方法的创新。人文主义离婚法的基本理念是“以人为本”，这要求离婚法应以人为中心，从人的利益及需求考虑法律的制定、修改和完善。由于人的利益与需求受到政治、经济、情感、伦理道德等多种因素的影响与制约，且人具有多重属性，故需要结合社会学、经济学、心理学、伦理学等多学科研究方法及研究成果对人的利益和需求进行判断。本书尝试着将人文主义运用到婚姻家庭法领域，试图改变婚姻家庭法传统的注释、译介、比较等分析研究方法，注重逻辑推理、哲理分析，对离婚法进行法的精神与制度相结合的研究。

制度创新。由于婚姻家庭符合人性的普遍需求，本书建议设立政府型婚姻指导及服务机制；针对我国登记离婚制度存在的某些方面的不足，建议在登记离婚和诉讼离婚情况下均应实行离婚调解前置程序，发挥离婚调解制度的“治愈功能”及“解决纠纷”的双重功能；未成年子女对成人的依恋一般在3周岁之前形成，从未成年子女的心理发展特点及精神需求出发，建议3周岁以下子女原则上判决由未成年子女的主要照顾者监护（通常是母亲）；建议将传统的父母对未成年子女的“探望权”修改为未成年子女的“全面交往权”，并增加实现子女“全面交往权”的多元途径。

（二）不足

本书从人文主义角度对离婚法基本理论进行研究，并对离婚法主要内容进行人文主义分析，但未涵盖离婚法的全部内容，是本书写作中的不足。在中西法律中的人文思想演变考察及离婚法人文主义演进的分析部分，由于所涉及内容较为宽泛、时间跨度较大，加之本人理论功底有限，对相关内容的分析欠全面、深入。将人文主义与离婚法相结合进行研究，可资借鉴的研究较少，本书对此进行尝试，旨在抛砖引玉，不足之处尚需今后继续努力克服。

第一章　人文主义与离婚法

西方古希腊时期及我国春秋战国时期就已经开始对人的关注，此后历代哲学家、思想家从未间断过对人的问题的探讨。人文主义的产生正源于对人性的探索和对人的价值关怀。现代意义的人文主义是指14、15世纪产生于欧洲，主要是以意大利为发源地的一种哲学思想。"人文主义"一语是一个开放的不断发展的概念，但人文主义的精神及其价值意蕴却具有相对一致性。从人文主义视角研究离婚法具有哲学、政治学、伦理学及社会学基础。

第一节　人文主义的语源及内涵

一、人文主义的语源及含义

西方人文主义由英文 humanism 翻译而成，在国内有翻译为"人文主义"、"人道主义"或"人本主义"等。

人文主义一词来自拉丁文的 humanitas，最早出现在古罗马西塞罗和格利乌斯的著作中，指"人情"、"人性"、"万物之灵"，也指一种能使人的才能得到最大限度的发挥的教育制度。[1] 在文艺复兴时期，该词最初是指人文学科，是指15世纪意大利崇尚古代

① 李永成：《经济法人本主义论》，法律出版社2006年版，第12页。

文化，恢复以古典拉丁文为主的人口学科。① 但人文主义一词无论是在古希腊、古罗马时代还是在文艺复兴时期，都没有出现。② 根据英国学者阿伦·布洛克的考证，人文主义 humanism 一词是 1808 年由德国教育家 F. J. 尼特哈麦在一次关于古代经典在中等教育中的地位的辩论中，根据拉丁文 humanus 用德文 humanismus 杜撰的。后来由乔治·伏伊格特于 1859 年在其《古代经典的复活》中用于文艺复兴。19 世纪的历史学家将人文主义用于人文与古典学问的复活有关的新态度和新信仰上，他们把这种新态度和新信仰称做文艺复兴时期的人文主义。③ 文艺复兴时期的人文主义者从哲学和神学的角度论证了人的崇高价值，包括人的尊严、才能和自由，他们歌颂人性的伟大，主张恢复人的尊严，认为“人的自由是人的最高价值，自由是神赋予人的礼物”。④

人文主义思想的萌芽远远早于人文主义一词的出现，其产生可追溯到古代的两希文明，萌芽于古希腊的智者派。希伯来文明及希伯来人倡导公平和正义的人类品质、追求民主政治等为人文主义思想的产生奠定了文明的基础。古希腊哲学家从人与宇宙世界的关系的追问中产生了人是宇宙万物的中心的观念，将人提高到世界的主体地位的高度。至公元前 5 世纪，古希腊智者派人物普罗泰戈拉响亮地提出“人是万物的尺度”，苏格拉底也认为“人代替自然而变成了思辨的中心”。“古希腊最吸引人的地方之一是，它是以人为中心，而不是以上帝为中心的。苏格拉底之所以受到特别敬重，正如西塞罗所说，是因为他把哲学从天上带到地上。”⑤

---

① 赵敦华：《西方哲学简史》，北京大学出版社 2001 年版，第 186 页。

② 侯健、林燕梅：《人文主义法学思潮》，法律出版社 2007 年版，第 6 页。

③ ［英］阿伦·布洛克：《西方人文主义传统》，董乐山译，生活·读书·新知三联书店 1997 年版，第 5 ~ 6 页。

④ 赵敦华：《西方哲学简史》，北京大学出版社 2001 年版，第 184 ~ 188 页。

⑤ ［英］阿伦·布洛克：《西方人文主义传统》，董乐山译，生活·读书·新知三联书店 1997 年版，第 14 页。

但古希腊人文主义思想之光很快为中世纪的神学浪潮所淹没。封建的中世纪，神学统治着整个社会，僧侣们掌握着文字和教育，古希腊、古罗马辉煌的文化被神学取代。人完全被宗教教规思想禁锢，只能完全按照上帝的旨意生活，人的欲望被压抑，人性被扭曲。根据基督教教规思想，人都犯有原罪，需听从于上帝的安排才能洗去罪恶。禁欲主义是“宗教的人”的必然选择。人的理性和情感都是渺小的，不足称道的。[①] 为了恢复古希腊、古罗马灿烂的文化，将人从封建教规中解放出来，14、15 世纪意大利、法国、英国等国家兴起声势浩大的文艺复兴运动。文艺复兴运动主张将人从神学中解放出来，主张恢复人作为世俗人的本性，将人从虚无缥缈的彼岸世界拉回到现世，提倡理性、尊重知识，提倡人的个性解放和个性自由，尊重人的价值和尊严，正如意大利诗人彼德拉克所言：“我是凡人，我只要求凡人的幸福。”近代意义的人文主义正是在对古典文化产生巨大兴趣和批判罗马天主教基础上产生。人文主义是一个开放的思想体系，其内涵不具有严格明确的界定，甚至学者认为人文主义不是一个学派或哲学学说，而只是一种社会观念或意识形态，一种视角或态度。“它不是一个逻辑严密的、高度一致的理论体系，而是一些具有相似性的看法、观点和立场。”[②] 人文主义也是一种信仰，是人类不懈努力的一种精神追求。在人类文明的不同进程中，人文主义的重心可能出现游离或偏差，但它始终是人类文明本质精神的重要标志，是人类始终不倦地发奋努力的方向。[③]“其核心含义就是把人上升到一切事物和过程、政治法律制度、社会生活和意识形态的中心位置，从人的视角去观察世界和宇宙、评价行为和事件的意义、安排社会关系和秩序。”[④]

---

① 侯健、林燕梅：《人文主义法学思潮》，法律出版社 2007 年版，第 18 页。
② 侯健、林燕梅：《人文主义法学思潮》，法律出版社 2007 年版，第 7 页。
③ 于文杰：《现代化进程中的人文主义》，重庆出版社 2006 年版，第 6 页。
④ 侯健、林燕梅：《人文主义法学思潮》，法律出版社 2007 年版，第 7 页。

西方人文主义从其产生之日起处于不断发展变化中，目前对人文主义尚无统一的界定，不同时期的人文主义有不同的主张。但从人文主义这一开放的概念可以把握其背后的基本价值意蕴，即人文主义是一种以人为目的，尊重人的平等，维护人的价值和尊严，实现人的全面、自由发展的思想或观念。它与后来发展起来的人道主义及我国的“人本主义”存在一定的区别。

有学者认为，在我国，自古就存在人文主义思想。[①] 人文一词最早出现于《易经》：“观乎天文，以察时变；观乎人文，以化成天下。”此处所谓“人文”是指人际相互关系的准则，非现代意义的人文。中国人文思想的起源可以追溯到西周时期。在商代，人们将上帝敬奉为自己的祖先，同时也认为世界就是由上帝主宰的，即“帝立子生商”。[②] 但到了西周时期，虽然统治者也信奉上帝的存在，但同时已经认识到人民的重要性，“唯人万物之灵”，“民之所欲，天必从之”。[③] 周公制礼则以“明德慎罚”、“以德配天”作为其主要思想。“以德配天”虽然仍然坚持天命，但其着眼点是人事，而不是天命。[④]“以德配天”中“德”的中心内容是“保民”，“保民”在法律上的体现就是要“明德慎罚”。[⑤] 这些思想已经体现了“天”的地位的下降，民的地位的提升。至先秦诸子百家时期，人文思想得到了进一步发扬，正式形成了中国的人文思想。正

① 有学者认为，虽然国内也有历史学家用人文主义来说明中国传统文化，但意大利文艺复兴时期的人文主义与中国历史上的人文主义性质是不同的，意大利模式的人文主义在中国是不存在的。参见张椿年：《从信仰到理性——意大利人文主义研究》，浙江人民出版社 1993 年版，第 24 页。以下所指人文主义主要指起源于文艺复兴时期的西方人文主义思想，人文思想则泛指中国传统人文思想及西方人文主义思想。

② 《诗经·商颂》。

③ 《尚书·泰誓上》。

④ 刘新主编：《中国法律思想史》（第二版），中国人民大学出版社 2005 年版，第 9 页。

⑤ 马小红、姜晓敏主编：《中国法律思想史》，中国人民大学出版社 2010 年版，第 17 页。

如有学者认为，儒学的基本精神方向是以人为主的，是一种“哲学的人学”，是一种“涵盖性很强的人文主义”。[①] 后来的思想家们进一步发扬先秦诸子百家的人文思想。儒家人文思想对中国古代法治和政治产生了重要影响，至西汉时，董仲舒推行“罢黜百家，独尊儒术”确立了儒家思想的主流地位。新时期，我国政府提出“以人为本”、“构建和谐社会”的新目标，既符合“以人为本”儒家思想的要求，也与现代社会强调人的价值，维护人的尊严，复兴人文主义精神的要求相一致。

人文主义最初系从英文 humanism 翻译而来，在国内有学者翻译为“人文主义”、“人道主义”或“人本主义”，并认为这三个概念系同一概念。例如，有学者认为，虽然人本主义也被称作人文主义或人文精神或人道主义，但其对人的价值、意义、自由的尊重和强调，应该是没有争议的。[②] 也有学者对人文主义与人道主义加以区别，认为人文主义者的主要活动是从事文化教育，人文主义原词并不存在人道主义的意思。人文主义是一个世界观，而人道主义在当代是一个道德规范。人文主义包括对自然、对社会的看法，涉及文学、语言、宗教、历史、政治等多方面社会文化现象。它的外延比人道主义宽，内涵比人道主义丰富，它将人道主义的内容也纳入到自己的范围之内。[③] 美国文学评论家，人文主义的领军人物欧文·白璧德认为，目前的趋势是把人文主义一词当做人道主义的简化与便利形式，这必然会引起各种各样的混淆。他认为一个对人类富有同情心、对未来的进步具有信心，也情愿为进步这种事业作贡献的人，不应被称做人文主义者，而应当是人道主义者。人文主义

---

① 龙佳解：《中国人文主义新论——评当代新儒家的传统文化诠释》，湖南大学出版社 2001 年版，第 14 页。

② 李永成：《经济法人本主义论》，法律出版社 2006 年版，第 12 页。

③ 张椿年：《从信仰到理性——意大利人文主义研究》，浙江人民出版社 1993 年版，第 153 页。

者感兴趣的是个体的完善，而非使人类全体都得到提高的这类空想。① 人道主义不仅仅是对人，也包括对具有感知能力的动物的一种态度。20 世纪以来的生命伦理学百科全书中的人道主义也强调动物的幸福。②

笔者赞同第二种观点，人文主义和人道主义都强调对人的关怀和尊重，在处理人与人或人与社会的关系方面，都体现尊重人的价值，给予人更多的关爱，虽然存在一定的价值上的关联性，但二者是有区别的。从人文主义的产生看，其最初是将人从神的统治下解放出来，主张人道，反对神道，将人看做世界的中心而不是神为中心的一种世界观。从人文主义与宗教的关系看，有的人文主义者反对宗教，但有的人文主义者并不反对宗教，而是努力协调宗教与人的关系，而人道主义一般是以宗教为核心的。③ 在现代社会所讲人道主义是指人的行为规范应符合人伦道德，重在强调处理人际关系的准则，对人甚至包括对有生命的物抱有的一种仁慈、关心的态度。在国际社会中，在面对人类灾难、战争时，人道主义意味着对人类的超越国度的普遍关爱。

至于“人本主义”或“以人为本”，笔者认为这是人文主义的中国化表述，具有中国本土化特征。在我国春秋时期的孔子那里就有人本思想：在马厩失火后，孔子关心的是人而不问马，体现的就是一种以人为本思想。“以人为本”是批判地继承了中西方的文化

---

① ［美］美国人文杂志社、三联书店编辑部：《人文主义——全盘反思》，宋念申等译，生活·读书·新知三联书店 2006 年版，第 4~5 页。

② ［美］恩格尔·哈特：《生命伦理学和世俗人文主义》，李学钧、喻琳译，陕西人民出版社 1998 年版，第 73~74 页。

③ 人文主义有世俗人文主义和宗教（基督教）人文主义两种。世俗人文主义认为，无须借助超自然的力量或神的帮助，人们也可以主宰自己的命运。基督教人文主义则努力协调理性与信仰、宗教与政治、科学与教条的关系，强调神与人的自由、直接的沟通，在坚持某些宗教信仰的条件下，给予人的价值、尊严和需要以中心位置。但人文主义者都反对中世纪神学法律观对人的忽视、对人性的束缚，主张恢复人的尊严。参见：侯健、林燕梅：《人文主义法学思潮》，法律出版社 2007 年，第 3、12 页。

遗产，或者说是该文化遗产的科学总结。[①]“以人为本是人本主义的当代中国表达”。[②]

综合以上分析，人文主义是一种思想或观念，其强调以人为中心，以人为目的。人文主义、人道主义、人本主义均体现了对人的态度，“均可视为以人为本思想的渊源，不同程度地蕴含着以人为本的精神”，[③] 但二者存在一定的差异。以下将分析西方人文主义与我国传统的人本思想的差异。

二、中西方人文思想之比较评析

我国古代的传统人文思想与西方人文主义思想的出发点和归宿都强调人的价值、以人为本，以人的自然本性为理论基础。[④] 但在中西方人文主义思想几千年的发展历程中，二者却沿着不同的方向发展，存在较大的落差。正如国内学者所言：“西方人文精神促进了现代法治的诞生，而中国人文精神却构成了德治或人治发育的‘温床’。”[⑤] 中西人文思想存在以下差异：

首先，中西方人文思想产生的文化基础不同。西方文化具有多元化背景，而我国文化缺乏多元性特征。正如学者对中西文化进行比较后指出的：“在中国文化中，虽然文化的根不能说是一元的，但占主导地位的文化融合其他文化的力量特别强，所以始终未能形

---

① 李龙等：《“以人为本”的法哲学解读——“以人为本”四人谈》，载《金陵法律评论》2004 年秋季卷，第 3 页。

② 李永成：《经济法人本主义论》，法律出版社 2006 年版，第 19 页。

③ 王俊杰：《法的正义价值理论与民事再审程序构造》，人民法院出版社 2007 年版，第 26 ~ 27 页。

④ 吴惠红：《中西人文精神异同探析》，载《经济与社会发展》2005 年第 6 期，第 32 页。

⑤ 汪太贤：《论中国法治的人文基础重构》，载《中国法学》2001 年第 4 期，第 10 页。

成各种互相异质的文化并存发展的局面。”① 我国古代社会是以亲亲、尊尊为中心的五伦儒家思想作为调整社会关系的准则，以“君臣有义、父子有亲、兄弟有爱、夫妇有别、朋友有信”的伦理标准处理人际关系，实行家国同构。这种以宗法为中心的宗亲思想构建起来的亲属模型中，个体融入集体并以家庭为单位进行活动，且家庭中又以男性为中心，家庭中男尊女卑观念泾渭分明。例如，孔子倡导的“礼法并用”中的礼就包括西周以来的典章制度和礼仪风俗，基本内容是以血缘关系为纽带，以“君君、臣臣、父父、子子”为核心的宗法等级制度。② 而西方文化的背景是多元的。正如学者谈论的，西方文化的多元化，除了希腊哲学、希伯来的信仰都来自不同的根源，还在于欧洲社会中，在罗马时代的贵族与平民的对立中就发展起了法律民权的观念。后来宗教组织与现实政治权力的互相对立，也有利于权利意识的形成。在欧洲的发展过程中，特别是在英国，民主观念逐渐变得根深蒂固，新大陆的美国则变成了民主思想的实验场。③ 作为中世纪文艺复兴指导思想的西方人文主义，其以古希腊丰富的哲学思想为宝库，以反对神对人的统治和封建等级制度为口号，以追求人的个性解放与发展，实现民权与民主为宗旨，这与宗法为核心的人文观念存在很大的背景差异。

其次，中西方人文思想中“人”的观念存在差异。西方人文主义者提出以人为中心，强调的是独立个体的价值、尊严、主体地位等。人文主义者强调的是人的个体，尤其看到人背后的人性。在人的尊严、自由等方面强调个体的存在对人的解放的意义。受人文主义思想的影响，现代西方国家的人权保障就是建立在对个体权利

① 龙佳解：《中国人文主义新论——评当代新儒家的传统文化诠释》，湖南大学出版社 2001 年版，第 122 页。

② 刘新主编：《中国法律思想史》（第二版），中国人民大学出版社 2005 年版，第 33 页。

③ 龙佳解：《中国人文主义新论——评当代新儒家的传统文化诠释》，湖南大学出版社 2001 年版，第 122 页。

保护基础上的。1969 年《美洲人权公约》第 1 条明确规定公约内的“人”是指每一个个人。因而西方人文精神注重个体人的自由、平等与尊严。中国传统人文思想重视集体的人，“民本”、“民贵”思想中的“民”更多的是与“君主”相对应的一个群体概念，且强调“民本”是为了维护统治阶级的利益。例如，孟子提出的“民为贵，社稷次之，君为轻”就反映了古代统治阶级注重尊重人民的利益，强调人民在国家社会稳定与发展中的作用。虽然我国古代儒家思想包括“民本”、“民贵”，但这种“民贵君轻”的思想具有极强的现实主义和功利性色彩，使这种人文思想打上了浓厚的政治烙印，即以民为重只是维护统治阶级秩序的工具，人民只是实现统治阶级意志的载体，因为统治者们意识到“水能载舟，亦能覆舟”。这就使中国的人文思想与统治者的利益存在强烈的依附关系。从此角度观察，我国古代的人文思想更多是强调以人民为中心的“人本思想”，指的是一种以“人民”这一群体作为这里的“人”的概念前提。由于“人”的概念的差异，中国人文精神注重“集体的利益”，统治阶级对人的关注也侧重人的“总体性”存在。对人尊严的维护是为了社会的“秩序尊严”，而不是对个人主体地位的“个人尊严”的维护。正如有学者所指出的，“儒家的‘内圣’与‘外王’相关联的理念，体现了一种对群体的关怀的价值原则。在由己向人的这种过渡之中，个人的原则开始向群体的原则转化，自我价值的实现以群体的完善为目标。”① 我国的家庭制度是以家国同构的宗法制度为基础构建的，几千年来，婚姻家庭制度一直深受宗法制度的影响，个体利益在某种程度上为家、国利益所掩盖。因此，从维护统治阶级的利益出发，中国古代的自由思想受到极大的压制，尤其是个体自由往往为集体利益所掩盖。在平等方面，占统治地位的是强调以宗法利益为主的封建等级思想。

---

① 龙佳解：《中国人文主义新论——评当代新儒家的传统文化诠释》，湖南大学出版社 2001 年版，第 128 ~ 129 页。

最后，从二者的结果看，中国的人文思想具有人治和德治的品格，而西方人文主义具备民主自由等法治秉性。西方人文主义从一开始就以“人是万物的尺度”，从人与宇宙的关系探寻人的价值。文艺复兴时期的人文主义从人的自由、平等角度追求人的尊严及价值。启蒙运动时期，人文主义者更是高扬自由、民主、博爱等人文大旗，体现的是民主、自由等法治精神。后期的自然法及人权理论中都深深植入了人文主义的自由、平等法治思想。这些都为西方法治奠定了良好的基础。而统治中国几千年来的儒家中庸思想，“政治方面……崇拜权威轻视民权，所以养成了崇尚人治而轻法治的心态。加上中国传统的家庭观念根深蒂固，过分重视人事关系，公私不分。这些均对现代式的民主法治观念的形成及其制度的实施形成巨大的障碍”。[①] 中国人文精神走向了德治而西方人文精神催生法治与中国人文精神注重内在的德性而忽视外在的范式等有关。[②] 由于中国的人文主义者过于强调人的德性，希望通过加强人的道德修养以调整社会关系，实现将道德修养转化为自觉自省的行为。儒家以来的“内圣外王”思想，对统治者首先要求通过诗书礼乐加强道德修养，对百姓也主张通过人伦教化以归顺统治，在我国非常注重“礼法并用”原则的古代，强调礼具有与法相同的作用，虽然具有积极意义，但“以德入法”、“德主刑辅”、“以德配天、敬天保民”等思想过分夸大了人文精神中德的作用而轻视法治。

综上，虽然我国古代也存在人文思想，但我国历史上传统的人文思想具有压抑自由、过于强调集体利益、轻视法治、强调宗法等级等缺陷，而西方人文主义注重个体权利保护。由于中西人文思想存在上述差异，本书即以西方人文主义为研究视角，在我国政府提

① 龙佳解：《中国人文主义新论——评当代新儒家的传统文化诠释》，湖南大学出版社 2001 年版，第 122 页。

② 汪太贤：《论中国法治的人文基础重构》，载《中国法学》2001 年第 4 期，第 12 页。

出“以人为本”、“构建和谐社会”的时代背景下和批判性地继承和发展我国传统的人文思想基础上对离婚法律制度进行研究。

第二节　法律中的人文思想之源流

一、西方法律中的人文思想源流

公元前2世纪罗马帝国向东扩展，以武力征服了希腊，建立起了强大的罗马帝国。罗马帝国统治者为维护其统治地位不得不采取拉拢等手段对待基督教。罗马国王大力支持教会，教会也邀请罗马国王处理教会内部冲突。教会中不乏一些有文化素养，来自上层的人物，这些人也开始参与法律的制定及政治生活。这样，教会的权力越来越大，其统治地位逐渐得到巩固，最终导致了欧洲政教合一局面的形成。在此后一千多年的封建统治中，教会和王权相互利用、相互争斗。公元8世纪，法兰克王丕平为感谢教皇对他篡位的支持，把从拉文那到罗马的大片土地赠给教皇，标志着“教皇国”的形成，教皇同时也就成为世俗的君主。公元800年，教皇利奥三世为报答丕平之子查理曼对自己的支持，为查理曼加冕，这一举动影响着西方“君权神授”思想的发展。[①] 狄奥多西时期更是允许教会设立教会法庭，教会法庭适用自己的教会法并逐渐形成一系列教会法体系。[②] 欧洲中世纪，教会法占有重要的地位。“至公元9世纪以后，教会法不仅支配了人们的婚姻家庭生活，规范着绝大多数的土地所有、契约往来、财产继承等社会关系，而且还控制了政治、思想和意识形态等各个领域。”[③] 教会法以宗教教规为基础，

---

① 郭义贵：《西欧中世纪法律概略》，中国社会科学出版社2008年版，第62~63页。

② 郭义贵：《西欧中世纪法律概略》，中国社会科学出版社2008年版，第28页。

③ 何勤华主编：《西方法学史》，中国政法大学出版社1996年版，第85页。

发展出了一些基本原则和制度，如教会法规定的一夫一妻制，反对重婚和童婚，反对近亲结婚，财产继承上的平等原则等，这些原则或制度对西方乃至世界的婚姻家庭法产生了深远的影响。

公元476年，西罗马帝国在日耳曼人进攻下灭亡，从此之后至欧洲文艺复兴时期，欧洲进入中世纪。西罗马帝国灭亡后，新兴的日耳曼国家取代了原来强大的罗马帝国。昔日在罗马发达的简单商品经济基础上建立起来的罗马法因此而沉寂了几个世纪之久。随着日耳曼王国对基督教的皈依，教会向世俗事务的立法权及管辖权的扩张，法学成为神学的一个分支。到中世纪欧洲，僧侣们垄断着文化和教育，学校开办在修道院里，教师由神职人员担任，《圣经》为唯一的教材。当时人们只知道《圣经》和神学，不知道还有文学、艺术和科学。当时只有教士可以享有受教育的权利，导致中世纪的欧洲"在很大程度上是一个文盲社会"。[①] 当时的基督教会成了人们的精神支柱，上帝具有绝对的权威，人们都是上帝的仆从。随着社会生产的发展，资产阶级的萌芽，人们逐渐产生了要求摆脱宗教教规对人们精神和思想束缚的愿望。尤其是意大利作为当时欧洲经济发展的中心，随着城市的兴起，自由民增加，新兴的资产阶级强烈要求摆脱封建意识形态及等级制度的束缚，发展资本主义。13世纪以来欧洲自然科学和社会科学的发展，为人们从客观现实的视角思考人与宇宙的关系，思考人的本质奠定了基础。例如，封建教规对人性的压抑，导致人们不得不追求一种崇尚人的自由和尊严的生活。而"希腊和罗马的文化不受教会的统治，是博大融合的文化，它是以人为本的……因此，希腊和罗马的文化成了人文主义者最好的思想库"。[②] 为了恢复古希腊、古罗马灿烂的文化，将人从封建教规中解放出来，在14、15世纪意大利兴起的文艺复兴

---

① 郭义贵：《西欧中世纪法律概略》，中国社会科学出版社2008年版，第64页。

② 张椿年：《从信仰到理性——意大利人文主义研究》，浙江人民出版社1993年版，第21页。

运动，后来传播到法国、英国等国家。文艺复兴运动是一场资产阶级文化运动，是以人文主义思想为指导的一场思想领域的革命运动，其主张将人从神学中解放出来，恢复人作为世俗人的本性，提倡以人为中心，尊重人的价值和尊严。平等价值是人文主义思想的重要内容之一。为了反对中世纪宗教对人的束缚和压制，文艺复兴时期的人文主义者从一开始就针对宗教教规对人的束缚主张恢复人的本来面目。人文主义者反对宗教对人的禁欲主义，主张人作为世俗社会的人，有人的自然感性欲望。既然人都有本性，且人的本性都是一样的，因此每个人都是平等的，正如文艺复兴时期人文主义者流行的口号所宣扬的："我是人，凡是人的一切特性，我无不具有。"文艺复兴时期的人文主义者卜伽丘及其后继者激烈地反对封建等级制度，主张人的平等是人的天性。他在《十日谈》中谈道："我们人类的骨肉都是同样的物质造成的，我们的灵魂都是天主赐给的，具备着同样的机能、同样的效用、同样的德性。我们人类是天生一律平等的，只有品德才是区分人类的标准，那发挥大才大德的才担当得起一个'贵'字……所以，凡是有品德的人就证明了自己的高贵，如果这样的人被说成是卑贱，那么这不是他的错，而是这样看待他的人的错。"① "人文主义是在文艺复兴的土壤上产生，并从总体上看，文艺复兴产生的原因就是人文主义产生的原因。"② 人文主义以人为出发点和最终的归宿，将人从天上拉回到地上，打破了上帝绝对权威的神话。文艺复兴时期的思想家，如但丁、马基雅弗利、居雅斯等人文主义者，开始了以人文主义为思想武器对中世纪神学及封建等级制度的斗争。

在中世纪文艺复兴过程中产生了罗马法复兴运动，罗马法复兴运动又催生了人文主义法学派的产生。1135 年，查士丁尼《国法

---

① ［意］卜伽丘：《十日谈》，上海译文出版社 1985 年版，第 267 ~ 268 页。

② 张椿年：《从信仰到理性——意大利人文主义研究》，浙江人民出版社 1993 年版，第 25 页。

大全》原稿的发现及罗马法本身具有的适应简单商品生产的优点，加上当时资产阶级的发展，出现了罗马法复兴运动。在罗马法的复兴过程中，首先出现的是注释法学派，该学派对罗马法，主要是《国法大全》进行说明、注释以恢复罗马法的原貌。但由于注释法学派本身缺乏创新性及后期一些注释法学派脱离罗马法实际，阻碍了罗马法复兴。在此背景下，产生了评论法学派。该学派将注释方法与评论方法相结合，对社会现象和司法实践进行分析。但评论法学派过多地使用逻辑推理的形式，同样脱离罗马法原始资料，为克服此种研究的局限性，产生了人文主义法学派。人文主义法学派发端于文艺复兴时期的法国，其以人文主义思潮为基础，针对注释法学派和评论法学派的僵化、脱离罗马法原文的做法而引入一种新的世界观，从世俗人的角度思考人的本性，反对神权，反对封建的不平等思想，主张人的个性解放。到 16 世纪以后，以阿尔恰托和居雅斯为代表的人文主义法学派的崛起，使法国成了西欧复兴罗马法的中心。[①] 罗马法复兴运动唤起了人们对古典法文化的热爱、对理性的崇拜和对个性的尊重，从而促进了以法治、平等、自由为核心的近代法观念的成长。[②]

随着中世纪欧洲自然科学和天文科学的发展，人们对人与宇宙、人与神的关系有了更清楚的认识。加上当时封建社会欧洲存在着不同的等级关系，各个等级的人之间存在着不可逾越的鸿沟，僧侣成为高高在上的统治者，宫廷和世俗贵族成为第二重要的统治者，其余人都成了居于最底层的被统治阶级。为反对封建等级制度，在人文主义思潮的指导下，西方在 17、18 世纪爆发了以人权、自由、平等、博爱和现代民主为追求目标的启蒙运动。欧洲启蒙运动者们继续高举人文主义大旗，以经验和理性思考为基础，反对神

---

① 何勤华主编：《西方法学史》，中国政法大学出版社 1996 年版，第 83 页。

② 夏勇：《人权概念起源——权利的历史哲学》，中国政法大学出版社 2001 年修订版，第 143 页。

性对人性的统治及封建专制制度。欧洲启蒙运动思想起源于文艺复兴时期的人文主义，如法国启蒙学派思想家们公开宣称文艺复兴时期的人文主义者是他们的思想先锋。英国学者布洛克在《西方人文主义传统》中指出，文艺复兴时期人文主义者与启蒙运动家都强调人与自然的和谐发展，这种相似之处足够确立文艺复兴与启蒙运动之间人文主义传统的连续性。[①] 我国学者也认为："西方文艺复兴时期的人文主义以及后来的人本主义或人道主义思潮，与启蒙运动的自由、平等、博爱和现代民主精神在本质上具有同一性；它们的同一性正好说明了它们的先后承续关系，表明了人文精神在西方不同时期的表现。"[②] 另外，启蒙思想家们又进一步推动了人文主义思想的发展，在反对神性主张人性的基础上，注入了反对封建等级身份、反对专制独裁的人文主义新内容。最先发动资产阶级革命的是英国。17 世纪下半叶，法国在大革命前受到专制王权的统治，同一时期英国发生的资产阶级革命及其思想家的理论等传到了法国，影响了自欧洲文艺复兴以来已有一定人文主义精神基础的法国思想理论领域，产生了一些启蒙思想家，他们的思想在 1791 年和 1793 年宪法中得到反映。这一时期的欧洲启蒙思想家，如霍布斯、洛克、孟德斯鸠、卢梭等向封建等级制度展开了深刻而猛烈的批判。在启蒙思想影响下的近代资产阶级革命运动就必然带有反对宗教神学和封建统治的双重性。

启蒙运动家们提倡理性，主张通过社会契约的方式由人们将权利让渡给国家，国家通过契约的方式实现社会的管理，以克服自然状态下的无序。例如，启蒙运动家之一的洛克，其《再论公民政府》为 1688 年的英国革命作出理性辩解，提出了政府的管理是通

---

① ［英］阿伦·布洛克：《西方人文主义传统》，董乐山译，生活·读书·新知三联书店 1997 年版，第 77 ~ 78 页。

② 汪太贤：《人文精神与西方法治传统》，载《政法论坛（中国政法大学学报）》2001 年第 3 期，第 101 页。

过契约方式产生的一种信托，如果政府不能为它的人民提供人身和财产的安全和自由的保障，这种信托就可以撤回。洛克认为道德价值观，善与恶的意义，均产生于人类经验中愉快和痛苦的感觉。[①]文艺复兴时期的人文主义思想在启蒙学派那里，已具体化为人的“自由”、“平等”、“博爱”等内容。在启蒙运动思想启迪下，此时的人文主义者继续关注人的价值及人的尊严，如康德认为人才是法律产生的前提，人是第一位的，法律的目的在于人而非人为了法律。康德指出：“不论是谁在任何时候都不应把自己和他人仅仅当做工具，而应该永远看做自身就是目的。”[②] 继康德之后，被誉为“法学人性论的奠基者”的黑格尔已经明确支持对人的关注不是某个人的利益，也包括对他人利益的关注，他直接提出：“法的基本命令是：自以为人，并尊重他人为人。”[③] 人文主义不是狭隘的个人主义，也包括对他人的关注。[④] 这种政治经济上的“自由”、“平等”等人权要求迫切需要理性加以证明，要求获得法律上的保障。[⑤] 在罗马法及启蒙思想的影响下，“自由”、“平等”逐渐成为法律的基本原则，并在18、19世纪一些欧洲国家的法律中确立下来，如1804年《法国民法典》。[⑥]《法国民法典》就是法国大革命的产物，其理论基础主要是法国革命之前和革命期间启蒙思想家的

① ［英］阿伦·布洛克：《西方人文主义传统》，董乐山译，生活·读书·新知三联书店1997年版，第76～77页。

② ［德］伊曼努尔·康德著：《道德形而上学原理》，苗力田译，上海世纪出版集团2002年版，第53页。

③ ［德］黑格尔：《法哲学原理》，范扬、张企泰译，商务印书馆1961年版、2007年印刷，第46页。

④ ［美］恩格尔·哈特：《生命伦理学和世俗人文主义》，李学钧、喻琳译，陕西人民出版社1998年版，第69页。

⑤ 韩庆祥、王勤：《从文艺复兴“人的发现”到现代“人文精神的反思”》，载《北京大学学报（哲学社会科学版）》1999年第6期，第17页。

⑥ 何勤华主编：《德国法律发达史》，法律出版社2000年版，第242页。

革命思想和自然法学派的法制思想。[①] 大陆法系民法典的自由、平等基本原则的确立与人文主义哲学思想分不开，尤其是19世纪末制定的《德国民法典》深受启蒙思想家及其之后的哲学家的人文主义思想的影响。德国学者拉伦茨认为康德创立的伦理人格主义哲学对《德国民法典》的制定者的精神世界产生了深远的影响。伦理人格主义认为，人正因为是伦理学意义上的人，因此其本身就具有一种价值，具有其尊严，人不能作为达到其他人的目的的手段。从这一理论可以推导出：每个人都可以要求他人尊重他的人格，不侵害他的生存和私人领域。相应地，每一个人都负有尊重他人人格并不侵害他人权利的义务。这一“相互尊重原则”也是法律制度中的一项基本原则。[②] 有学者认为：《德国民法典》中确立的“平等”、“自由”基本原则虽然取决于当时的资本主义经济基础，但也是当时占统治地位的法学和哲学思想在法典中的具体体现，是受当时的德国法学尤其是康德和黑格尔法哲学的影响。[③] 现代各国民法典都以主体平等、意思自治作为其基本原则。

随着资本主义国家从自由资本主义向垄断资本主义发展，民法从近代向现代迈进，大陆法系国家的民法也从人的权利和需求出发对传统民法原理及自由、平等等原则进行了修改与发展，绝对的契约自由受到了一定的限制，所有权神圣也被赋予了一些社会责任，在过错责任基础上产生了无过错责任与公平责任的侵权责任归责原则，具体人格权发展到抽象人格权的保护等。现代民法对近代民法的修正和发展也反映了对人的保护更加细致深入，体现了人文主义在保护人的权利时也注重对他人利益的关注。在大陆法系国家民法典以人文主义精神构建民法典的过程中，婚姻家庭法始终是民法典

① 何勤华主编：《法国法律发达史》，法律出版社2001年版，第224页。

② ［德］卡尔·拉伦茨：《德国民法通论》（上），王晓晔等译，法律出版社2003年版，第46～47页。

③ 何勤华主编：《德国法律发达史》，法律出版社2000年版，第242页。

的一个重要组成部分，其中离婚法更是一部体现民法典人文精神的法律。英美法系国家虽然和大陆法系国家具有不同的法律传统，但在14世纪意大利兴起的文艺复兴运动，后来传播到英国等国家，其法律仍然受到人文精神的影响。

欧洲的人文主义并不是一个体系完整的思想派别，也不是一种系统化的哲学思想，其更多的是一种意识形态，或者是一种看待人与世界的观念，一种开放性的无精准定义的哲学态度。但人文主义精神却生生不息，源远流长，它催生了西方法治的产生，奠定了西方法治的基础，铸就了西方法制特有的人文精神。人文主义法律观成为后来承认人权、主张维护人的尊严的古典自然法学说及其他法学流派的思想基础。有学者认为，没有17世纪之前的人文主义法律观念，古典自然法学就会成为无源之水，“古典自然法学派不过是这种观念所结下的第一个理论果实”。人文主义的重要思想，如恢复人的尊严，影响至今。《联合国宪章》和很多国家的宪法宣布人的尊严是法律制度所要保护的核心价值。人文主义法律观在17、18世纪成为人权发展的思想滋养，对法律制度产生了重要的影响。[①] 例如，1776年《美国独立宣言》称：“我们认为下面这些真理是不言而喻的：造物者创造了平等的个人，并赋予他们若干不可剥夺的权利，其中包括生命权、自由权和追求幸福的权利。”1789年法国《人权宣言》进一步规定：“在权利方面，人生来是而且始终是自由平等的。只有在公共利用上面才显示社会上的差别。”“这些权利就是自由、财产、安全和反抗压迫。”1948年《世界人权宣言》第7条也规定，在法律前人人平等，并有权享受法律的平等保护，不受任何歧视。

① 侯健、林燕梅：《人文主义法学思潮》，法律出版社2007年版，第2、14～15、29、36～37页。

二、中国法律中的人文思想源流

中国的人文思想对法律的影响起源于西周，正式形成于春秋战国时期。儒家的“人性善”奠定了中国古代法律思想的基础，成为几千年中国法律的哲学主流思想。虽然法家韩非子坚持“人性恶”论，主张严刑峻法，但法家的思想并未成为主流，亦未成为统治中国的法律思想。对于儒家的人文思想，有学者概括为四个方面：“人本”思想、“民贵”思想、“民本”思想及“爱人”思想。①

最初提出人本思想的，是春秋时的管仲。管仲认为：“夫霸王之所始也，以人为本。本理则国固，本乱则国危。”② 除了人本思想，管仲的思想还包括以民为贵、以民为本，如管仲提出“王者以百姓为天”、③“齐国百姓，公（齐桓公）之本也”。④

孔子主张通过“爱人”、“以民为贵”等措施推行“仁政”。孔子是春秋末期人，其生活的时代正处于奴隶制社会制度和文化分崩离析，向封建社会演变的历史时期，诸侯争霸，奴隶主贵族生活在声色犬马之中，社会极度动荡。为了缓解阶级矛盾，孔子在国家治理中极力主张推行以礼治国、宽厚仁义的仁政思想，主张德治优于刑法之治。“仁者爱人”是其“仁爱思想”的核心。孔子主张改革赋税、废除殉葬等不“仁义”的制度，主张改变统治阶级“人而不仁”的局面。孔子希望通过推行“仁政”以达到国富民强、国家安定的目的，并以“克己复礼”的手段实现这一目标。在应答颜渊的话时，孔子说：“克己复礼者仁。一日克己复礼，天下归焉。仁由己，而由人乎哉?”⑤ 孔子的仁政思想一方面要求统治者

---

① 汪太贤：《论中国法治的人文基础重构》，载《中国法学》2001 年第 4 期，第 8～10 页。

② 《管子·霸言》。

③ 《韩诗外传》（卷四，第十八章）。

④ 《管子·霸形》。

⑤ 《论语·颜渊》。

内在要“修己”；另一方面要通过“安民”、“安百姓”以实现“内圣外王”的理想。“民以君为心，君以民为体……心以体全，亦以体伤；君以民存，亦以民亡。”[①] 孔子的“仁爱”观表达了统治阶级与人民的关系，即应以人民的利益为重，给予人民“仁爱”才能达到治理国家的目的。在“人性善”思想观念下，孔子主张礼治、德治，反对严刑峻法，主张“宽猛相济”、“德主刑辅”，提倡刑罚适中，认为：“以刑为主体的法律不但会破坏伦理的温情，形成暴政，而且会导致人们的羞耻心的丧失。”[②] 之后墨子继续推行孔子“仁”的思想，但墨子的思想核心是“兼爱”，主张在个人利益基础上人与人之间不分富贵贫贱的互爱互利。墨子认为，天下祸乱、人们的犯罪等都是人与人不相爱的结果。因此，应以“利民”作为立法的基本原则，在司法中应依法定罪。

孟子继承并发展了孔子的“仁政”思想，认为：“仁也者，人也。合而言之，道也。”“仁者以其所爱及其所不爱，不仁者以其所不爱及其所爱。”[③] 孟子主张通过爱抚百姓、与民同乐以统一天下。“保民而王，莫之能御也。”[④] “是故明君制民之产，必使仰足以事父母，俯足以畜妻子，乐岁终身饱，凶年免于死亡。然后驱而之善，故民之从之也轻。”[⑤] 孟子通过强调“仁”对统治阶级的重要性，强调君王应推行“仁政”。孟子说：“不仁而得国者，有之矣；不仁而得天下者，未之有也。”[⑥] 孟子通过夏、商、周三代由于“仁”而得天下，由于不“仁”而失掉天下的教训，阐述“仁”在国家的衰败、兴盛、存亡的意义：“天子不仁，不保四海；

---

① 《礼记·缁衣》。

② 马小红主编：《中国法律思想史研究》，中国人民大学出版社2007年版，第63页。

③ 《孟子·尽心下》。

④ 《孟子·梁惠王》（上）。

⑤ 《孟子·梁惠王》（上）。

⑥ 《孟子·尽心下》。

诸侯不仁，不保社稷；卿大夫不仁，不保宗庙；士庶人不仁，不保四体。”[①] 孟子主张应尊重人民群众的社会地位和在社会历史中的作用，在君王与人民的关系方面，认为应以人民利益为重，即孟子所言“民为贵，社稷次之，君为轻”。[②] 为实现“仁政”，孟子提出法律应省刑罚，重教化。孟子还主张不管是圣人还是普通百姓是平等的，“尧舜与人同耳”，[③]“圣人，与我同类者”。[④]

荀子也重视人民的重要性，提出“民贵”思想。例如，其在《大略》中提出：“天之生民，非为君也；天之立君，以为民也。”“水火有气而无生，草木有生而无知，禽兽有知而无义，人有气有生有知亦且有义，故最为天下贵也。”[⑤]

此后，儒家人文思想在我国得到了进一步发扬。至西汉时，董仲舒推行“罢黜百家，独尊儒术”确立了以儒家思想为中华民族精神的主流地位。在近代，中国人文思想获得了进一步发展。近代思想家严复提出“主权在民”，孙中山先生也提出“民族”、“民权”、“民生”的三民主义思想。我国近代一些法律思想家主张法律的制定应“融合中西”，孙中山、黄兴、章太炎等主张学习西方的“天赋人权”、“自由”、“平等”等法律思想，这些法律思想在法律方面就要求倡兴民权，反对“父为子纲”、“夫为妻纲”等的封建礼教。[⑥] 近代，自由平等思想也得到了进一步发展。例如，近代思想家梁启超主张向西方学习，追求个体的自由。梁启超认为人的自由是人之为人的最重要的因素，是人的“精神界之生命”。[⑦]

---

① 《孟子·离娄上》。

② 《孟子·尽心下》。

③ 《孟子·离娄下》。

④ 《孟子·告子上》。

⑤ 《荀子·王制》。

⑥ 马小红主编：《中国法律思想史研究》，中国人民大学出版社 2007 年版，第 167～169 页。

⑦ 吴宁宁：《梁启超自由思想评析》，载《内蒙古社会科学（汉文版）》2010 年第 3 期，第 85 页。

梁启超提出“自由者，天下之公理，人生之要具，无往而不适用者也”的观点，[①] 并主张人的自由应以他人的自由为限。在太平天国时期，洪秀全提出法律要“除妖安民”，在天朝田亩制度中废除封建等级制度，实行男女在土地、教育、政治、军事等方面平等的法律主张。1911 年制定的《大清民律草案》采纳各国民法的通行原则，将平等、自由作为一项基本原则确立下来。此后，平等、自由原则在革命根据地时期及新中国成立后的法律中均作为一项基本原则得以确立。

在我国社会主义新时期，党的十六届三中全会在《中共中央关于完善社会主义市场经济体制改革若干问题的决定》中明确提出“坚持以人为本，树立全面、协调、可持续的发展观，促进经济社会和人的全面发展”。党的十六届六中全会通过的《中共中央关于构建社会主义和谐社会若干重大问题的决定》，提出了构建“和谐社会”的远大目标。“以人为本”、构建“和谐社会”观念的提出体现了尊重人的价值，以人为中心促进人的全面发展的理念。“以人为本”的社会就是“和谐社会”，而“和谐社会”的建设需以人的全面自由发展为中心。这些思想观念的提出既契合了我国古代自儒家以来的“和为贵”、“中庸”思想，也与复兴人文主义精神的要求相一致。新时期“以人为本”思想是我国古代人文精神的张扬，而“和谐”思想必以人为本。和谐思想起源于儒家的中庸思想，其强调在处理各种社会关系过程中不过头也无不及，做事恰到好处。在新时期中庸思想起着重要的方法论作用，而“以人为本”则是最终的目标。在处理社会矛盾中，应考虑矛盾的两极，兼顾各方的利益，注意各种利益主体关系的协调，以实现以“和”为贵的目标。新时期我国政府和谐思想的提出具有特别重要的意义，是对几千年来我国传统思想的发扬，和谐背后的根本在于

---

① 梁启超：《新民说 论权利思想》，载《饮冰室专集》之四，中华书局 1989 年版，第 40 页。

维护人的尊严及利益，实现“以人为本”的目的。根据我国政府新时期“以人为本”、“构建和谐社会”的要求，我国加大了法治现代化建设，通过法律的制定、修改与完善加大了权利保障措施，使我国的法制更人性化，更好地满足人的需求，维护人的利益。

综上，不管是我国传统的人文思想还是西方的人文主义，都强调人的重要地位。虽然在人类文明的不同进程中，人文主义的重心可能出现游离或偏差，但它始终是人类文明本质精神的重要标志。“人文主义不只是人类一种进步思想，同时也是其始终不倦地发奋努力的方向，它不仅确立并完善人类文明的基本性质，更是对世界历史诸多因素的矛盾与冲突起着强大的聚合和协调作用。”① 人文主义从产生之日起不断发展，不管是我国传统的，还是西方最初的人文主义，在现代社会发展过程中保留其符合人类需求的有价值的精髓并不断发展，注入新的内容。人文主义从文艺复兴产生之日即确立了个体的价值。在西方启蒙运动思想推动及马克思主义的影响下，人文主义已经克服最初的个体人的标准，同时注重具体的社会化的人，最终实现了马克思所说的“人是一切社会关系的总和”的伟大历史转变。在自由资本主义时期，西方民法典确定的“契约自由”、“私权至上”、“所有权绝对”到垄断资本主义阶段已经附上了社会义务。生态人文主义者也从环境与人的关系、从社会可持续发展的角度对“极端个人主义”的“以人为中心”的观念提出了挑战。而且早期人文主义的重要任务就是防止人为物所异化，将物与人对立，但新人文主义者，尤其是在民法方面，主张民法中“人”的因素先在于并重于“物”的因素，人身关系法是财产关系法的基础，但同时又反对“人”与“物”的对立。② 因此，人文主义具有与时俱进的时代性特征，人文精神是现代法治建设追求的

① 于文杰：《现代化进程中的人文主义》，重庆出版社 2006 年版，第 6 页。

② 徐国栋：《新人文主义与中国民法理论》，载《学习与探索》2006 年第 6 期，第 98 页。

价值目标，是制定21世纪法律的基本要求。

第三节　离婚法人文主义研究的理论基础

尊重人、关怀人是哲学“认识你自己”的终极目标，从人文主义角度研究离婚法，与哲学对人的关怀相一致。从政治学角度分析，离婚法人文主义与政治具有趋同的价值目标，且离婚法坚持人文主义导向与民主政治会产生良性互动关系。从伦理学角度分析，婚姻家庭本身是一伦理性组织，具有伦理性。伦理的基本目的在于为人类提供善恶是非的标准，离婚法人文主义以离婚法对人的关怀为中心，是伦理中善的体现与要求。离婚法的人文精神也有利于维护人类伦理秩序。家庭是人类生活的基本群体组织，其具有不同于其他次级群体组织的特征、履行特殊的社会功能决定了离婚法的制定、修改及完善应尊重该种群体中人的利益和需求。

一、哲学基础

离婚法人文主义是哲学以对人的认识和关怀为终极目标所决定的。自古以来，历代哲学家、思想家都未曾离开过对人的思考。“认识你自己”成为哲学家的终极目标之一。人的本性是什么？人与宇宙万物的关系何在？西方人文主义起源于哲学家对人的此种追问。整个哲学的发展都未曾离开对人的终极关怀的价值目标。古希腊的普罗泰戈拉提出“人是万物的尺度”，将人看做宇宙万物的中心。苏格拉底将人看做“思辨的中心”，文艺复兴时期的人文主义者更是直接突出对人的价值、尊严等的关怀，之后启蒙运动家从天赋人权的角度关注人的价值。可以说，整个哲学都离不开对人的思考与关注。

在对人的关注中，马克思主义哲学深刻地分析了法律与人文主义的关系。马克思认为法律的哲学基础就是人文主义。马克思早年就提出，如果不考虑法的人文哲学基础，单纯的法制并不足以保证社会的稳定和有序。在波恩大学和柏林大学法律系学习过程中，通过大量的法制史研究，早年马克思对法的历史和现状深感不满。他认为历史上大多数法律都过于强硬，过于机械，过于烦琐，缺乏人文主义哲学的基础。马克思认识到，法律要真正发挥功效，必须要同哲学人文精神结合起来。马克思主张的人文精神主要包括立法形式上的普遍性，内容的教化性，执法过程的公开化及执法尺度的可塑性。[①] 此外，马克思主义主张法律应体现对人的自由的尊重。在谈到出版自由时，马克思认为“自由确实是人所固有的东西”，从来没有人反对自由，最多是反对别人的自由。自由是本来就存在的，关键是将自由当做“个别人物的特权”还是“人类精神的特权”。[②] 马克思主义还主张强调应将人当做人看待。马克思在《黑格尔法哲学批判导言》中指出：“正如不是宗教创造了人而是人创造了宗教一样，不是国家制度创造了人民，而是人民创造了国家。”“人的根本就是人本身。”“对宗教的批判最后归结为人是人的最高本质这样一个学说。”[③] 在 1842 年《第六届莱茵省议会的辩论》关于林木盗窃法的辩论中，马克思指出，立法对罪犯的惩罚应该受到法的原则的限制，对犯罪人的惩罚应以人的行为为界限。因而法的原则对财产而言就是财产的价值，财产总是存在于一定的界限内的，其价值可以而且已经测定。但对人而言，其价值界限是无法预测的，无论将其置于什么界限内都是一个完整的主体。[④] 马克思对立法者提出的要求中指出“如果自私自利的立法者的最高本质是某种非人的、外在的物质，那么这种立法者怎样可能是人道的呢?”在谈到国家如何对待违反森林条例者时，马克思主张应将其看做“一个人”、“一个执行着社会义务的集团中的一员”，“最

① 赵凯荣:《马克思论法的人文主义哲学基础》，载《四川大学学报（哲学社会科学版)》2000 年第 5 期，第 23 ~24、28 页。

② 《马克思恩格斯全集》第一卷，人民出版社 1956 年版，第 63 页。

③ 《马克思恩格斯选集》第一卷，人民出版社 1972 年版，第 9 页。

④ 《马克思恩格斯全集》第一卷，人民出版社 1956 年版，第 141 页。

主要的是应该把他看做国家的一个公民”。①

离婚法律制度作为部门法之一，应以人文哲学为基础。人们对法律的遵从并非在于法律的权威性，而在于法律是以人为关怀的对象制定的。离婚法调整的对象是人身关系和基于人身关系产生的财产关系，应以人为关怀的中心，从人的需求和利益出发，体现对人的价值及尊严的维护。

二、政治学基础

法律与政治作为社会上层建筑，它们都由一定社会的经济基础所决定并反映社会经济关系，且二者存在一定的关联性。民主政治可以促进民主、平等的家庭关系的建设，专制可能会滋生不平等的家庭关系。对此，第二次世界大战前日本的立法就是例证，统治者基于保障国家统一需要而将天皇视为仁慈的父亲及家庭之主，此种观念在整个国家制度及家庭立法中也得到体现。在整个社会，处于最高地位的是天皇，天皇之下是家庭中的家长，家长统管着家庭中的所有成员。② 此种政治需求下的家庭法是以天皇为中心，以严格的等级制为特征的。政治上的专制统治导致了家庭中的等级制度，家庭中的等级制度又为政治上的专制统治服务。现代民主政治的民主、自由、追求平等等思想既为人文主义离婚法奠定了一定的基础，同时也与离婚法人文主义产生良性的互动关系。

（一）离婚法人文主义与政治的价值目标趋同

政治最早产生于古希腊、古罗马。古希腊的亚里士多德认为，城邦就是一种政治制度性质的社会团体，因此人类在本性上应该是趋向于城邦生活的政治动物。在亚里士多德看来，伦理学研究的是个人的善，而政治学研究的是“群体的善”或“公共的善”和

---

① 《马克思恩格斯全集》第一卷，人民出版社1956年版，第149页。

② Hiroshi Oda, Japanese Law, (Third edition), Oxford University Press, 2009, p. 201.

“公共利益”。[①] 政治从其产生之日就确立其是为人类的共同利益，通过对公共利益的维护实现社会个人利益。因此，人应当成为政治的中心。但在古代社会，政治更多的是为维护统治阶级的地位，是为维护其统治的权力服务的，所谓“公共的善”只是维护统治阶级利益的幌子。同其他思想领域一样，在欧洲中世纪神学统治下，产生了神学政治学，政治深深地打上了基督教神学的烙印。对人的重视则是在宗教改革和文艺复兴后，政治学才从神学统治下解放出来，人取代了上帝而成为政治学的核心。之后资产阶级启蒙运动者提出的“主权在民”、“天赋人权”等思想自然成为民主政治的重要内容。现代政治秉承启蒙思想传统，以人的幸福、自由、平等作为其基本价值追求。有学者认为，政治在其发展过程中发展起一些基本的公理（即政治发展的规律），其中以人类的尊严、自由和平等作为人类个体的基本价值、民主政治作为最好的政治等已经成为人类政治的公理之一。[②] 现代政治的目标是通过建立与完善民主政治，实现法治，保障公民人权等途径增进人类的福祉、维护人类的尊严。这些价值与人文主义对人的价值的尊重，对人性的关怀，对人的自由、平等权利的保障是完全一致的，都是人类社会追求的基本价值。以人为中心的离婚法也关注人的幸福、维护人的尊严。虽然作为私法，人文主义离婚法强调的是个体领域的善，但正如洛克主张的婚姻是人类的“第一社会”，卢梭也认为“家庭是一个小社会”，婚姻作为一种社会存在同样涉及“公共的善”——家庭成员的利益在一定程度上也直接事关公共利益。

（二）人文主义离婚法与民主政治的良性互动

斯宾诺莎认为，“政治的真正目的是自由”。[③] 我国有学者也提

① 俞可平：《政治与政治学》，社会科学文献出版社2005年版，第1页。

② 俞可平：《政治与政治学》，社会科学文献出版社2005年版，第35~52页。

③ ［荷兰］斯宾诺莎：《神学政治论》，温锡增译，商务印书馆1982年版，第12页。

出，“民主是政治之纲”。“自由个性是民主之本，平等精神乃民主之魂。”① 可见，民主政治以平等、自由为核心内容。与民主政治相对应的是专制。密尔认为，“凡是压毁人的个性的都是专制，不管它叫什么名字，也不论它自称是执行上帝的意志或者自称是执行人们的命令”。② 西方资产阶级革命推翻了以个人意志为准则的专制政治代之以平等、自由的民主政治。政治上的民主体现为政治自由与平等，其贯穿于政治领域，而且为人文主义离婚法的建立奠定了一定的政治基础。虽然规范的是原有家庭的解体，但离婚法的离婚自由原则、离婚当事人的权利义务平等及保障未成年子女独立地位等观念，可以进一步推进社会民主政治的发展。而婚姻家庭领域也需要公共领域的平等与民主为指引。由于社会公私二元领域的划分，加上家庭隐私权观念的影响，民主政治领域中的平等观念被家庭所屏蔽，家庭中向平等与自由的方向发展进程更缓慢，为此我国有学者高呼：“改变私人领域中妇女的屈从处境就必须将公共领域的平等与自由的正义规则引入家庭。”③

美国学者 Tammy R. Pettinato 对民主政治与家庭法的关系进行了深入细致的分析，认为家庭法可以在平等、民主的婚姻方面大有作为，并建议：家庭法应通过一定的权力消除家庭中存在的男女不平等，以促进社会民主的发展。“总体上，民主化的婚姻带有增加一个国家民主的可能性。在鼓励更多平等婚姻的建立方面，家庭法有权力使社会更加民主。为了增进婚姻中的民主，家庭法须通过主

---

① 武高寿：《社会契约新论：社会主义契约文化探求》，北京大学出版社 2006 年版，第 60 页。

② ［英］约翰·密尔：《论自由》，程崇华译，商务印书馆 1959 年版、2006 年第 8 次印刷，第 75 页。

③ 周安平：《性别平等的法律进路之批判》，载《法商研究》2004 年第 3 期，第 81 页。

张平等的政策以消除男女之间因社会不平等而持续存在的权力差异。”① 家庭法可以在决定婚姻的民主还是专制的本质方面发挥重要作用。家庭成员在共同生活过程中，通过相互行为彼此产生影响，家庭不仅对未成年子女的行为产生重大影响，同时也是教会成人如何行为的场所。民主化的婚姻可以培养更自足、自立、思想开明的个体，并使其具备协商和交流的技巧及采纳替代性观点的能力。在一个民主政治社会中，社会要培养的就是对民主的尊重，而在亲密关系中，一个人学会的关于权利、顺从和协商等品行就会运用到工作场所及其他社会组织中，这有利于推进社会民主。家庭作为社会化的场所，家庭法值得思考的是此种场所应以什么样的政治制度作为服务的对象。在民主政治中显然就应培养民主的公民，其决定了为民主政治服务的目的。② 1989 年联合国确定 1994 年为国际家庭年，其铭语就是“在社会核心建立最小的民主体制”，就是将家庭看做培养人类关系的最初之地，不断重视提高家庭在构建民主社会中的地位。

三、伦理学基础

伦理即人伦物理的简称。人伦是指人与人之间的正常关系，指“人际关系之次及其道德要求”。③ 离婚法在尊重当事人离婚自由时，应维护社会伦理，如果社会普遍的人伦秩序遭到破坏，人类将失去起码的秩序准则。人类伦理的基本目的在于为维护人类的基本秩序提供一种善恶是非的标准。伦理学的首要任务就是提供一种规范理论的一般框架，借以回答何为正当或应当做什么的问题。目的

---

① Tammy R. Pettinato, Transforming Marriage, The Transformation of Intimacy and the Democratizing Potential of Love, *Journal of Law & Family Studies*, Vol. 9, 2007, p. 102.

② Tammy R. Pettinato, Transforming Marriage, The Transformation of Intimacy and the Democratizing Potential of Love, *Journal of Law & Family Studies*, Vol. 9, 2007.

③ 冯契主编:《哲学大辞典》，上海辞书出版社 1992 年版，第 17 页。

论者认为善超过恶即为正当，反之则为不正当。[1] 在当事人行使离婚自由权利时受社会伦理的限制，是从人类社会对普遍的人伦秩序的需求出发，对社会伦理秩序的维护。人文主义在后来发展过程中产生了人道主义，人道主义更多的是从伦理意义上强调对人的价值的尊重。因此，对婚姻家庭伦理的维护也是人文主义的要求，人文主义离婚法的构建具有伦理学基础。

离婚法的伦理学基础在于婚姻、家庭本身具有的伦理性。以婚姻为基础的家庭是一个伦理性组织。离婚都意味着家庭的解体，意味着某些亲属身份关系的改变。但此种伦理性组织的解体并非任意的。在几千年前，亚里士多德就已经注意到家庭中亲情伦理的重要性。认为家庭是城邦的一个组成部分，家庭中的妇孺是否具有善德涉及城邦的利益。在批判柏拉图《理想国》中的“妇孺公有”的理想制度时，亚里士多德认为家庭中的亲情伦理是不容随意割裂的。“妇孺公有”的社会，友爱精神一定会削弱。父子关系“恰恰像一勺甜酒混入了一缸清水，亲属感情是这样淡而无味，在这种社会体制中，父亲不得爱护儿子，儿子也不得孝顺父亲，兄弟之间不必相敬相爱，亲属的名分和称号实际上已失去原来的意义”。在“妇孺公有”情形下，人们既不知道相互的亲属关系，社会就会失去伦常，那些伤及伦常的罪行也将是肆无忌惮的了。而且在公有的情况下可能会损害子女的利益，因为在公有的事物中，人们只关怀自己的所有，而忽视公共的事物。如果每个儿子属于每个父亲，每个父亲属于每个儿子，结果就是任何父亲都不管任何儿子。[2] “共妻”、“共子”的“妇孺公有”的理想制度完全割裂了婚姻家庭关系的亲情伦理，只能是一种不切实际的幻想。

---

① ［美］威廉·K. 弗兰克纳著：《伦理学》，关键译，生活·读书·新知三联书店1987年版，第9页。

② ［古希腊］亚里士多德：《政治学》，吴寿彭译，商务印书馆1983年版，第48～49、51～52页。

对婚姻的伦理性进行深入分析的莫过于黑格尔。黑格尔从伦理高度论证了对离婚自由的限制。黑格尔对从肉体方面看待婚姻的观点进行了批判，认为康德将婚姻视为以男女两性性器官的交互使用为目的的婚姻契约观是粗鲁的。同时，黑格尔对婚姻契约观也进行了批判，认为婚姻契约观是将婚姻降格为按照契约而互相利用的形式。黑格尔认为婚姻是一种伦理性关系。“婚姻的客观出发点是当事人双方自愿同意组成为一个人，同意为那个统一体而抛弃自然的和单个的人格，个人在婚姻这种实体中获得了自己实体性的自我意识。”男女二人因为婚姻而抛弃个人的人格，存在的只是一个统一人格，它不同于纳妾等其他形式的两性结合，任何激情应服从于婚姻。婚姻是基于爱而建立的，爱是一种感觉，具备偶然性，受到倏忽即逝的、反复无常和赤裸裸的主观因素的影响，而将婚姻界定为具有法的意义的伦理性的爱就可以克服这些因素对婚姻的影响。由于婚姻含有感觉的环节，婚姻不应离异并不是绝对的，其自身含有离异的可能性。但离婚不是已婚者随意离异的随心所欲，“立法必须尽量使得这一离异可能性难以实现，以维护伦理的法来反对任性”。①

马克思早年的观点也深受黑格尔影响，他在《论离婚法草案》中进一步深入分析了离婚法中存在的伦理因素，认为一切伦理的关系，就其概念来说都是不可解除的。真正的婚姻是不可解除的，但由于婚姻等都不完全符合自己的概念，因此实际的婚姻是可以解除的。但婚姻的解除不是当事人抱着所谓的个人幸福主义的任性，只有当婚姻不再符合其本质时才允许其解体。国家立法的任务就是判断在什么情况下婚姻不再符合其本质，因此在马克思看来，“离婚仅仅是对下面这一事实的确定：某一婚姻已经死亡，它的存在仅仅是一种外表和骗局”。“立法者对于婚姻所能规定的，只是这样一

---

① ［德］黑格尔：《法哲学原理》，范扬、张企泰译，商务印书馆 1961 年版、2007 年印刷，第 177 ~ 180 页。

些条件：在什么条件下婚姻是允许离异的，也就是说，在什么条件下婚姻按其实质来说是已经离异了。法院判决的离婚只能是婚姻内部崩溃的记录。”① 马克思反对任意解除婚姻关系，认为这是违反婚姻的伦理性的，“如果婚姻不是家庭的基础，那么它就会像友谊一样，也不是立法的对象了。可见，他们注意到的仅仅是夫妻的个人意志，或者更正确地说，仅仅是夫妻的任性，却没有注意到婚姻的意志即这种关系的伦理实体”。② 此外，恩格斯在《家庭、私有制和国家的起源》中也论述了婚姻的伦理性，“如果说只有以爱情为基础的婚姻才是合乎道德的，那么也只有继续保持爱情的婚姻才合乎道德”。“如果感情确实已经被新的热烈的爱情所排挤，那就会使离婚无论对于双方或对于社会都成为幸事。”③ 对此我们可以反过来理解，婚姻的伦理性要求将离婚限制在爱情已经死亡的情况下。如果婚姻在本质上已经死亡，立法规定婚姻的解除既不是已婚者的任性，也不是立法者的褊狭。反之，如果婚姻关系还符合伦理的本质，则应当得以继续维持，因为“保护伦理关系的生命不仅是立法者的权利，也是他的义务，是他的自我保存的义务”。④ 人类生活的环境是一个伦理性世界，包括婚姻。伦理是人类对幸福的普遍追求中产生的一种符合人的利益和需求的以维持人与人之间正常关系的一种准则。离婚法对伦理的维护也是对人的关怀和尊重的要求。

四、社会学基础

家庭是一种初级社会群体组织，发挥着其他组织不可替代的作用。初级社会群体又叫首属群体或基本群体，其最初是美国社会学

① 《马克思恩格斯全集》第一卷，人民出版社 1956 年版，第 184～185 页。
② 《马克思恩格斯全集》第一卷，人民出版社 1956 年版，第 183 页。
③ 《马克思恩格斯选集》第四卷，人民出版社 1972 年版，第 78～79 页。
④ 《马克思恩格斯全集》第一卷，人民出版社 1956 年版，第 184 页。

家C. H. 库利在其《社会组织》中提出的一个概念。库利认为社会初级群体是指“亲密的、面对面接触和合作的群体”。家庭、伙伴等具有亲密关系的群体就是典型的初级社会群体组织。根据库利的界定，初级群体不同于其他群体，如工厂、学校、政党等，其作为人的最初接触的场所，也是人最初社会化的场所，是个体与社会联系的桥梁，在个人思想的形成及实现人的社会化过程中发挥着重要的作用。初级社会群体构成“初级生活圈”，其中“人类活动中的生物的、心理的和社会的三种基本因素相互作用，人类最关心的问题，如人的生物属性与社会属性、精神与肉体、个人与社会、理智与情感、自私与无私等相互关系和作用的机制得到最充分、最集中的反映”。[①] 家庭是人类赖以生存的初级生活组织，离婚是此种生活组织的解体，是人类初级生活圈的改变或破坏，离婚法自然应以人的需求和利益作为判断此种初级生活组织体解体的标准，而且应对此种组织解散时的相关利益进行规范。

（一）家庭作为初级群体组织的特征

一方面，家庭作为初级社会群体组织的特征之一在于其成员利害祸福的交织。在家庭这样一种“初级生活圈”中，成员之间的关系是直接的、面对面的互动关系，不同成员扮演着多种角色，成员的利益不是独立截然分开的，一定成员的利益往往也与其他成员的利益相关，多种物质及精神损益关系交织在一起。对某种成员利益的损害往往可能导致对其他成员利益的损害，而对某成员利益的维护也会惠及其他成员。这样，家庭成员因为其利益的同一性趋向，必然会采取各种行为竭尽所能满足自己的利益并维护群体的利益，甚至家庭成员之间产生强烈的利他性倾向。因为家庭成员之间利益的关涉性，尊重每一个个体的权利，维护该组织的完整性符合群体的利益。而家庭成员的死亡、亲子之间的分离、夫妻分居或离

① 郑杭生主编：《社会学概论新修》（修订本），中国人民大学出版社2001年版，第218、220页。

异等都会导致家庭成员情感的伤害。在此种初级群体面临解体的情况，应基于对其中成员的利益考虑，采取措施防止群体的轻易解体，法律不应放任其解体。即使在这样一种初级群体解体时也应斟酌各成员的利益和需求，以不同于处理次级群体关系的规则处理此种亲密关系群体的利益，离婚法应以这种初级群体中的人为对象制定。

另一方面，家庭作为初级群体组织是一个以“自治”为原则的社会规范管理组织。亲密的、直接面对面的关系构成社会初级群体，初级群体之间就构成次级群体，社会就由无数初级群体和次级群体构成。社会行为的调整就是通过对各种初级群体及次级群体的规范而实现的。在处理成员之间的关系时初级群体本身更多依赖于习惯、风俗、伦理道德、群体意识，而非明确、严格的规章、制度和法律进行规范。[①] 因此，对于家庭这样的初级群体，法律的干预较少，家庭自治是其基本特征，“隐私观念”表现强烈，这是现代许多国家立法坚持的基本原则。但这种初级群体中的人，具有生物属性，人的本性在这里仍然会得到一定的体现，其追逐享乐、自私自利等需求在某种程度上同样存在。较之次级群体，初级群体成员的情感宣泄甚至更加肆无忌惮。传统观念认为在家庭初级群体中为了群体的利益可以牺牲个体的利益，认为家庭中存在着一定的权力支配关系（如家长权、父权、夫权等）是正当的，甚至认为，父母对子女的虐待、丈夫对妻子的暴力行为等在家庭初级群体中是理所当然的。因此，为了更好地符合成员的利益，对家庭这样的初级生活群体组织也不能完全采取放任态度，需要进行符合人性的规范和管理，使其朝着社会的良性发展运行。但对这种初级群体的管理只有在家庭无力自治的情况才出现，而且此初级群体之间直接面对的是平等的、具有亲密关系和密切利害关系的人，只有为了维护这

---

① 郑杭生主编：《社会学概论新修》（修订本），中国人民大学出版社 2001 年版，第 209 页。

种共同体的利益，防止作为实体存在单位的无序化和克服个体行为对其他个体利益的损害才符合法的正当性要求。

（二）家庭作为初级群体的功能

家庭的功能就是指家庭的社会作用或职能。通常认为，传统家庭的功能主要包括物质资料的生产和人类再生产职能、消费职能及教育职能等。[①] 但随着社会的发展，家庭的功能在某些方面被弱化、某些方面被分化由社会承担。除了上述功能外，家庭作为初级群体还发挥着以下功能：

首先，家庭履行着家庭成员社会化的功能。虽然家庭的功能在现代社会部分被弱化或分化，但作为社会初级群体家庭的某些重要功能仍然不可为其他社会组织所取代。家庭作为初级社会系统，是每个人最初生活也是一生中生活的最重要的地方，是未成年子女走向社会的最重要的场所，子女走向社会之前的知识主要是通过家庭言传身教的方式获得的，此功能难以为其他社会组织所取代。家庭的功能是否正常发挥，决定着未成年子女能否健康成长，成为符合社会需要的人，实现向社会的顺利过渡。不管社会如何发展，子女的社会化最重要的演练场所仍然是家庭。

其次，家庭作为初级社会群体，在满足人们情感需要、减轻心理压力、防止人性异化方面发挥着重要作用。[②] 家庭成员是一种亲密关系，其中融合了成员之间的感情因素，是人们相互进行情感宣泄或获得情感支持的最重要的途径。家庭组织的分化、解体则必然意味着一种亲密关系的解体，其功能的弱化甚至消解，必然对其成员带来伤痛。西方一些国家就是看到了这一点，采取了多种措施维护家庭，走“回归家庭之路”。因此，在家庭这一社会生活圈的规范管理过程中，应以人为本位，坚持人的价值和利益优先，防止这

---

① 陈苇主编：《婚姻家庭继承法学》，群众出版社 2005 年版，第 5 页。

② 郑杭生主编：《社会学概论新修》（修订本），中国人民大学出版社 2001 年版，第 212 页。

一初级社会群体的轻易解体，维护此种共同体的利益。

最后，家庭作为初级群体是社会的稳定力量。[①] 社会由一定的社会结构组成，家庭就是这些社会结构中的一部分。因此，家庭是社会的基本细胞，家庭的稳定直接与社会的稳定相关。家庭的解体可能会削减家庭维系社会秩序的功能，带来社会的不安定。显然，对家庭的人文性关怀既对个人发展起着重要作用，也涉及人类赖以生存的社会环境的稳定。

综上，家庭作为一种初级群体组织，具有特殊的特征并履行着特殊的职能。家庭初级群体关系不同于其他次级群体组织，也不同于人与物的关系，这决定了对家庭这种初级群体关系的研究应以人的关注为中心，离婚法人文主义是由此种关系的特性及其功能所决定的。

① 吴增基等主编：《现代社会学》，上海人民出版社2005年版，第143页。

第二章　离婚法人文主义的基本理念及其嬗变

人文主义的基本理念即“以人为本”。离婚法的“以人为本”就是在离婚法的制定、修改及完善中以人作为出发点，尊重人的目的性，并尊重和保障离婚当事人及未成年子女的人权。离婚法作为私权保护的法，在离婚自由、离婚夫妻法律地位及离法子女法律地位方面的发展演进无不体现离婚法以自由、平等、人的尊严为价值追求，具有尊重人、关怀人的人文主义内在本质。

第一节　离婚法人文主义的基本理念：“以人为本”

“理念”即“思想、观念”。[①] 从人文主义的内涵及其对法律的价值概括，人文主义的基本理念即“以人为本”。离婚法人文主义的基本理念即在离婚法的制定、修改及完善中体现以人为中心地位的观念或意识。有学者认为，“以人为本”是以人作为法律或其他制度的根本服务对象和目的，法律或其他制度是为了人的自由而产生、存在和发展。[②] 张文显教授认为，“以人为本”就是一切从

① 中国社会科学院语言研究所词典研究所词典编辑室编：《现代汉语词典》（第五版），商务印书馆2005年版，第836页。

② 武步云：《人本法学的哲学探究》，法律出版社2008年版，第7～13页。

人出发、以人为中心，就是要把人作为观念、行为、制度的根本。李龙教授认为“以人为本”最主要的要求就是以人为出发点和归宿，其首先表述为人的尊严、对人的尊重和人权。吕世伦教授认为，“以人为本”就是以人为目的而不是手段。① 笔者认为，离婚法的“以人为本”就是在离婚法的制定、修改及完善中以人作为出发点，尊重人的目的性，并尊重和保障离婚当事人及未成年子女的人权。

一、以人为离婚法的目的

人是目的，不是手段，这是法律的基本要求。“手段是实践的内在规定，是主体为达到一定目的作用于外界对象的中介之总和。”② 手段是为实现目的服务的，是实现目的的载体。人不同于物，人是万物之灵，人是能动的，理性的。人是世界的主宰者，人创造了世界并可以认识世界、改造世界。人是世间万物的尺度，法律自然应以人为服务的对象，以是否体现人类的意志并增进人类的幸福作为评判法的善恶的标准。对此，康德认为没有理性的东西只能是物，是手段。而有理性的生灵就是人，人依其本质即为目的本身，不能仅仅作为手段来使用。之所以人自己成为目的本身而不是手段，是因为作为目的而存在的一切，具有绝对价值。一个有价值的东西能被其他东西所替代，这是等价；超越于一切价值之上，没有等价物可替代，才是尊严。③ 康德还提出，无论是你自己还是其他人，都应当将人看做目的。不仅自己是目的，他人也是目的。“你的行动，要把你自己人身中的人性，和其他人身中的人性，在

---

① 李龙等：《“以人为本”的法哲学解读——“以人为本”四人谈》，载《金陵法律评论》2004 年秋季卷，第 3、4、6 页。

② 邓翠华：《人是目的与手段的有机统一》，载《教学与研究》2007 年第 8 期，第 90 页。

③ ［德］伊曼努尔·康德：《道德形而上学原理》，苗力田译，上海世纪出版集团 2002 年版，第 55 页。

任何时候都同样看做目的，永远不能只看做手段。”这样就限制了一切任性，并且使人成为受尊重的对象。① 在人与法律的关系上，是先有人类存在后才产生国家及法律，而不是相反。人们建立国家、规定法律的目的是更好地为人服务，否则人就会为国家、法律所“异化”。人类存在，国家、法律的存在才有意义。法律的制定、修改及完善都离不开为人类服务的目的。根据社会契约论的观念，国家是人们通过契约建立的，法律不是主权者肆意妄为的任意，是公意的体现，因此法律应该为人服务，为人服务就是为人类自己的利益服务。法律是实现公民意志的手段。因此，法律意志及对象具有普遍性，法律应体现所有人的意志，对所有人同样适用，不论是谁，擅自发号施令就不能成为法律。主权者对某个人的号令不是法律，只能是命令，不是主权者的行为，是行政行为。② 因此，尊重人的目的性，应当将所有人都当做目的，而非将一些人变成实现他人目的的手段。由于人的目的性，在离婚法的制定中应尊重人的主体地位、承认人性的复杂性。

（一）尊重人的主体地位

主体与客体相对。既然人是目的，也就要求承认人的主体地位。因为只有人成为主体，而非权利的客体，才可能实现人作为目的的结果，否则，如果人只是权利的客体，自然也就只能是实现他人权利的手段。人的主体地位有两层含义：第一，在人与物的关系方面，人作为主体，物为客体，而不是人为物异化，成为物质利益的奴仆。第二，在人与人之间，每个人成为自己的主人，可以根据自己的意愿自由地支配自己的身体，不受他人的非法干预与限制，不存在与他人的隶属和依附关系，因此“人是永恒的主体”。③ 意

---

① ［德］伊曼努尔·康德：《道德形而上学原理》，苗力田译，上海世纪出版集团 2002 年版，第 47 ~ 48 页。

② ［法］卢梭：《社会契约论》，商务印书馆 2006 年版，第 47 ~ 48 页。

③ 武步云：《人本法学的哲学探究》，法律出版社 2008 年版，第 222 页。

大利文艺复兴时期被誉为“人的发现”的伟大时代，其中“人”的发现包括发现了人类在宇宙中的主体地位及其价值，即人类的主体性，是一个认为“人的高贵超过天使的高贵”的时代。[①] 人不是上帝的被造物，而是世界宇宙中最伟大的生灵。

人类历史上，并非人都是目的，一些人往往成为实现他人的利益的手段。在罗马法上，法律上的人与生物上的人是分离的，生物上的人并非都是法律上的人。要取得法律上的人格必须具备三个要素：市民权、自由民、家族权。罗马法上对不同的人根据不同身份规定了严格的等级制度。家庭是介于城邦和个人之间的一种组织，家庭之管理就如同城邦的管理一样，在统治者看来，通过家庭的管理就可以达到巩固城邦统治的目的，因此罗马家庭就是当时罗马社会的缩影。家庭中，家父是享有完全人格的人，是最高权力者，除了家父之外的人都处于国家和家父统治之下。根据乌尔比安的观点，“狭义家庭是指无论基于自然或基于法律规定都处于一个支配权之下的多个人。”“家父不仅仅是指他这个人，也是指一种支配权。”[②] 女性在结婚后就与原家庭解除一切关系而“归顺夫权”。[③] 通过“归顺夫权”，妻子变成“家女”，服从新的“家父”。如果丈夫是自己的“家父”，则妻子处于“准女儿地位”，如果“家父”是自己丈夫的“家父”，则妻子处于“准孙女地位”。[④] 因此，在罗马法上，无论是妇女还是子女都属于他权人，都不具有独立的

① 韩庆祥、王勤：《从文艺复兴“人的发现”到现代“人文精神的反思”》，载《北京大学学报（哲学社会科学版）》1999 年第 6 期，第 15 页。

② D. 50. 195. 2. 参见［意］桑德罗·斯奇巴尼选编：《婚姻·家庭和遗产继承》，费安玲译，中国政法大学出版社 2001 年版，第 5 页。

③ 罗马法上也存在一种无夫权的婚姻，结婚后丈夫不取得妻子的夫权，妻子不享有对丈夫遗产继承权，夫妻实行分别财产制，但妻子仍处在家父权下。此种婚姻最初适用于外邦人，后来为罗马市民所采用，到罗马共和国晚期，成为较通行的婚姻。参见徐国栋：《罗马私法要论——文本与分析》，科学出版社 2007 年版，第 70 页。

④ ［意］彼德罗·彭梵得：《罗马法教科书》，黄风译，中国政法大学出版社 1992 年版，第 120 页。

人格地位。从罗马法上人的权利义务取决于人的不同出生地域、占有财产的多少、性别状况以及在家庭中的出生顺序等。“三种身份，无不与歧视、压迫和剥削相关，都是一些人的天堂，一些人的地狱，无所有人的天堂的意味。”[①] 在这样的背景下，一些人可以堂而皇之为人，而一些人虽然是生理意义上的人，却是法律上的“非人”。“罗马法中的人格概念，是罗马法学家为了给等级制度提供根据而产生的，是为了限制大多数人的资格的法律工具。”[②] 罗马法通过法律人和生物人的分离，通过对身份的剥夺和奖励性赋予以达成对社会成员的控制之目的，这样一些人就成为了实现其他人利益的工具和手段。罗马法上的“家父制”对大陆法系国家的立法产生了深远的影响，封建社会时期的法国、日本法等基本上都以“家父”为中心。

奴隶社会实行严格的等级制。由于奴隶主掌握所有权利，奴隶只是“会说话的工具”，根本无法取得人的资格，如古印度的种姓制度。奴隶社会中奴隶主享有对奴隶的统治权，为了找到合理的借口，一些哲学思想家们为此费尽心思宣扬奴隶制的存在是“自然”而合理的。亚里士多德就极力主张奴隶制的合理性，他认为任何人在本性上不属于自己的人格而从属于别人。不管是自然界的生物还是无生物，都存在统治者和被统治者的区分，这不仅事属必需，实际上也是有益的。有些人从出生注定将是被统治者，另外一些人则注定将是统治者。[③] 亚里士多德的哲学观掩盖了奴隶制存在的真相，为奴隶制及人与人的不平等寻找借口。

虽然封建社会中人的地位比起奴隶社会有所提高，但封建社会仍然以严格的等级制度为特征，封建主拥有土地、财产和一切特

① 徐国栋：《从身份到理性》，载《法律科学》（西北政法学院学报）2006 年第 4 期，第 67 页。

② 李锡鹤：《民法哲学论稿》，复旦大学出版社 2000 年版，第 15 页。

③ ［古希腊］亚里士多德：《政治学》，吴寿彭译，商务印书馆 1983 年版，第 13 页。

权，而农奴则除了劳动力外一无所有。在中世纪新兴的资产阶级势力的强烈要求下，在社会生产大力推动及自然科学、社会科学极大发展的情况下，尤其是资产阶级革命的胜利，自由、平等观念的传播才实现了以人为目的的转变。文艺复兴时期的人文主义者全面地发现了人。这一思想为后来的启蒙思想家所承袭，并直接推动了人的主体性立法的发展。随着资产阶级革命在英国的胜利，1689 年《权利法案》限制了国王的权力，逐步确立了君主立宪制，宣布了人民应该享有权利。至法国大革命时期，资产阶级革命的胜利推翻了封建等级制度，自由、平等等思想最终被法律确立下来，使尊重人性、实现人的平等及全面自由发展成为可能。1804 年《拿破仑民法典》第 8 条规定："所有法国人都享有民事权利"，从此结束了人的高低贵贱之分的局面，体现了民事主体的平等性理念，被誉为法国民法典的"主要贡献"。[①] 虽然从形式到实质都未完全体现人与人之间真正的平等，但《拿破仑民法典》以法的形式确立了人人平等观念，实现了从人格多元化的立法向人的地位的单一化的转向。这一转变的理念在于每个人都是主体，只要是人就享有平等的权利，其法律主体地位是一致的，并不存在资格上的差别。1896 年《德国民法典》则以民事行为能力作为确定民事主体资格的标准，该法典第 1 条明确规定："人的权利能力，始于出生完成之时。"正如有学者所言，《德国民法典》第 1 条看似简单，却宣示了所有自然人从出生完成之时起，都具有权利能力并在法律上一律平等的重要原则，即使是婴儿也不例外。[②] 至此，所有人，只要是

---

① 李锡鹤：《民法哲学论稿》，复旦大学出版社 2000 年版，第 15 页。

② 陈卫佐译注：《德国民法典》（第二版），法律出版社 2006 年，第 3 页。

人就具有相同的民事行为能力，承认了所有人作为人的资格平等。① 自然人人格在法律上的确立以及规定自然人的人格平等，是对近代以前基于人的身份、地位及国家的奖赏与处罚作出不同人格之规定的否定，是根据人的自然属性确定人的地位，是对人性的张扬。这一人性发现，为实现所有人的目的性奠定了基础。“人格是近代大陆法系民法体系的逻辑原点，民法中所有的概念、原则和制度的构建均以人格作为起点的。”② “自然人的人格是自然人权利、尊严的最终根据，也是评判所有法学理论的重要根据。”③

受“夫妻一体主义”思想及“男尊女卑”观念的影响，在历史上及现实社会中，女性在某种程度上只是男性实现其权利的手段，女性本身并非作为目的存在。尊重人的目的性包括将女性作为目的而非手段看待，男女之间享有平等的权利，不存在男性权利优于女性。“性别平等的公理性缘于人类平等的普遍性，人区别于其他‘物种特性’的‘人的本性’就是性别平等的最终根据。”④ 实现女性作为人的目的性是人类社会进步的结果，也是将来仍需奋斗的目标。同时，历史上长时间以来，未成年子女被当做父母的依附物，作为实现父母利益的手段而存在。随着社会的发展，年子女在社会和法律中的地位逐渐提高，国际社会也广泛关注儿童的权利。自“人的发现”以来，在上帝面前，未成年子女也成了世界的主体，但在家庭中，未成年子女的主体地位仍未得到完全的确认。随着人权运动的发展，人的主体地位不断得到提升，未成年子女权利

---

① 虽然有学者认为现代意义上的人格与人的主体资格、民事行为能力具有相同的内涵，但如学者所言，罗马法上的人格与现代意义的民事行为能力是有区别的，罗马法上的人格具有可继承性，而现代民事行为能力不可继承；德国法学上的民事行为能力只限于民事人格，而罗马法上的人格包括政治人格和民事人格。参见李锡鹤：《民法哲学论稿》，复旦大学出版社 2000 年版，第 11 页。

② 张翔：《自然人格的法律构造》，法律出版社 2008 年版，第 2 页。

③ 李锡鹤：《民法哲学论稿》，复旦大学出版社 2000 年版，第 41 页。

④ 周安平：《性别平等的法律进路之批判》，载《法商研究》2004 年第 3 期，第 76 页。

保护不断增强，20 世纪被誉为“儿童的世界”，未成年子女从主体的边缘化状态进入到了世界立法关注的中心。但是，离婚法中未成年子女主体地位保障仍然存在不足，在离婚后未成年子女监护与探望方面，长期以来，在观念上，子女被当做父母的私有财产，一些父母将子女作为离婚时换取离婚扶养费以及财产分割中作出妥协让步的标的，甚至将子女作为惩罚对方的工具。对此，有学者发出这样的感慨：“子女是社会上最后一个纯粹以自己的地位为基础获得法律上控制的主体。”“子女监护法是少有的授权一个人控制另一个人的人身和思想的法律，它不需要被控制者这一主体的同意，也不需要对被控制者行为能力的欠缺进行个性化的调查。”① 对子女的监护并非以子女自己的地位为基础，而是基于传统家庭等级观念将子女作为父母的私有财产而被监护。和成年人的主体地位相比，子女的主体地位的法律发展缓慢得多。在离婚法中如何实现男女平等，尊重未成年子女的独立主体地位是实现人文主义离婚法“以人为目的”的必然要求。

（二）全面认识人性

人性是人区别于动物的各种特性或属性的总和与概括。② 一切法的制定、修改和完善都是为了人的利益和需求，因此法律与人性存在着天然的联系。“以人为本”的离婚法自然离不开对人性本质的诠释，因为法“简直就是人性发展的产物”。③ 对于人性的分析，一直是哲学家的主流话语，各种流派、观点纷繁复杂。在人性之争中，有神性和兽性相区别的人性论，有理性与非理性的人性观，最多的是人性善与恶的论争。历代先哲们对人性的探讨尚无统一定论，这本身源于人性的复杂性，从单一角度探讨人性难免不全面。

① Barbara Bennett Woodhouse, Child Custody in the Age of Children's Rights: The Search for a Just and Workable Standard, *Family Law Quarterly*, 33, 1999, p. 816.

② 冯契主编：《哲学大辞典》，上海辞书出版社 1992 年版，第 18 页。

③ 卓泽渊：《法的价值论》（第二版），法律出版社 2006 年版，第 86 页。

人性是复杂的，人文主义离婚法“以人为目的”需要在离婚法的制定、修改及完善中全面认识人性，考虑人性的复杂性。

1. 人的自然属性和社会属性

人首先具有自然属性。人的自然属性指在生物学和生理学方面的属性。[①] 人具有动物一样的生物本能与需求，体现为人的衣、食、住等基本需求的满足及性的需要的满足等。人首先要生存，对食物的需求是一切动物的生物本能。动物有性本能，这在人类身上体现为性的本能和冲动。婚姻的生理基础就是男女两性生理上的性本能以及生存发展的需求。人类要繁殖并养育后代，正是人类的这一生物学上的属性，人类才不断繁衍发展。人有情感、情绪，有思想，有精神上的多种需求，这是人的生理特征。作为社会存在的人，首先是具有生物属性及生理属性的人。

人同时具有社会属性，社会属性是人的本质属性。亚里士多德的人是“政治动物”的判断强调了人的社会性，强调人不能脱离城邦独立生活。“人类生来就有合群的性情。”“凡人由于本性或由于偶然不属于任何城邦的，如果他不是一个卑夫，那就是一位超人。这种‘出族、法外、失去坛火（无家无邦）的人’，荷马会卑视为自然的弃物。”[②] 洛克也有如下陈述：“上帝既然把人造成这样一种动物，根据上帝的判断他不宜于单独生活，就使他处于必要、方便和爱好的强烈要求下，迫使他加入社会。”[③] 人不能脱离社会存在，是实实在在存在于社会中的人。人既不是像黑格尔所说的抽象的理性人，即绝对理念的自我意识上的一种“纯粹的理性符号”，也不是像费尔巴哈所说的抽象人。费尔巴哈从人的类的本质出发，认为“完全和动物一样，人也是一种自然的生物”。因此，

---

① 冯契主编：《哲学大辞典》，上海辞书出版社 1992 年版，第 36 页。

② ［古希腊］亚里士多德：《政治学》，吴寿彭译，商务印书馆 1983 年版，第 8 页。

③ ［英］洛克著：《政府论》（下），叶启芳、瞿菊农译，商务印书馆 2009 年版，第 45 页。

得出了以人的生物性论人的唯生物学观点和抽象人性论。马克思正是在批判费尔巴哈抽象人性论的时候提出“人的本质并不是单个人所固有的抽象物。在其现实性上，它是一切社会关系的总和”。[①]人类必须在相互依存相互照顾中求得生存，人与人之间存在多种权利义务关系，每个人既享有权利也要承担一定的义务，以维护共同生存的环境。

人是自然属性和社会属性的统一，其中最本质的是人的社会属性。人的社会属性是根本属性，自然属性应服从于社会属性。法律的制定既不能夸大人的自然属性，但也不能否定人的自然属性。婚姻是一种亲密关系，此种关系往往需要具有一定的生理和心理基础。这是婚姻的自然属性所决定的，也是人性在婚姻方面的要求。人作为人，有爱与被爱的需求，法律既不能强迫毫无感情的人相亲相爱，也不应阻止人们相爱，离婚法定条件的制定既要考虑婚姻的生理需求，又要超越于生理的需求，要考虑婚姻家庭的经济职能的丧失对离婚后的经济弱势方和未成年子女利益产生的不利影响，还要考虑人的社会性，减少离婚给社会带来的冲击，防止破坏婚姻伦理等。

2. 人性的“善”、“恶”二重性

关于人的本性，“人性善”和“人性恶”是重要的人性之争。[②]“人的恶性是指人具有侵犯他人利益和社会公共利益的可能性。”[③]古希腊亚里士多德是较早关注人性的哲学家、思想家。他认为由于人的行为受其感情、欲望、冲动支配，因此人性是恶的。

---

① 《马克思恩格斯选集》第一卷，人民出版社1972年版，第18页。

② 关于人性善恶的论争，还包括“人性无善恶”论及“人性有善有恶”论。例如，战国时的告子持“人性无善恶”观点，其提出“生之谓性”、“食色，性也”，认为人生来只有求生存和生殖两种欲望，所以性是“无善无不善”的。战国早期的周人世硕则主张人性有善有恶。参见大辞海编辑委员会：《大辞海》，上海辞书出版社2003年版，第683页。

③ 刘国利、吴镝飞：《人文主义法学引论》，载《中国法学》2004年第6期，第27页。

由于人性的不可信，“法治应当优于一人之治”。文艺复兴鼎盛时期的政治法律思想家马基雅弗利认为，“人是不合人情、自私的动物，这种人只注重权力、功利和安全，在这种人的面前谈论道德尊严和人生的高贵是没有意义的，用自然规律和神圣法规约束人是枉费心机。”① 人为了实现自己的权力、功利等目标可以不惜一切代价，采取任何手段。基于人性恶假设，马基雅弗利提出掌握权力的人不必具有优良的品质，关键是如何掌握运用权力的技巧。而对权力的维护则需要依靠法律和军队。英国政治法律思想家霍布斯认为，人的本性是自私的，每个人在体力和智力方面又存在差异，但每个人都有追求平等的自由权利，因此人存在不同的欲望。在欲望驱使下，自然状态下“人与人如狼”。人在这种自然状态下的特点是：无是非区别，无正义与非正义区别，无所谓私有财产的存在。② 国家的出现就在于克服这种“人与人如狼”的状态。我国战国时期的荀子是性恶论的典型代表，其著名的观点是“人之性恶，其善者伪也”。荀子批判孟子的性善论，认为人的本性是恶的，而人的善是人为的，是后天礼的教化的结果。人们想行善，就是因为人本身是邪恶的。人一出生就是好利的，人一生下来就有嫉妒和憎恨心理，有耳朵和眼睛的贪欲，有好声色的本性。荀子从笔直的木材不依靠人为的整形就笔直，因为它的本性就是笔直的，而弯曲的木材一定要依靠人为的熏蒸矫正然后才能挺直，来比喻人性是恶的，需要进行善的矫正。如果人性是善的，哪里还用得着圣明的帝王和礼义呢？由于人本性的邪恶，对人的行为，就需要圣明的君主去统治，需要用礼义去教化，用法治去治理，加重刑法去进行限制。由于人生而有欲望，为了调养人们的欲望，荀子主张以礼治国。“故必将有师法之化、礼义之道，然后出于辞让。”“礼起于何也？曰：人生而有欲；欲而不得，则不能无求；求而无度量分界，

---

① 谷春德主编：《西方法律思想史》，中国人民大学出版社2004年版，第126页。

② 谷春德主编：《西方法律思想史》，中国人民大学出版社2004年版，第165页。

则不能不争；争则乱，乱则穷。”① 针对人性恶，荀子特别强调后天的教育和环境的影响，主张“求贤师而事之，择良友而友之”，实行重法，“故枸木必将待檃栝烝矫然后直，钝金必将待砻厉然后利。今人之性恶，必将待师法然后正，得礼义然后治。今人无师法，则偏险而不正”。②

洛克主张的在自然状态下人们生活的平等、自由状态奠定了其人性善的基点。在自然状态下，“人们既然都是平等和独立的，任何人就不得侵犯他人的生命、健康、自由或财产”。③ 在这样一种良好秩序之下，政府是基于人们的契约而产生，设立政府的目的在于更好地保护这些天赋人权。除外，西方的傅立叶、青年时期的柏拉图等也主张人性善。在我国，儒家的孟子是人性善的典型。孟子的“性善”具体包括恻隐、羞恶、恭敬、是非这“四心”。具备这“四心”，也就具备仁、义、礼、智。他认为人性善“求则得之，舍则失之”，即要自觉地向自身内心去追求，才能得到。“恻隐之心，人皆有之；羞恶之心，人皆有之；恭敬之心，人皆有之；是非之心，人皆有之。恻隐之心，仁也；羞恶之心，义也；恭敬之心，礼也；是非之心，智也。仁义礼智。”④ 孟子认为人性善就像水始终向下流一样。“人性之善也，犹水之就下也。人无有不善，水无有不下。”⑤ 孟子认为，水为什么在拍打时飞溅，在阻挡它的时候可以倒流，甚至流到山上，这是形势导致的，而非水的本性使然。孟子以水的倒流比喻环境在人性善中的作用，一定的环境可以使人性善变得不善，因此孟子主张重视教化，以“谨庠序之教”，建立人伦规范，形成良好的社会风尚。孟子认为修养善心的最好方法就

① 《荀子·礼论》。

② 《荀子·性恶》。

③ ［英］洛克著：《政府论》（下），叶启芳、瞿菊农译，商务印书馆2009年版，第4页。

④ 《孟子·告子上》。

⑤ 《孟子·告子上》。

是减少求利的欲望，一个人的欲望少，即使善心有些丧失，其丧失的善心也是很少的，如果一个人求利的欲望少，即使善心有所保留，其善心也是少的。"养心莫善于寡欲。"①

由于人具有自然属性和社会属性，在不同环境下，人的自然属性或社会属性会得到不同程度的体现，首先人有生物性本能，如果人的生物性本能需求得不到满足，就可能损害他人利益以满足自己的利益。但人的社会性要求人们要互助互爱、相互协作、尊重他人的权利等。在法律或道德的约束下人又表现为对自己生物本能的克制并表现为一定的利他性。从此角度分析，人在不同环境下及不同道德、法律约束下会表现出程度不同的善恶二重性。例如，恩格斯认为人在道德的完备性方面存在差异，因而人与人表现出来的兽性和人性也就不同，"人来源于动物界这一事实已经决定人永远不能完全摆脱兽性，所以问题永远只能在于摆脱得多些或少些，在于兽性或人性的程度上的差异"。② 由于人的善恶二重性，法律的作用就在于通过对人性善的张扬以压抑人性恶的膨胀。战国早期的周人世硕认为，"人性有善有恶。举人之善性，养而致之则善长；恶性，养而致之则恶长"。③ 离婚法的制定应考虑人性的特点，鼓励人们行善，发扬人性的优点，同时也要防止人性恶。在离婚法中允许夫妻协议离婚，鼓励父母制订对子女的协商性养育计划、保障离婚弱势群体的权益有利于发扬人性善。对离婚自由加以一定的限制，对离婚夫妻的权利义务进行规定，在父母离婚时为未成年子女设立独立代理人等，其中不乏"人性恶"防范的考虑。

3. 人性需求的无限性及层次性

"需求"的本意是"因人的需要而产生的要求"。④ 美国人本

① 《孟子·尽心下》。

② 《马克思恩格斯选集》第三卷，人民出版社1972年版，第140页。

③ 《论衡·本性》。

④ 中国社会科学院语言研究所词典研究所词典编辑室编：《现代汉语词典》（第五版），商务印书馆2005年版，第4537页。

主义心理学家马斯洛在1943年发表的《人类动机的理论》一书中提出了需要层次理论，将人的需求由低到高分为生理需求、安全需求、社交需求、尊重需求、自我实现的需求。从马斯洛的需求理论看，人的需求具有多样性、层次性及无限性特点，且人的需求处于不断发展变化中，当人的低层次需求得到满足后，就会追求更高层次的需求。当然，社会中的人并非完全符合直线型人性需求模型，人并非在低级的需求完全实现后才去追求更高层次的需求，往往现实中的人同时存在多种需求，多种不同的需求是交叠进行的。而且人的需要层次的顺序是相对的，非固定不变的，也有人为了追求更高的需求而放弃低层次的需求。

人和动物一样都有需求，但人和动物的最大的区别在于人有精神需求。虽然生理需求是人类最基本的需求，但并非生理需求就可以取代人类的精神需求。在很多情况下，人的精神需求更重于生理需求。根据马斯洛的观点，人的精神需求，即高级需求不仅有利于个体人格的完善，而且对整个社会及他人都有利。因此，在人的低级需求与高级需求之间，法律更应尊重人的高级需求。尤其在人类的基本需求已经基本得到满足的情况，立法不应仍然停留在人的初级需求的满足上。离婚法的制定、修改与完善都应考虑人的需求，并注重人的需求的层次性及无限性。从物质生活发展进步到现代社会的今天，追求以经济为目的的婚姻越来越少，人们对于婚姻的精神需要越来越高。判决离婚的法定条件应注重人的精神需求。父母离婚必然意味着子女生活环境的改变，这是由离婚夫妻不再共同生活居住所决定的。离婚后子女跟随何方生活，应以子女的需求为判断的依据。子女的需求是多方面的，有物质方面的需求，也有精神需求，而精神需求对子女的人格发展、个性的培养等起着重要的作用，因此在决定离婚后子女的监护探望方面尤其应根据子女在不同阶段的生理和心理发展情况，结合未成年子女的精神需求，综合多种因素考虑离婚后子女的监护与探望。需求是人的本性，法律的制定需满足人的合理需求。由于人的需求的无限性和人类资源的有限性，加上人类需求要受到社会发展程度以及人类善良道德风尚等多方面的限制，人的不同需求及自己的需求与他人、集体的需求之间也存在一定的矛盾。如何克服这些矛盾，不同的人会采取不同的方法。有的人可能会牺牲他人或集体的利益以满足自己的需求。如果实现人的需求的手段不为社会所认可或超越社会的限制，就会侵犯他人的权利。因此，法律一方面要满足人类的合理需求，这是人类得以延续的需要，另一方面法律也要防止人的需求的无限扩张，防止"人性恶"本性的膨胀。

4. 人的有限理性

近代民法的私权神圣、身份平等和意思自治的理念是以"理性人"假设（亚当·斯密称为经济人假设）和主体缔约能力完全平等的假定为基础的。"理性经济人假设认为本质上属于经济人的每一个人都是理性完备的，并具有稳定的偏好及偏好序列，因而他们不仅表现为自身利益最大化的追求者，而且同时也都是自己利益的最佳判断者。"① 这种人性假设是法律的抽象，是除去了人所处的具体环境和个体差异的拟制人。理性人假设反映的此种人像"乃根植于启蒙时代、尽可能地自由且平等、既理性又利己的抽象的个人，是兼容市民及商人的感受力的经济人"。② 但现实生活中的人是千差万别的，理性人假设因其忽略了个体在能力、信息、社会资源等方面的差异而受到人们的批判。过于强调人的"智"而"强"的"理性人"假设在现代社会得到了修正，一些经济学家及哲学家认为人并非完全理性的，最多表现为有限理性。最早提出有限理性观的是著名经济学家赫伯特·西蒙。他指出，人类行为主体"打算是理性的，但仅仅是有限地做到了这一点"。肯尼思·阿罗

---

① 李晓明：《私法的制度价值》，法律出版社 2007 年版，第 12 页。

② ［日］星野英一：《私法中的人》，王闯译，中国法制出版社 2004 年版，第 7 页。

也指出："人的行为是有意识的和理性的，但这种理性又是有限的。"① 一些哲学家也对人的理性提出疑义，如18世纪英国思想家休谟对中世纪主张人是理性存在的观点提出疑义，提出人的本质是非理性的，认为"理性不过是情感的奴婢"。甚至一些极端主义者，如叔本华、尼采、柏格森、弗洛伊德、萨特等否定理性作为人的本质的意义，走上非理性的道路，后现代一些哲学家甚至举起反对理性主义的大旗。②

现实中，尤其是在婚姻家庭中人并非都是完全理性的，只存在有限理性。首先是因为现实中并非每个人都能认识到自己的最大利益进而追逐利益最大化。从前述论述看出，人性具有的复杂性不是简单的理性与非理性能概括的，人性具有复杂性。人除了具有理性特征外，还具有感性的一面。婚姻家庭成员之间的感性因素比其他人员更多，使得理性人假定更难以推行。常言说，"恋爱中的男女是盲目的"，由于婚姻家庭中感性因素的存在并非每个人都能清醒地认识到自己的最大利益。而且"即使认识到了，也不一定去追求，这是因为人并不都是被利益所驱动的"。③ 在婚姻家庭中，夫妻之爱、父母子女之情可能是产生婚姻家庭成员行为驱动力的主要原因。如果每一对夫妻、每一对父母都是理性人，在做任何事情前将自己的利益判断得一清二楚，这样的假设完全抹杀了婚姻、家庭的伦理性，也不利于婚姻家庭关系的维持。理性人假设体现的是一种纯粹功利的哲学思想，这种功利思想将人看做一种利益的工具，自然缺乏对人的人文性关怀。在婚姻家庭中，尤其应考虑其中的感情因素及感性因素，离婚法的制定不能仅从追逐利益的最大化角度考虑。

① 李晓明：《私法的制度价值》，法律出版社2007年版，第43页。

② 李晓明：《私法的制度价值》，法律出版社2007年版，第44页。

③ ［日］星野英一：《私法中的人》，王闯译，中国法制出版社2004年版，第78页。

人的不平等性也导致并非每个人都能实现自己的利益最大化。正如黑格尔所言，人与人之间存在着多种地位的差异，因而人生而不平等。近代民法中的人是抽象的，是除去具体社会差异的“强”而“智”的人，但现实中也存在有“弱”而“愚”者。抽象人境况下，“所有者，不论是大企业主还是被立刻消费掉的物品的所有人都作为同样的所有者对待；卖主，不论是生产大量产品的大企业还是为了生活而卖掉继承到的巴掌大一块土地的老婆婆，都是同样的”。[①] 然而，现实生活中的人是活生生的，有鲜明个性及明显的个体差异，人所处的强弱不同的地位决定了并非每个人都能实现自己利益的最大化。恩格斯在《反杜林论》中对抽象的平等进行了深刻的批判。针对杜林“两个人的意志，就其本身而言，是彼此完全平等”的观点，恩格斯认为杜林所说的平等的两个人是“摆脱了一切现实，摆脱了地球上发生的一切民族的、经济的、政治的和宗教的关系，摆脱了任何性别和个人的特性，以致留在这两个人身上的除了人这个光秃秃的概念以外，再没有别的什么了，于是，他们当然是完全平等了”。[②] 人与人之间的这些因素在婚姻家庭中同样存在。在夫妻之间同样存在着受教育程度、个人能力、历史地位、可利用的社会资源、在婚姻家庭中的地位等多方面的差异。现代法的重要任务就在于努力消除男女之间的不平等性差异。而离婚未成年子女也因其理性发育的不健全无法对自己的利益进行正确的判断。

“理性人”假设要求市民社会中的人贯彻意思自治原则，意思自治在家庭中体现为家庭自治。家庭自治能够给家庭成员提供个人人格自由发展的空间，能够避免国家对家庭关系的任意干预。但是，家庭承担着特定的社会责任，如对未成年子女的照顾等。对未

① ［日］星野英一：《私法中的人》，王闯译，中国法制出版社 2004 年版，第 34 页。

② 《马克思恩格斯选集》第三卷，人民出版社 1972 年版，第 137～138 页。

成年子女的照顾义务主要由女性承担，且此社会贡献未得到社会的全面承认并获得完全的回报。此种情况下的家庭问题已经不再是纯粹的个人问题。因为每个人都生活在关系中，这要求国家创造一定的条件，即通过创设一种获得社会支持和保护的关系让个体行使自治，并保障个体进入一种关系时并不处于一种不利地位。如果放任关系中的当事人追求自己的生活目标将会使得在这种关系中投入较多且遭受经济和社会不利的一方处于不利的境地。在大多数情况下，遭受此种不利的就是女性，尤其是有子女的情况。[①]“理性人”假设不符合婚姻家庭现实，可能会使家庭中的弱者陷入不利境地。由此，现代民法对理性人假设进行了修正，加大了对处于弱势地位者利益的倾斜性保护。在婚姻家庭法中，在未成年子女保护方面出现了公法化倾向，在夫妻之间对离婚弱势进行救济也得到了加强。对离婚经济弱势群体权益的保障体现了民法的保障弱者利益的价值取向。

总之，人的本性是自然属性与社会属性、善与恶的矛盾统一体，同时人性需求存在无限性、层次性及人具有有限理性等特征。全面认识人性，有助于更好地在离婚法中实现“以人为本”。

二、尊重和保障离婚当事人及未成年子女的人权

人权就是人的权利，或者说，是人类每个成员可享受或有权享受的各种权利。最早提出“人权”一词的是人文主义的先驱但丁。人权作为一个普遍的政治理论概念，是在 17、18 世纪欧洲资产阶级反对神权、君权和等级特权的斗争中提出的。[②] 人权首先是指具体的权利，也指关于人的一些原则，它由若干关于人及人类社会应

① Julie Wallbank, Shazia Choudhry and Jonathan Herring, Rights, Gender and Family Law, Routledge, 2010, pp. 262－265.

② 刘复之主编：《人权大词典》第一辑，武汉大学出版社 1993 年版，第 3～4 页。

该怎样对待人、尊重人的判断命题或原则构成，可以简称为“人道”。[①] 从上述观点看，人文主义与人权包含了相同的原则或价值判断。人权的重要精神，如尊重人、维护人的价值和尊严，也是人文精神对人的态度。人权正是在人文主义思想基础上产生发展起来的，正如有学者这样评价的：人文主义法律观在17、18世纪发展成为权利理论，成为人权事业发展的思想滋养。[②] 人文主义的基本理念即“以人为本”，“以人为本”强调以人为目的，尊重人权自然成为“以人为本”理念的基本内涵之一。“在市民社会中，人的目的性体现为人权；在政治国家中，人的目的性则体现为公民权。”[③] 人权通过强调人作为人应有的资格、利益、能力和自由，维护人的尊严和价值，防止和遏制任何把人作为手段或工具的功利主义、结构主义的考虑。人权不仅仅规定一个人享有的权利，而且通过对人的生存与发展的基本需要以及满足这些需要的方式赋予某种权力而使之成为一种权利。[④] 离婚法人文主义当然涉及人权保障，其中的人权保障主要包括以下内容：

（一）保障婚姻家庭权利

达到法定婚龄的人有权缔结婚姻，婚姻家庭权利受法律保护。婚姻是满足人类的生理需求和精神需求的方式之一，是家庭产生的前提并可以满足人类繁衍的需要。家庭是人类生活的最基本的场所，在提供人的生存条件、维护人的尊严、满足人的情感需要等方面发挥着重要作用。实践证明，原生的双亲家庭也有利于未成年子

① 夏勇：《人权概念起源——权利的历史哲学》，中国政法大学出版社2001年版，原版导言Ⅳ。

② 侯健、林燕梅：《人文主义法学思潮》，法律出版社2007年版，第2、14～15、29、36～37页。

③ 夏利民：《民法基本问题研究》，中国人民公安大学出版社2001年版，第46页。

④ 夏勇：《人权概念起源——权利的历史哲学》，中国政法大学出版社2001年版，第176～177页。

女的抚养成长。人类对家庭的权利是人人享有的权利，每个人的婚姻家庭权利受法律保护。家庭是人类关系产生的最初场所，也是形成民主的最小单位，其价值得到了国际社会及许多国家的重视。1948年联合国《世界人权宣言》第16条规定："（一）成年男女，不受种族、国籍或宗教的任何限制，有权婚嫁和成立家庭。他们在婚姻方面，在结婚期间和在解除婚约时，应有平等的权利……（三）家庭是天然的和基本的社会单元，并应受社会和国家的保护。"1966年联合国大会通过的《经济、社会及文化权利国际公约》第10条规定："本公约缔约各国承认：一、对作为社会的自然和基本的单元的家庭，特别是对于它的建立和当它负责照顾和教育未独立的儿童时，应给以尽可能广泛的保护和协助。"联合国将1994年定为"国际家庭年"，其官方文件强调："家庭所发挥的重要社会经济功能应得到肯定。""家庭是构成社会的基本单位，理应受到特殊的重视。因此，社会可能提供的各种保障与支持都应着眼于家庭。"①

家庭是天然和基本的社会单元，应受到社会和国家的保护。我国1954年《宪法》从根本法的高度对婚姻家庭的保护进行了规定，该法第96条第2款规定："婚姻、家庭、母亲和儿童受国家的保护。"我国2004年修订的《中华人民共和国宪法修正案》继续坚持对婚姻、家庭的保护。为了落实宪法对婚姻家庭的保护，我国《民法通则》进一步规定，婚姻、家庭受法律保护。保障婚姻家庭权利既符合婚姻当事人的需要，也符合未成年子女的利益。人文主义离婚法应保障离婚当事人对婚姻或家庭的权利，在婚姻尚能维持的情况，应尽量采取措施挽救婚姻关系，防止婚姻轻率解体。在家庭抚养未成年子女的情况，尤其应考虑未成年子女对家庭的需求，采取多种措施支持和维护家庭，保障未成年子女的家庭权利。

① 陈苇：《结婚与婚姻无效纠纷的处置》，法律出版社2001年版，第6页。

（二）保障离婚夫妻平等的权利

夫妻关系是最基本、最普遍的社会关系，也是最重要的家庭关系之一，自古就受到人们的重视。在我国，西周周公制礼中就有有关夫妻关系的规范。之后春秋以来的儒家思想更是强调夫妻的社会地位。孔子在《易经·序卦》中认为夫妻关系是“人伦之始、为政之本与王化之基”。[①] 夫妻关系是所有其他亲属关系产生的前提，在家庭法中具有重要地位。人文主义离婚法应以尊重、保障离婚夫妻的人权为重要内容。

在婚姻制度史上男女并非总是享有平等的人格地位，女性的人权往往容易受到侵犯。早期的离婚法是以男权为中心建构起来的，妻子并不能和丈夫一样取得同样的人格。男女平等问题经历了文艺复兴人的发现及资产阶级启蒙运动，至近现代社会，男女平等取得了长足的进展，法律在争取男女平等方面作出了大量的努力，废除了历史上明显违背男女平等的法律制度，从形式上基本实现了男女之间的平等。但阶级社会几千年来，妇女问题被当做家务事看待，尤其是被当做家庭隐私处理。“隐私的法律概念可以且事实上掩护了殴妻、婚内强奸和妇女的劳动遭受剥削的家庭场所；迎合了剥夺妇女的身份、自治、控制和自我界定能力的主要机构的意愿；也保护了折射和强化男性至尊的主要活动。”[②] 国际社会性别平等理念始于1945年《联合国宪章》，该宪章规定，其宗旨在于不分性别地促进和激励对于全体人类之人权与基本自由之尊重。随后，1948年《世界人权宣言》、1966年《公民权利和政治权利国际公约》第16条规定：“人人在任何地方有权被承认在法律前的人格。”1966年《经济、社会及文化权利国际公约》也包含了基于性别平

① 徐儒宗：《人和论——儒家人伦思想研究》，人民出版社2006年版，第67页。

② Catherine A. Mackinnon, Feminism Unmodified 101 (1987)，转引自［美］凯利·D. 阿斯金、多萝安·M. 科尼格编：《妇女与国际人权法》，黄列、朱晓青译，生活·读书·新知三联书店2007年版，第34页。

等的规定。妇女人权的真正形成始于1975年，联合国将1975年定为国际妇女年，首次世界妇女大会也于该年在墨西哥召开。1975年联合国大会通过的《关于妇女平等地位和她们对发展与和平的贡献的墨西哥宣言》规定："男女在家庭里和社会上具有同等的权利和责任，在家庭里，应该保证男女平等，因为家庭是社会的基本单位，也是培养人类关系的地方。"1979年联合国通过了《消除对妇女一切形式歧视公约》，这是妇女人权史上第一部专门致力于保护妇女权利的国际文献，是联合国妇女地位委员会30多年努力的结晶，标志着妇女人权运动进入发展阶段。该公约第2条规定，各缔约国应采取一切适当措施，包括制定法律，以修改或废除构成对妇女歧视的现行法律、规章、习俗和惯例。该公约规定缔约各国应采取一切适当措施，改变男女的社会和文化行为模式，以消除基于性别而分尊卑观念或基于男女任务定型所产生的偏见、习俗和一切其他做法；保证家庭教育应包括正确了解母性的社会功能和确认教养子女是父母的共同责任（第5条）。缔约各国应采取一切适当措施，消除在有关婚姻和家庭关系的一切事项上对妇女的歧视，并应特别保证女性在男女平等的基础上：在婚姻存续期间以及解除婚姻关系时，夫妻双方有相同的权利和义务。不论婚姻状况如何，在有关子女的事务上，作为父母亲有相同的权利和义务，在子女监护、看管、受托和收养等制度方面，有相同的权利和义务。配偶双方的财产权利平等，在财产的所有、取得、经营、管理、享有、处置方面，不论是无偿的还是收取价值酬报的，都具有相同的权利（第16条）。该公约还规定对女性的特殊保护的合法性，规定缔约各国为加速实现男女事实上的平等而采取的暂行特别措施，及缔约各国为保护母性而采取的特别措施，不得视为本公约所指的歧视。我国作为该公约的缔约国，应承担对国际社会的承诺，在离婚法中增强社会性别观念，尊重女性人格和尊严。

我国1954年《宪法》第96条第1款规定："中华人民共和国妇女在政治的、经济的、文化的、社会的和家庭的生活各方面享有同男子平等的权利。”2004 年修订的《中华人民共和国宪法修正案》规定母亲受国家的保护。禁止虐待妇女。我国《民法通则》进一步规定，妇女享有同男子平等的民事权利。新中国成立以来的几部婚姻法均以男女平等作为基本原则。尊重和保障妇女人权是人文主义离婚法“以人为本”的基本要求。法律中追求男女平等是全球范围内的基本潮流，而这一浪潮背后的宗旨在于将女性当做人看待，女性和男性一样构成社会的两性，二者地位是完全平等的。纯粹从自然的生理差别就断定男性优于女性的观念缺乏正当性，是对女性的歧视。人文主义者主张人的解放、歌颂人的价值、维护人的尊严，包括男性和女性，男性并不存在优于女性的权利。

（三）保障未成年子女的人权

儿童是独立的个体，也是任何权利的主体。国际人权公约中确立了儿童在家庭中的基本人权。早在 1924 年国际联盟就通过了《日内瓦儿童权利宣言》（《日内瓦宣言》），该宣言提出：“儿童因身心尚未成熟，在其出生以前和以后均需要特殊的保护和照料，包括法律上的适当保护。”联合国 1948 年《世界人权宣言》中确立了“人人在任何地方有权被承认在法律前的人格。”这里的人包括儿童。1959 年联合国发布的《儿童权利宣言》要求“儿童的最大利益应成为对儿童的教育和指导负有责任的人的指导原则”。1966 年《公民权利和政治权利国际公约》23 条重申了《世界人权宣言》对婚姻家庭保护的规定，并进一步提出：“在解除婚约的情况下，应为儿童规定必要的保护办法。”其第 24 条规定：“每一儿童应有权享受家庭、社会和国家为其未成年地位给予的必要保护措施，不因种族、肤色、性别、语言、宗教、国籍或社会出身、财产或出生而受任何歧视。”1989 年《消除对妇女一切形式歧视公约》在保障妇女人权的同时一再强调，在任何情况下都应首先考虑子女的利益。此后，联合国 1989 年 11 月 20 日通过的《儿童权利公约》第 3 条规定：“1. 关于儿童的一切行动，不论是由公私社会福利机构、法院、行政当局或立法机构执行，均应以儿童的最大利益为一种首要考虑。”至此，“儿童最大利益原则”作为处理涉及儿童事项的基本原则在国际公约中最终得以确立，此后，“儿童最大利益原则”在许多国家的家庭法中也得以贯彻，如1989年英国《儿童法》，加拿大安大略省1990年修订的《儿童法修正法》，澳大利亚1995年修订后的《家庭法》都确立了该原则。我国宪法、《民法通则》均规定儿童的权利受法律保护。我国新中国成立以来的婚姻法均以保障儿童合法权益为基本原则，并在联合国《儿童权利公约》及相关公约的指引下加大了儿童权益保护，使得儿童最大利益在法律中逐步得到尊重。

第二节　离婚法之人文主义嬗变

离婚法作为私法本身具有人文主义品性。在离婚方面，两大法系许多国家都经历了从过错离婚法到无过错离婚法再到破裂离婚法的发展。一些基督教国家虽然历史上一度经历了禁止离婚主义立法，但最终禁止离婚主义立法为过错离婚主义立法以及破裂离婚主义立法所取代。离婚自由的演进经历了从制度的多元功能到保障个体婚姻幸福为目标的演变。离婚夫妻法律地位基本上都经历了从夫妻不平等到渐趋平等的转变，离婚法之子女地位也由“家族本位”立法演变到“亲本位”再到“子本位”立法。离婚法在离婚自由、离婚夫妻法律地位、子女法律地位等方面无不沿着人文主义进路演进，体现离婚法人文主义的内在应然性。

一、离婚自由的发展演进

婚姻自其产生之日起就存在破裂的可能性，在婚姻无法维持时，应允许解除婚姻关系。人类早期的离婚法就允许离婚，但离婚自由经历了以强调宗族利益为主到以个人利益为本位，从以男性利益为中心到男女渐趋平等，从强调夫妻行为的道德准则到尊重婚姻幸福的立法转变。离婚自由的发展演进反映了立法对离婚自由的态度，其实质是离婚法对个体人性的尊重，体现了个体作为权利主体在追求幸福婚姻中地位的不断提升。

（一）古代的专权离婚主义

在人类早期的婚姻史上，就已经出现了许可离婚的情况，但古代的离婚是以男性专权为特征的。例如，作为奴隶社会典型法律的《汉穆拉比法典》就规定："夫可以随意离弃其妻，而妻只有在被夫虐待遗弃时，才可以带上嫁妆回娘家。"古代罗马法规定了夫妻双方协商一致的合意离婚及夫妻基于正当理由的片意离婚，如妻子有伤风败俗的行为或故意流产或通奸等；如丈夫患有不可医治的阳痿，配偶一方患精神病，战争期间生死不明、选择去修道院等。[①]我国古代法律也允许离婚，如《唐律·户婚律》规定了"若夫妻不相安谐而和离者，不坐"。但古代的离婚是以男女之间的不平等为特征的，如罗马法规定妻子有伤风败俗的行为或故意流产或通奸等可以离婚；古希腊立法也规定了丈夫有休弃其妻的权利，而妻子要求离婚则需向执政官申请，由执政官审查。[②]我国古代的许可离婚主要是采取丈夫休妻的方式，男性享有离婚的专权，而妻子并无同样的权利，如周代的"七出"就是丈夫休妻的七条理由。这七条出妻的理由基本上都不是当事人的所谓"过错"，而是出于宗族利益的维护，受古代宗法制度影响，夫妇合离并非夫妇感情不和。[③]即使是在因"夫妇不相安谐而合离"的情况，往往也需要父母做主，而且也主要采取休妻的方式。

（二）中世纪的禁止离婚主义

中世纪基督教国家的离婚制度深受基督教《圣经》上帝造人

---

① 黄风：《罗马法》，中国人民大学出版社 2009 年版，第 100 页。

② 林榕年：《外国法制史》，中国人民大学出版社 1999 年版，第 45 页。

③ 李志敏：《中国古代民法》，法律出版社 1988 年版，第 48 页。

的宗教教规影响。[①] 中世纪基督教将婚姻作为基督教七圣事之一，认为男女两性的结合就如同基督与教会的结合，不得随意解除。根据《新约全书·马太福音》所载，有法利赛人问耶稣说：“人无论什么缘故都可以休妻吗?”耶稣回答说：“起初造人的，是造男造女，并且说，‘因此，人要离开父母，与妻子联合，二人成为一体。’既然如此，夫妻不再是两个人，乃是一体的了。所以，神配合的，人不可分开。”“凡休妻另娶的，若不是为淫乱的缘故，就是犯奸淫了；有人要娶那被休的妇人，也就是犯奸淫了。”[②] 随着教会法院系统的建立，教会取得对世俗事务，如土地、婚姻、继承等案件的管辖权。“在基督教看来，婚姻不是物质财富，不是肉欲享受，也不是政治权利；而是联系上帝与人的一种手段，是得救的一种方式，是上帝向人间表达上帝之爱的工作的一部分。所以必须要有一定的仪式，把这一上帝赋予的特殊礼物的含义表达出来，而执行这一仪式的便是基督教会。”[③] 婚姻家庭法成了教会法的一部分，从而开始了教会法统治世俗婚姻的时代。在中世纪教规看来，人的存在是为了上帝，夫妻的结合并非在于肉体和精神的愉悦，而仅仅是为了完成生育。基督教对夫妻采取严格的夫妻一体主义，根据基督教教义，妻子本身就是丈夫的一部分而非独立的部分，因此妻子的人格附属于丈夫，为丈夫所吸收。在夫妻一体主义思想下，一夫一妻、夫妻不得离异、夫权至上等观念成为中世纪婚姻家庭法的基本原则。妻子没有自己的独立财产，妻子的婚前财产在婚后转归丈夫所有。妻子本人没有独立的人身权利，也无法取得对子女的

---

① 关于婚姻不可离异性的原因，马克思分析认为“部分地是一夫一妻制所赖以产生的经济状况的结果，部分地是这种经济状况和一夫一妻制之间的联系还没有被正确理解并且被宗教加以夸大的那个时代留下的传统”。参见《马克思恩格斯选集》第四卷，人民出版社 1972 年版，第 78 页。

② 中国基督教协会印发：《圣经》，南京爱德印刷有限公司 1996 年版，第 23 页。

③ 薄洁萍：《上帝作证——中世纪基督教文化中的婚姻》，学林出版社 2005 年版，第 87 ~ 88 页。

监护权。妻子对外没有签约的能力，对外签订的契约是无效的。这种夫妻一体主义的思想在长达几个世纪的中世纪一直盛行，虽然后来经过了文艺复兴、启蒙运动及资产阶级思想的涤荡，但宗教教规在欧洲国家对婚姻家庭立法的影响仍然非常深远。

根据中世纪夫妻结合不得离异的教规，在欧洲出现了立法离婚法案，即由国会批准离婚议案的方式解除婚姻。在严格的离婚法案下，整个17世纪70年代到1857年，英国只有325桩离婚获得了成功，平均每年1~2桩。[①] 立法离婚，成本之大而使离婚成了“社会上层人的奢侈品”，而那些没有足够的钱可以离婚的夫妻只能采取司法分居、遗弃妻子的手段以妄图摆脱婚姻关系，甚至出现“典妻”现象。更重要的是，法案离婚使离婚带上了与王位继承相关的政治色彩，如1670年罗斯离婚法案。[②]

（三）近现代的自由离婚主义

中世纪严格的禁止离婚主义遭到了严厉的抨击，其中宗教改革家马丁·路德以《圣经》中通奸和恶意遗弃作为离婚原因主张婚姻的可解除性，打破了婚姻不得离异的神话。在宗教改革的大力推动下，欧洲国家开展了婚姻还俗运动，许可离婚主义在欧洲基督教国家最终确立起来。近代离婚自由始自法国民法典。离婚自由观的产生深受启蒙运动契约思想及自由、平等观念的影响。近现代西方法学及立法认为婚姻是一种契约，如1791年法国宪法规定婚姻不外乎民事契约，首开了将婚姻定义为一种民事契约的先河。1804

---

① 傅新球：《英国离婚法的演变》，载《世界历史》2003年第2期，第63页。

② 罗斯是英国拉特兰郡的伯爵，1658年与安妮结婚，后双方分居。1670年，罗斯请求国会允许他再婚而不是离婚，该请求得到了当时国王查理二世的大力支持，因为国王也希望和王后离婚，然后再婚，生育一个男性王位继承人。这遭到了王弟约克公爵詹姆士的反对，因为如果国王生育了男性王位继承人，将会剥夺詹姆士的王位继承权。所以，罗斯再婚案，上演的是一场政治斗争。李喜蕊：《英国家庭法历史研究》，知识产权出版社2009年版，第141~142页。

年《拿破仑民法典》[①] 第146条明确规定“未经合意，不得成立婚姻”。1896年《德国民法典》也规定，结婚需双方同意。在《拿破仑民法典》影响下，1966年《葡萄牙民法典》规定：“婚姻是男女两性以成立家庭、家里夫妻一体生活为目的，依据本法而缔结的合同。”英美法上也承认婚姻的契约观念。婚姻为契约，赋予结婚以契约自由的秉性，将人从封建教规中解放出来，实现了以人为中心而不是以神为中心的婚姻的转变。“婚姻的契约属性与人类社会永恒的价值追求和现代法治文明的基本理念相吻合，即自由、平等、正义……”[②] 虽然黑格尔批判婚姻的契约观，认为婚姻契约观是将婚姻当做交易，是婚姻的降格。但婚姻契约观在反对宗教神学对婚姻的统治，将教会法庭对婚姻案件的管辖转移到世俗法院之手方面发挥着重要作用。婚姻契约观并非将婚姻看做与契约一样的交易，其本质在于强调婚姻不是上帝的安排，不是宗教制度的产物，而是基于当事人意愿的结合，也应可以依当事人的意愿而解除。婚姻契约观在国外有着深刻的反宗教背景，在于揭示婚姻的世俗本质并强调当事人对于婚姻的合意，正如美国学者指出的：“法院经常引用婚姻契约，甚至立法机关也采用这种提法，即认为婚姻是一种契约。但从婚姻具有普通契约的所有特征甚至许多特征就推断婚姻是一种契约则是一种严重的错误。事实上，这些阐述的大意是通过审查，发现婚姻契约这一提法只是用来表达这样一种观点，即婚姻是一种民事的而非宗教的制度……在一些州，普通法上的婚姻要求男女双方的同意，即使在仪式婚的情况也如此。”[③] 在婚姻契约观影响下，一些国家改变基督教禁止离婚的规定，规定了在夫妻一方

---

① 李浩培等译：《拿破仑民法典》，商务印书馆1997年版。

② 丁慧、刘悦：《婚姻的契约属性与婚姻立法的价值选择》，载陈苇主编：《家事法研究》（2007年卷），群众出版社2008年版，第3页。

③ Joseph W. Madden, *Handbook of the Law of Personal and Domestic Relations*, 1－3, at 2－3 (1931), from Bryan A. Garner, *Black's Law Dictionary* (Eighth Edition), Thomson West, p. 992.

犯有通奸等婚姻过错，而另一方无过错时就允许解除婚姻关系，即确立了过错离婚法。过错离婚法允许在法定过错情况下离婚，比起禁止离婚主义已经是很大的进步，尤其是规定过错离婚的情况下承认在夫妻患有不可治愈的精神性疾病时可以解除婚姻关系，已经具有破裂离婚的因素。而且，过错离婚主义已经承认了男女同等的离婚自由权，妇女的地位得到了提高。但离婚过错原则需要夫妻离婚时证明存在导致离婚的法定过错，这会加大当事人之间的仇恨，而且存在为达成离婚目的而相互串通的可能。事实上要举证证明婚姻过错存在较大的难度。随着个体对幸福婚姻的追求，婚姻道德主义减弱，无过错离婚原则走向离婚法的前台，取代了过错离婚主义。1907 年《瑞士民法典》首次以破裂主义作为离婚的法定原则，随后欧洲大陆许多国家纷纷采纳破裂原则作为判决离婚的法律原则。

法国是传统的天主教国家，大革命前的法国在婚姻观上奉行禁止离婚主义。大革命时期的法国又视婚姻为一种民事契约，主张婚姻自由。法国的离婚制度一直受这两种思想的影响。1804 年《拿破仑民法典》中确立了许可离婚主义，原则上将离婚作为对有责者的制裁，在离婚原则和后果上都体现“制裁有责者”的思想。离婚理由只限定在通奸、一方受名誉刑宣告、一方严重违反婚姻义务，对他方有重大暴行、虐待与侮辱，共同生活已不能维持的情形。子女的监护权原则上判给无责配偶，扶养定期金或损害赔偿也只属于无责配偶一方。这种有责离婚制度在专制的波旁王朝复辟之后，1816 年 5 月 8 日的法律连离婚制度本身都废除了，法律只承认天主教徒的离婚方式，即分居。直到 1884 年才再次恢复离婚制度。[①] 1975 年法国再次改革离婚法，承认双方自愿的离婚和夫妻一方或双方有责的离婚。离婚改革法还确定了婚姻破裂情形下的离婚，即规定夫妻分居 6 年以上，或由于一方能力事实致使双方无法

① ［日］利谷信义等：《离婚法社会学》，陈明侠、许继华译，北京大学出版社 1991 年版，第 157 页。

生活，并由一方起诉离婚，法院得判决离婚。[①] 至此，破裂离婚原则在法国得以确立。

1896 年制定的《德国民法典》[②] 在离婚理由方面，实行严格的有责主义离婚法，规定只有符合法定的离婚理由时才能请求离婚。第一次世界大战后，这种严格的有责主义离婚法遭到了严厉的批判。1938 年和 1946 年德国对有责主义离婚法进行了不彻底的修改尝试。虽然这两部法律仍然以有责主义作为离婚原则，但在个别情况下允许破裂原因的离婚。1976 年《关于改革婚姻法及家庭法的第一号法律》正式断绝了离婚与有责的联系，采纳破裂离婚原则，规定"婚姻破裂时，可解除婚姻关系"。

在英国，受婚姻不得离异观念的影响，1857 年之前法院无权判决有效婚姻的解除，婚姻无效的案件或判决分居由教会法院管辖。1857 年《婚姻诉讼法》才创设了世俗法院，将离婚及其他婚姻诉讼案件转移给世俗法院管辖。法律承认世俗离婚，但离婚的理由只限于夫妻一方出现通奸行为而另一方无此过错时。以夫妻通奸作为判决离婚的原因是：（1）源于离婚私法中防止非婚生子女出生的判例（Mr Lewkenor's Case，13 State Trials 1308）；（2）圣经基于通奸而宣判离婚。同时，进入 20 世纪以来，通奸被公众认为是一种耻辱。[③] 后来，1937 年《婚姻诉讼法》对离婚理由进行了修改，将过错从过去的通奸扩大到虐待、残暴（crulty）、遗弃达 3 年或更长时间，或者不可治愈的精神性疾病。但过错离婚还不是现代意义上的离婚自由，只能是一种有限的离婚自由。直到 1966 年英国法律委员会再次提议修改离婚法，才实现了破裂离婚原则，实现了现代意义的离婚自由。1966 年英国法律委员会的报告提出离婚

---

① 何玲、张晓洁：《英法两国离婚法改革特点》，载《河北法学》1998 年第 2 期，第 94 页。

② 陈卫佐译注：《德国民法典》（第 2 版），法律出版社 2006 年版。

③ J. M Masson，R. Bailey - Harris，R. J. Probert，*Principles of Family Law*，Sweet and Maxwell（London），2008，p. 283.

法修改的目标是：（1）巩固婚姻而不是削弱婚姻的稳定；（2）遗憾的情况下，当婚姻无可挽回地破裂时，用最大的公平及最少的伤心、痛苦及耻辱摧毁婚姻的法律外壳。[①] 英国法律委员会认为传统的过错离婚法显然无法实现这些目标，因此提出了改革过错离婚法的建议，这些建议在 1969 年离婚法中得到了体现，这就是“破裂原则”离婚法在英国的确立。英国 1996 年再次对离婚法进行了修改，新法保留了破裂主义离婚原则，但对婚姻破裂的认定标准进行了修改，并从反对轻率离婚出发，规定了更为细致、更为繁冗的离婚程序，同时设立了信息会议的参加、反省期与考虑期等。[②]

美国加利福尼亚州于 1969 年通过了该国第一部破裂主义离婚法。加拿大于 1969 年 6 月 1 日生效的《离婚法》，在全国范围内也引进了无过错（no - fault）离婚理由。此外，破裂离婚原则在瑞典、比利时、土耳其、日本等国家先后确立起来。至此，以破裂主义作为离婚自由的基本原则在许多国家得以确立。

从上述离婚自由的发展演进可以看出，人类早期的离婚法在某种程度上是允许离婚的，这反映了离婚自由是人类久远以来的普遍的价值追求。但真正以追求人的幸福生活为目标的离婚自由原则的确立却是缓慢的，并受到多种因素的影响与制约。根据早期离婚法，婚姻不纯粹是男女两性的事情，其担负着多元化的社会功能。首先，这一功能体现为对宗法利益的维系。不管婚姻关系当事人的感受如何，如果婚姻不利于宗法秩序的维护，婚姻关系就得解除，如我国古代的“七出”及义绝情况下婚姻的解除系以家族利益为前提，甚少涉及夫妻本人的意志。[③] 我国古代的“无子”情况下的休妻是基于婚姻的传宗接代观念，在此目的无法实现，既有的宗族

---

① J. M Masson, R. Bailey - Harris, R. J. Probert, *Principles of Family Law*, Sweet and Maxwell (London), 2008, p. 286.

② 胡志超：《中国破裂主义离婚法律制度》，法律出版社 2010 年版，第 41 页。

③ 瞿同祖：《中国法律与中国社会》，中华书局 2003 年版，第 142 页。

利益受到损害的情况，婚姻也就无存在的必要。其次，古代的婚姻关系起着维护社会伦理道德的功能。在我国，“不顺父母、不事舅姑”等被认为“逆德”的行为都可以名正言顺地成为休妻的理由。而历史上普遍盛行的过错离婚法就是站在道德主义立场将维护社会善良风尚的义务强加给婚姻，以体现婚姻的所谓“惩恶扬善”的功能。“现代社会，法律拒绝对家庭关系作出道德评判。婚姻家庭义务较少用对与错来评判，而更多地以是否出于自我选择、个人价值是否得到实现来评判。”① 现代社会，婚姻当事人婚姻的幸福因素增加。再次，早期离婚法还担负着维护男权地位的功能。我国古代存在休妻制度，国外也存在以男性为中心的专权离婚主义，这些制度并非将男女当做平等的主体对待，而是以男性为中心的。男女之间不平等的专权离婚，是以牺牲女性的权利为代价的，虽然在允许离婚这一点上具有以人为本的意味，但这里的人是以男人为人，只是以男性为中心的离婚主义不能实现所有人对幸福婚姻的追求。最后，中世纪的离婚自由具有强烈的政治色彩。中世纪是一个神本位的时代，婚姻的政治功能尤为明显，婚姻由宗教教规管辖本身就是欧洲政教合一的体现，是宗教干预世俗生活的反映，而这一现象的出现又是罗马国王与教皇妥协的结果。教会通过对婚姻案件的立法和审判管辖实现对世俗社会的统治，婚姻自然成为实现教会对世俗社会统治的重要工具。婚姻的政治功能与当事人的个体幸福无直接关联性，违背人对婚姻的需求，也是违反婚姻本质的。关于人与宗教的关系，马克思在《黑格尔法哲学批判导言》中进行了深刻的批判：“反宗教的批判的根据就是：人创造了宗教，而不是宗教创造了人。”宗教将幻想的上帝凌驾于人之上，并使人成为上帝脚下的奴仆，掩盖了人的本质，抹杀了人类存在的价值。“人就是人的世界，就是国家，社会。”② 正是在中世纪以神性统治人性，违

① 张学军：《论离婚后的扶养立法》，法律出版社 2004 年版，第 241 页。

② 《马克思恩格斯选集》第三卷，人民出版社 1972 年版，第 1 ~ 2 页。

背人的尊严，否定人的价值背景下，文艺复兴在欧洲拉开了序幕，包括人文主义、世俗主义、个人主义等思想兴起，开展了宗教改革运动、婚姻还俗运动等，将人从神的视野中拉回到了世俗社会，放弃人在彼岸世界的幸福而追求现世幸福。人文主义思想在意大利的文艺复兴运动中得以复兴并发扬，其主张婚姻不是神的意旨和安排，而是世俗社会的产物，是婚姻当事人自由意愿的结果。婚姻还俗运动结束了神学统治婚姻的时代，使婚姻从宗教教规和宗教法院的管辖回归世俗社会，恢复了婚姻的本来面目。现代的离婚自由，摒弃了传统婚姻的功能，不再以性别为离婚请求权的基础，降低了离婚的道德主义要求，取消了婚姻的政治功能，取而代之的是以追求当事人的幸福婚姻为出发点，使婚姻自由原则朝着真正符合人文主义的方向发展。近现代社会，婚姻破裂原则的采纳，改变了传统的以过错为基础和基于性别的离婚制度，规定只要婚姻破裂，男女都可以自由离婚。破裂原则中的自由、平等理念符合人文主义对人的自由、平等价值的尊重，是人类几千年来追求的重要目标，尤其与文艺复兴以来的人文主义者提倡尊重人性，主张个性解放的要求相符合。

二、离婚夫妻法律地位的演变

（一）夫妻的离婚自由权

在夫妻离婚自由权方面，两大法系离婚法总体上都经历了从男女不平等到渐趋平等的立法转变，即由丈夫享有单方休妻的权利或规定男女不平等的离婚自由权，到近现代渐趋平等的自由权。

在罗马法上，主要存在着两种离婚方式，合意离婚和片意离婚。片意离婚，是指丈夫享有片面休妻的权利。早期的罗马法规定离婚与结婚一样，并不需要履行特殊的形式，简单的口头通知、书面通知或通过传信人通知就足够了。例如，丈夫向妻子发出勒令“你自己管理你的物”或者丈夫向妻子寄发书面休妻通知，婚姻就可以解除。[①] 罗马法上男女精神病人在离婚决定权方面也是不平等的，如在女精神病人能否要求弃夫或被丈夫遗弃时，尤里安答道，女精神病患者可以被丈夫遗弃，因为她被认为是一个没有理智的人。相反，无论是女精神病人本人还是其保佐人都不能提出弃夫。因为既然她不能就婚姻的存续表示意愿，也就不可能对弃夫问题作出意思表示。[②] 可见，在罗马法上，夫妻之间的离婚决定权是不平等的。

在《拿破仑民法典》之前，法国的婚姻家庭法受到天主教教会法的支配。在婚姻方面，教会法主张一夫一妻，永不离异，因此，在很长一段时间法国禁止离婚。直到资产阶级革命胜利，1804年《拿破仑民法典》的颁布才摆脱了教会法对婚姻的管辖，法典第234条、第275条规定了离婚请求仅得向夫妻住所地的法院为之，及结婚两年之后的协议离婚。《拿破仑民法典》在男女平等方面取得了很大的进步，规定了不管是诉讼离婚还是协议离婚，夫妻都享有离婚请求权。但该法典第229条、第230条在夫妻离婚权方面仍然采取双重标准，规定夫得以妻通奸为由，诉请离婚。但妻子只能以丈夫通奸且于夫妻共同居所实行姘度的理由，诉请离婚。1965年65－570号法律规定才确立了男女的平等权利，规定“夫妻各方均有完全的权利能力……”直到1970年6月4日的法律才改变男女之间不平等的规定，将原法典第213条修改为“夫妻双方应共同负责保证家庭道德与物质方面的事务管理，负责子女的教育并安排子女的未来”。现行《法国民法典》规定，夫妻双方应相互忠诚、相互帮助与救助，并规定了相互同意的离婚、共同生活破裂及一方有过错情况下的离婚，在这些情况下，夫妻均享有平等的离婚权利。

---

① ［意］彼德罗·彭梵得：《罗马法教科书》，黄风译，中国政法大学出版社1992年版，第149页。

② D. 24，2，4.

受古代父权家长制的影响，日本奉行的基本上也是男子专权的离婚制度，如妻子不生养子女就必须离去，不合家风的妻子也要被逐去，只需要丈夫的休书就可以解除婚姻。而妻子的离婚请求不予受理。直到1873年（明治六十年）发布太政官告示，才允许妻子可以诉请离婚，妻子的地位才有所提高。[①] 到第二次世界大战前日本的家长色彩仍然非常浓厚，家庭为一家之主所控制，家庭被认为是整个国家体系中的基本单元。家长制下的家庭成员之间存在着严格的等级关系，子女从属于父亲。家庭中所有权力集中于家长之手，家长对家庭财产享有排他性的权力，家长指定家庭成员的居住地，掌握着家庭成员婚姻伴侣的选择权，可以最终将家庭成员驱逐出家庭。[②] 这种状况直到第二次世界大战后才改变。现行《日本民法典》第763条、第770条规定夫妻可以协议离婚或者在法定条件下夫妻都有权向法院请求离婚。

在英美法系国家，也经历了男女离婚的双重标准到统一标准的转变。在1857年之前，英国受教会影响不承认离婚，但现实生活中，有钱的人就通过议会立法方式解除婚姻关系，无钱的人则只能通过分居或典妻以解脱现有婚姻关系。但现实生活中允许向法院起诉司法分居，分居的理由主要包括通奸和虐待，但由于丈夫对妻子享有惩戒权，这导致妻子不可能获得与丈夫一样的分居判决。1857年《婚姻诉讼法》将婚姻案件转归世俗法院管辖，并规定了以通奸为理由的离婚。但该法对妻子诉请离婚规定了更高的要求，除了丈夫存在通奸情形外，还要求证明存在其他因素，如要求证明丈夫有乱伦、虐待、重婚、鸡奸或离弃行为。[③] 1923年经过修订的《婚姻诉讼法》最终废除了长久以来婚姻上的“双重道德标准”，妻子

---

① ［日］我妻荣、有泉亨：《日本民法 亲属法》，夏玉芝译，工商出版社1996年版，第70页。

② Hiroshi Oda, *Japanese Law*, (Third edition), Oxford University Press, 2009, p. 201.

③ ［英］凯特·斯丹德利：《家庭法》，屈广清译，中国政法大学出版社2004年版，第112页。

无须掌握丈夫虐待等证据，只要丈夫存在通奸行为即可向法院提出离婚诉讼。[①] 至此，女性才获得与男性平等的离婚请求权。

我国古代的离婚制度基本上是以男子为中心的休妻制度为主要特征。例如，周代的礼法规定了“七去”、“三不去”作为丈夫休妻的理由。休妻的七个理由包括不顺父母、无子、淫、妒、有恶疾、口多言、盗窃。而此七个休妻的理由很多是出于维护封建宗法利益，并非夫妻恩情已绝。此后，我国漫长的专制社会离婚制度一直以休妻为主要特征，唐代仍然严格坚持“七去”、“三不去”的制度，还规定了无“义绝”或“七出”理由而休妻者“徒一年半”，有“七出”而有“三不去”而休妻者“仗一百”。直至宋代，休妻制度才逐渐遭到人们道德的谴责而有所收敛。随着宋代商品经济的发展，妇女在离婚方面具有了一定的权利，如在丈夫外出3年不归、丈夫令妻为娼或雇妻与人者，丈夫犯罪被处以流刑或处以其他刑罚而移乡编管，其妻可以离婚。[②] 此后，元、明、清时代仍然以“七出”和“义绝”作为离婚的条件。直到近代，我国一些资产阶级革命思想家们提出男女平等、废除封建等级制度才改变了这种男性专权离婚的状况。旧中国第一部民法典《大清民律草案》沿袭了我国古代夫妻不相安谐而两愿离婚的规定，体现了立法对婚姻关系和谐的要求和当事人追求婚姻幸福的权利。到革命根据地时期苏维埃共和国婚姻法已经确立了离婚自由原则，男女一方坚决要求离婚的，即可离婚。新中国成立后的婚姻法均以男女平等作为基本原则。

（二）离婚夫妻的财产权

在罗马法时代，由于妇女无独立的人格，妻子处于终身监护之下——出嫁前受父亲监护，出嫁后受家长监护，在家长死后受到其

① 曹瑞臣：《当代英国离婚态势与特征探析》，载《欧洲研究》2005年第2期，第134页。

② 梁凤英：《中国传统民法理念与规范》，郑州大学出版社2003年版，第170页。

他男性监护，女性自然无独立的财产权。罗马法上的家长代表家子行使家庭中的权利，是家庭中权利的享有者。家庭中的财产权也归属于家长。到中世纪，受基督教夫妻一体主义的影响，夫妻财产制度必然体现此种立法思想，妻的人格完全为夫的人格吸收，婚姻期间妻子无独立的财产权，离婚时自然无财产权。

1804 年《拿破仑民法典》规定了离婚中对妻子财产权利保护的规定。例如，规定诉讼中妻子的扶养定期金，在夫妻共有财产的情况，妻子有权请求封存属于共同制的动产，并规定有证据证明在离婚诉讼过程中夫转让不动产的目的在于欺诈妻的权利时，该转让无效。虽然该法典规定夫妻可以自由选择夫妻财产制，但是在夫妻没有相反约定的情况下，应适用法定共同财产制。即使妻不在共有财产制下或采用分别财产制，未得其夫之参与行为或书面同意，不得为赠与、依有偿名义或无偿名义转让、抵押以及取得行为（《拿破仑民法典》第 217 条）。由于夫妻财产制方面对妻子的限制较多，在离婚时妻子的财产权就无法得到与丈夫同样的保护。直到 19 世纪末期，法国婚姻家庭法才发生巨大变化，改变了夫妻不平等的状况。1884 年立法才将已婚妇女从丈夫的监护下解放出来，1938 年法律和 1942 年的法律才赋予妻子完全民事行为能力，1985 年夫妻财产制方面的不平等才被完全废止。① 法国 1938 年 2 月 18 日法律取消了父权，废除了原民法典规定的夫应保护其妻，妻应顺从其夫的规定，并规定："已婚妇女在一切领域内实现自己的民事权利能力。"② 根据现行《法国民法典》，夫妻双方可以约定采用共同财产制或者分别财产制，如无约定，按照共同财产制处理夫妻财产，夫妻双方对共同财产均享有平等的管理和处分权，夫妻各方对个人财产可单独进行管理、转让。夫妻在财产制中的平等地位为离

① ［法］雅克·盖斯旦、吉勒·古博：《法国民法总论》，陈鹏等译，法律出版社 2004 年版，第 117 页。

② 何勤华主编：《法国法律发达史》，法律出版社 2001 年版，第 238 页。

婚夫妻的平等财产权奠定了基础。

1896 年制定的《德国民法典》与《法国民法典》相比，妇女的地位有所提高，规定了妻子独立的诉权，并规定了妻子享有对独立财产的处分权。[①] 但在很多方面仍然保留了封建残余，在夫妻关系方面仍然坚持“夫妻一体”主义的立法，赋予了丈夫对妻子的婚前财产及婚姻期间的财产享有特权。该法规定妻之财产，因结婚而隶属于丈夫之管理和收益（婚资）。妻在婚姻期间所取得的财产，亦属于婚资。对于婚资所属物件，夫有占有之权利。该法虽然赋予妻子对外缔约权，但妻子对该契约享有的权利不得与丈夫所负契约的义务相抵触，否则无效。在离婚的情况下，妻对婚资只能享有返还请求权。直到第二次世界大战后，德国才基于 1949 年《基本法》对婚姻法中男女不平等的规定进行了相应的修改，通过 1957 年《男女平等权利法》、1976 年《关于改革婚姻法和亲属法的第一号法律》等法律废除了男女不平等的规定，废除了夫对妻的财产享有的特权。现行《德国民法典》[②] 规定夫妻可以对财产关系进行约定，未约定的情况采增值财产共同制为法定财产制。规定除夫妻另有约定外，夫的财产和妻的财产及婚后所取得的财产归配偶各自所有，但在财产制终止时，双方在婚姻存续期间取得的财产在夫妻之间均衡。该法还规定了夫妻特有财产及配偶任何一方独立地管理其财产的权利。德国法上的剩余共同财产制既尊重了夫妻个人的财产权利，也照顾了婚姻期间收入低的一方利益，符合婚姻法保障弱者权利的人文精神。

在英美法系国家早期，其夫妻财产法受罗马法、日耳曼习惯法及教会法调整。在英美法上，早在盎格鲁－撒克逊时代，男女之间的不平等地位就已经开始了，盎格鲁－撒克逊人古老的婚姻形式为

① 何勤华主编：《德国法律发达史》，法律出版社 2000 年版，第 259 页。

② 陈卫佐译注：《德国民法典》（第二版），法律出版社 2006 年版，第 1363、1364、1408、1417 条，第 437～438、446、449 页。

买卖婚。结婚之后，妻子的人身和财产都处于丈夫的监护之下。甚至在丈夫死后，寡妇也处于死亡丈夫的近亲属监护之下。新娘必须对新郎负忠实义务，如果有人破坏了新娘的贞操，则需对新郎承担损害赔偿责任。如果因妻子的不忠而离婚，妻子的财产全部归丈夫所有，且妻子还要受失去鼻子和耳朵的惩罚。[①] 封建时期的英国法深受"夫权绝对"观念的影响，丈夫在家庭中拥有绝对的权威，包括对妻子的财产权，未征得丈夫同意，妻子不得进行财产处分，对外不享有订立契约的自由。资产阶级革命胜利后，英国扫清了资本主义发展道路上的障碍，包括废除不适应资本主义发展的法律制度。1882 年英国制定了《已婚妇女财产法》，法律允许夫妻实行分别财产制，并规定妻子有独立缔结婚姻契约的权利，享有通过遗嘱或其他方式处置其财产的权利。在近现代社会，在自由、平等思想观念影响下，夫妻之间在财产关系方面进一步实现了平等，1907 年法律进一步规定妻子无须征得丈夫同意可以自由转让其个人财产。加拿大作为英国的殖民地其法律深受英国法的影响。在夫妻财产权方面，19 世纪 90 年代，英国《已婚妇女财产法》中的分别财产制的概念传播到加拿大，才赋予已婚妇女订立合同的权利和妻子的侵权行为能力。

此外，自人类早期的离婚法开始，在离婚经济方面注重对离婚经济弱势群体的关怀和保障，体现了离婚法关怀人的人文精神。例如，公元前 22 世纪至公元前 21 世纪古代西亚最早的《乌尔纳姆法典》规定，虽然离婚的主动权掌握在男方之手，但当时的法律在一定程度上重视保护弱势群体的合理利益。[②] 之后的《汉穆拉比法典》里也记载有对离婚弱者的经济保障。该法典第 138 条规定："男子与未生子女之配偶离婚者，应以聘银与之，并回复其自父家

---

① 李喜蕊：《英国家庭法历史研究》，知识产权出版社 2009 年版，第 39～40、43、45～46、49 页。

② 何勤华、魏琼主编：《西方民法史》，北京大学出版社 2006 年版，第 8 页。

带来之妆奁，离婚始能成立。”第139条规定：“如无聘金，应以银一名那与之，为离婚费。”现代社会，不管是大陆法系国家还是英美法系国家都注重对离婚弱者的经济权益保障，规定了对离婚后经济困难方的扶养制度。

为保证离婚经济弱势方的住房，一些国家专门规定了离婚住房的保障措施。例如，《法国民法典》规定，家庭住房的场所属于一方配偶的自有财产或者归其个人所有，于下列情形，法院得将其租让给另一方配偶：（1）在由该另一方配偶对一子女或数子女行使亲权时；在双方共同行使亲权的情况下，一子女或数子女惯常在此住房内居住时；（2）在宣告离婚是因作为住房所有人的一方配偶以共同生活破裂为理由提出请求时；在以上第1项所指情形，法官应当确定租让契约的时间并且可以延展，直至最小的子女成年为止。以上第2项所指情形，住房租约所订定的时间不得越过9年，但得依作出新的决定延展之。在承租人再婚的情况下，租约自然终止；如承租人公开与他人姘居，租约亦行终止。所有情形，如新的情况证明解除租约合理，法官得解除之。① 在英国、美国等国家规定，夫妻离婚时，可以推迟出售婚姻住房以保障需要住房一方的利益。例如，英国司法判例中法院判决以推迟出售婚姻住房的方式保障离婚夫妻的居住权。在需要出售婚姻住房时，法院判决直到需要居住在该房屋的配偶再婚、与他人同居、主动搬迁或死亡等特定事件发生时才出售住房。在这种情况下，由居住住房的一方，通常是妻子控制最后出售住房的时间。②

我国革命根据地时期的苏维埃共和国婚姻法规定，在离婚后女子如未再行结婚，并缺乏劳动力，或没有固定职业，因而不能维持

① 罗结珍译：《法国民法典》第285—1条，中国法制出版社2005年版，第261页。

② Frances Burton, *Family Law*, published by Cavendish Publishing Limited, Great Britain, 2003, p. 175.

生活者，男子须帮助女子耕种土地，或维持其生活。该法还在离婚后财产分割、债务的清偿等方面作出了向女性倾斜性的规定。新中国成立后的两部婚姻法都规定了对离婚生活困难方的经济帮助制度，这些体现了对离婚女性的生活、生产的关心和照顾。

夫妻财产权的享有以夫妻人格的独立为前提，财产权的享有也可以为夫妻人格的独立创造条件。关于财产权的保护，亚里士多德在批判柏拉图《理想国》中主张财产公有的观念时指出，人们对自己财产的喜好是由自爱的本性所决定的，“人人都爱自己，而自爱出于天赋，并不是偶发的神动（人们对于自己的所有物感觉爱好和快意；实际上是自爱的延伸）”。[①] 对离婚夫妻财产权的保护就是承认夫妻双方的人性。

（三）离婚夫妻对子女的监护权

夫妻离婚后对未成年子女的监护立法基本上都经历了由夫妻不平等到逐渐平等的过程。在两大法系，早期的立法基本上都规定由父亲行使对子女的监护权。世界人权运动的发展及妇女运动的开展为女性争得对子女的监护权起到极大的推动作用。在美国及其他国家，兴起于20世纪60年代的父权运动在争取男性和女性平等监护权（同时也是改变主要由母亲行使子女监护权）等方面都发挥了重要的作用。

罗马法上，受终身监护制度的影响，妇女一直处于“家父”的保护控制之下，自然无法取得离婚后子女的监护权。此种“家父权”至上观念对此后大陆法系国家的立法产生了重大影响。在离婚夫妻对子女的监护方面，1804年《拿破仑民法典》保留了男女不平等的规定。该法典规定，父母婚姻关系存续期间，亲权由父单独行使之。父于婚姻关系存续中，管理未成年子女的个人财

① ［古希腊］亚里士多德：《政治学》，吴寿彭译，商务印书馆1983年版，第55页。

产。[1] 在离婚请求中发生对子女的临时管理时，由夫行使，不管夫是原告还是被告（第267条）。但有特殊情况，经母、家属或检察官申请，考虑子女最大利益时，可以作出不同的处理。只有父亲死亡、成为禁治产人、行为不捡、无能力或不忠实、受身体刑或名誉刑宣告者或身患重病等情况下，才免去或停止由父亲行使亲权（第434条、第442~444条）。1896年《德国民法典》也由于当时资产阶级革命的不彻底而带有严重的族长制特色，其中保留了丈夫在家庭中拥有一切事务的决定权，规定由丈夫对子女行使亲权。现代各国民法典均规定男女对未成年子女有平等的监护权，如《法国民法典》第286条、第287条规定，父母离婚，父与母对子女的权利与义务仍然存在。亲权由父母双方共同行使。现行《德国民法典》1626条第（1）款也规定，父母有照顾未成年子女的义务和权利。

在英国普通法上，子女监护方面也坚持父权优先原则。不管是父母分居还是离婚后由父亲监护，子女都被认为是符合自然法且能更好地满足子女的需求。在英美法上，直到19世纪以前一直都规定父亲对子女行使亲权，在离婚后也应由父亲对子女行使监护权。在婚姻期间，丈夫为一家之主，其对子女拥有诸如教育、照顾、抚养的权利。作为母亲，在司法分居的情况下无权获得对子女的监护权，除非是父亲不愿意担任监护人。丈夫死后，除了丈夫在遗嘱中指定母亲为监护人外，母亲无权取得对子女的监护权。[2] “父权优先原则”是父权社会的必然结果，是男女在家庭中地位不平等在离婚时的体现。直到19世纪中叶，英美法国家才开始在成文法和判例法中修正该原则，认为以父权确定离婚后子女监护缺乏正当性。美国1970年《统一结婚离婚法》废止了以性别作为确定离婚后子女监护的基本原则，英国1989年《儿童法》也规定“废除婚

---

① 李浩培等译：《拿破仑民法典》第373条、第389条，商务印书馆1997年版。

② 李喜蕊：《英国家庭法历史研究》，知识产权出版社2009年版，第83页。

生子女的父亲为其子女的自然监护人”。

总之，不管是大陆法系还是英美法系国家，夫妻的离婚自由权、离婚夫妻的财产权及离婚未成年子女的监护权等立法基本上都经历了夫妻不平等到渐趋平等的转变。在离婚后果方面注重保障弱者利益，且现代社会加大了对离婚弱者的权益保障。以上立法演变表明，离婚法一直朝着符合人文主义尊重人的平等、保障弱者利益及维护人的尊严的方向发展，体现了离婚法促进男女平等、保障弱者利益、尊重人、关心人的人文主义应然品性。

三、离婚法之子女法律地位的转变

在婚姻家庭法发展过程中，子女最初是作为家族的、父母的私有财产看待的，没有独立的人格和地位。直到19世纪，人类才开始普遍关注儿童的权利。在离婚亲子关系法的演进过程中，经历了从最初以家族利益为本位到强调父母双亲的利益，再到尊重“儿童最大利益”的发展演变。

在婚姻家庭中，奴隶社会及封建社会在很长一个时期，立法基本上都视子女为实现家族利益的手段。在罗马法上，家子是处于家父权统治下的他权人，无订立契约、通婚权及订立遗嘱等权利。家父在家庭中的权力具有与政治肌体中君权相同的性质。家父是家子的法官，履行家长的职能，属于“自权人”，家庭成员中的“家子”和“奴隶”一样，是完全处于“自权人”之下的“他权人”。家父对家子有很大的权力，包括婚姻决定权、对他人造成损害的家子可以出卖为奴以赔偿损害的权力，甚至对家子有生杀予夺的权力。罗马法上的家庭是介于城邦与市民社会的一种组织，家父权的行使类似于国家职能，是国家权力通过家长权力对家庭的渗透。通过家父权，家子们就和国家建立起了联系，只不过这种联系是依赖家庭建立起来的。在英美法上，不管是英国早期教会法还是普通法，都未将父母对子女的抚养作为法律义务，而是当做道德义务看待。子女只不过是实现家庭利益的载体，而非被视为独立的个体。

"子女的社会作用在于通过维持或扩张家庭拥有的土地以促进家庭作为整体的利益。"[1] 在整个布莱克斯通时代，对子女的保护并不是因为子女的利益值得保护，而是基于父亲在子女身上的利益。[2] 后期的社会契约理论才将家庭中的家子从父权之下解放出来，成为社会契约关系中的当事人，与国家建立起直接的联系，使家子获得独立的人格和地位成为可能。

古代的亲子关系立法在家族关系衰落后又受到父权或父母权利的统治，家族权利开始向父权或父母权利转移。文艺复兴接近尾声时期的英国哲学家霍布斯将强力与契约运用到家庭领域，得出家庭中也存在强力的支配关系，认为"母亲是孩子原初的女主人"的结论。认为母亲可以通过强力或契约将这种支配权力转让，如将子女送养他人。家庭中的另一种支配关系则存在于夫妻之间，虽然母亲对子女有支配权，但"由于在所有的国家中，家庭统治的权力都属于男人，因为国家是由家庭中的父亲而不是母亲建立起来的"。这样，丈夫就因婚姻契约而取得对妻子的支配权并因而取得对子女的支配权。[3] 霍布斯的强力与契约理论为丈夫控制妻子进而享有对子女的支配权进行了辩护，但其忽略了家庭与政治社会的区分，未能正确认识家庭关系的特殊性。尤其是，其忽略了家庭关系中个人作为人格的独立性，否定了个人作为人的主体地位。霍布斯的理论为夫权和父权寻找合理的借口，目的是维护家庭中的特权。

英国古典自然法思想家洛克对父权的合理性进行了反思，认为从字面意思看，父权应是父亲对子女行使的权力，母亲并无这样的权力。但根据理性或上帝的成文法《旧约》都有儿女尊重父母和

---

① John Eekelaar, *the Emergence of the Children Rights*, Oxford Journal of Legal Studies, 1986, pp. 163 – 166.

② John Eekelaar, *the Emergence of the Children Rights*, Oxford Journal of Legal Studies, 1986, p. 167.

③ 张翔：《自然人格的法律构造》，法律出版社 2008 年版，第 122 页。

服从父母的规定看，母亲也有同等的权力。① 承认母亲同父亲一样享有对子女的亲权至少削弱了父权在家庭中的地位，在亲子关系立法的转变中，是迈向子本位关系立法的一大进步。亲本位立法下，子女不是法律上的权利主体，父母权利的实现才是根本。此种观念在一些国家的立法中有所体现，如苏联家庭法几乎毫无限制地将离婚后的权利赋予父亲，法律规定子女的利益主要是通过父母的利益得以实现，如通过保护母亲的利益以间接保护未成年子女的利益。②

中世纪人文主义者提倡个人价值和尊严在亲子法之未成年子女地位的转变过程中产生了一定的推动作用。“个人主义的得势，使得亲权制度成为求其个人利益的方法。亲权不再以父为目的而是看做子女福利的手段。”③ 启蒙时代的思想家们极大地推动了子女权利保护立法的发展。社会生产力的提高也是儿童摆脱父母依附关系的重要原因之一。生产力极大地发展，个体参与市场劳动的机会增加，从而减弱了对家庭的依附关系。19、20 世纪福利国家时代的到来，国家保护儿童权利的角色强化。例如，子女安置中心的设立使子女在面临暴力或虐待的情况时能远离父母，儿童的权利得到重视，巩固了儿童作为独立的个体而非父母的私有财产的观念。同时，国际人权运动的发展进一步推动了儿童权利保护。将子女作为独立权利主体进行立法并产生重大影响的是 1989 年联合国《儿童权利公约》的制定，儿童从此进入家庭法的立法中心，成为世界立法关注的焦点。在现代社会，以父母履行责任与义务、保障子女

---

① ［英］洛克：《政府论》（下），叶启芳、瞿菊农译，商务印书馆 2009 年版，第 33 页。

② Olga A. Khazova, Allocation of Parental Rights and Responsibilities after Separation and Divorce under Russian Law, *Family Law Quarterly*, Volume 39, Number 2, Summer 2005, p. 381.

③ ［意］密拉格利亚：《比较法律哲学研究》，吴章敏等译，中国政法大学出版社 2005 年版，第 529 页。

最大利益为特征的子女本位立法作为确立离婚亲子关系的基本原则不仅超越了法系，也超越了社会制度，已经成为21世纪离婚亲子关系立法发展的世界性大趋势。[①]《儿童权利公约》确立了以“儿童最大利益原则”处理儿童相关事项的基本原则。在婚姻家庭领域，在涉及子女利益的所有事项中实现子女的最大利益也成为许多国家立法及司法追求的目标。但“儿童最大利益原则”只是指明了处理儿童事项应坚持的方向，其具体的内涵及适用都具有模糊性及不确定性，尚需积极探索符合儿童最大利益的立法及司法实践。在“儿童最大利益原则”指导下，许多国家的离婚亲子法从理念到制度出现了以下转变：

（一）监护和探望权术语转变：以子女为本位

在亲子关系用语中，许多国家根据儿童利益对传统的子女探望权和监护权概念进行了修改。德国早在1980年将原先的“亲权”修改为父母照顾权，实现了从原先强调父母权利到强调父母义务与子女权利的转变。《德国民法典》1626条第（1）款规定：“父母有照顾未成年子女的义务和权利。”该法典规定子女有与父母任何一方交往的权利；父母任何一方有与子女交往的义务和权利。德国立法者力求改善子女的法律地位，赋予子女更多的权利；规定在父母对子女承担义务的前提下，才能享受相应的权利。[②] 瑞典原先立法对离婚后子女的监护采纳“共同监护”（joint cusdody）的监护模式，1998年引进“轮流居住”（alternating residence）制度取代原来的“共同监护”。[③] 在英国，1989年《儿童法》将儿童的地位提到了前所未有的高度。该法将离婚后对未成年子女的监护称为

---

① 龙翼飞：《完善婚姻家庭法律制度的新探索》，载《法学家》2007年第1期，第77页。

② 陈卫佐译注：《德国民法典》（第二版），法律出版社2006年版，第520页。

③ Anna Singer, *Active Parenting or Solomon's Justice? Alternating Residence in Sweden for Children with Seperated Parents*, Katharina Boele - woelki, *Debates in Family Law Around the Globe at the Dawn of the 21st Century*, intersentia, 2009, p. 61.

"居所决定权",而不再使用"监护权"用语。澳大利亚 1975 年《家庭法》在对离婚亲子关系的规定中,使用的术语包括子女的监护、探望等概念。此后,澳大利亚立法多次对监护、探望等概念进行了修改。1995 年修订 1975 年《家庭法》的时候,摒弃了以离婚后的"监护和探望"代表一种私有关系的语言,取而代之的是引进"父母责任"和"居住和交往令",鼓励在离婚父母之间对未成年子女实施"双亲养育计划"(parenting scheme)。[1] 2003 年澳大利亚众议院常务部家庭事务委员会对离婚后的亲子关系法进行实证调查,该调查再次肯定了 1995 年"分享的养育制度",并提出了用更友好的概念"双亲养育时间"(parenting time)代替原先的"居住"和"探望"用语。[2] 在 2006 年《澳大利亚家庭修正(共同承担责任)法》对 1975 年《家庭法》进行修改时,也删除了"探望令"、"监护"等概念,这些内容统一包括到"双亲养育计划"中。"养育计划"具体内容包括与子女居住的人、子女与其他人相聚的时间、子女抚养责任的分配、子女与他人的交往、子女的抚养费、子女的照顾、福利或成长相关的其他方面等,[3] 包括父母离婚后子女的监护、探望、抚养费的支付等内容。《欧洲家庭法父母责任原则》也摒弃了传统的父母监护的概念,而改称"父母对子女人身和财产的照顾"。[4]

以上立法以"居住"、"共同生活"、"父母照顾权"代替传统的"监护"概念,以"交往"、"共度时光和交流"代替以前的

---

① Helen Rhoades and Susan B. Boyd, Reforming Custody Laws: A Comparative Study, *International Journal of Law*, Policy and the Family 18, (2004), p. 121.

② Helen Rhoades and Susan B. Boyd, Reforming Custody Laws: A Comparative Study, *International Journal of Law*, Policy and the Family 18, (2004), p. 123.

③ 陈苇(项目负责人):《澳大利亚家庭法(2008 年修正)》,群众出版社 2009 年版,《澳大利亚家庭法》修正情况简介第 5 ~9 页以及第七章。

④ Katharina Boele - Woelki, Dieter Martiny, *The Commission on European Family Law (CEFL) and its Principles of European Family Law Regarding Parental Responsibilities*, ERA Forum, 2007 (8), p. 127.

“探望”等用语，或以“双亲养育”代替未成年子女的“监护”和“探视”，改变了父母高高在上的地位的状况，由原先强调父母权利向强调父母义务与责任及父母与子女共同生活的实质的转变，使父母离婚后与未成年子女共同居住、交往的内容更具体化，使用的用语也更加人性化。虽然这些术语与原先的术语都包含父母对子女的权利、义务和责任，但这不仅仅是术语的转变，而是立法理念的转变，是从子女的被动地位到主动地位，依附地位向主体地位的转变，标志着将子女作为独立的个体看待，更符合子女的利益与需求，体现了离婚亲子法向子女利益本位方向发展。

（二）从对抗性判决到父母协商性养育计划的制订

未成年子女抚养、监护等纠纷不同于一般的财产纠纷。一般财产纠纷只是就当事人过去的权利义务进行确认，并不涉及未来关系的持续。而离婚后未成年子女的抚养监护等纠纷解决的是未来关系的持续，因此难以以解决一般财产纠纷的方式处理未来的持续性关系纠纷。如果法院的强行判决不符合离婚当事人的愿望，无疑就会加大法院判决的执行力度，使得法院的判决难以实现。为了更好地改善未来的关系，需要克服传统的对抗性诉讼的不足。真正符合子女利益的解决办法，是由对抗制诉讼转向由夫妻双方通过协商订立子女的养育计划，并共同遵守执行。现代离婚法改变传统的对抗性判决的做法，转向鼓励父母协商性养育计划的制订。此种养育计划包含的哲理为：“是父母而不是国家应当对子女的最大利益进行判断，而且自己制订的计划更可能得到遵守。”①

为克服对抗性判决的不足，澳大利亚家庭法要求当事人在向法院提起离婚诉讼前必须由相关调解人员组织调解。澳大利亚家庭法鼓励“父母之间就涉及子女的事项达成一致意见；为抚养协议和养育纠纷的解决承担责任；法律制度作为最后的救济手段，而不是

① Linda D. Elrod, Milfred D. Dale, Paradigm Shifts and Pendulum Swings in Child Custody: The Interests of Children in the Balance, 42, *Family Law Quarterly*, 2008, p. 407.

最初就诉诸法律；利用协议或达成协议以减少现在和将来冲突的可能性；以子女的最大利益为首要考虑因素”。① 养育计划协议为非正式协议，申请法院的命令后该协议才具有执行力。除非不适宜，该养育计划必须是在当事人已经与家庭顾问一起参加会议，讨论诉讼中的相关问题后制订，否则法院不会确认该养育计划。② 澳大利亚家庭法规定当事人在申请有关子女抚养、子女养育等命令前必须参加家事纠纷的调解，否则法院不得审理与子女有关的命令申请。如果当事人在调解中未尽实际努力解决纠纷，或拒绝参加或未能参加调解，则法院可以作出让当事人参加家庭纠纷调解的指示，并以此作为判断当事人承担诉讼费用的考虑因素。但对子女存在家庭暴力或不能有效参与调解等原因的除外。③ 澳大利亚还设立了“家庭关系中心”，帮助离婚夫妻协商、制订对子女行使照顾权的方案，协助父母解决子女照顾权协议生效后产生的纠纷，帮助祖父母、外祖父行使对孙子女、外孙子女的探视权等。④ “家庭关系中心”是在“儿童最大利益优先原则”下指导父母处理子女监护、探视纠纷，尽可能地减少诉讼的发生，以最大限度地保护未成年子女的利益。其宗旨在于“以分手之后解决子女养育计划纠纷的方式建立一种长期的文化变革”。⑤ 在美国，一些州推定经法官确认的父母养育协议是符合子女最大利益的，因为法院认为父母在判断子女需

---

① 《澳大利亚家庭法》第63B条，参见陈苇（项目负责人）：《澳大利亚家庭法（2008年修正）》，群众出版社2009年版，第133页。

② 《澳大利亚家庭法》第63C条、第65F条，陈苇（项目负责人）：《澳大利亚家庭法（2008年修正）》，群众出版社2009年版，第133~134、149页。

③ 《澳大利亚家庭法》第七章第60I条、第60J条，陈苇（项目负责人）：《澳大利亚家庭法（2008年修正）》，群众出版社2009年版，第124~129页。

④ 陈苇、胡苷用：《离婚诉讼前处理子女抚养纠纷的一种新机制——澳大利亚“家庭关系中心”评介及其启示》，载《吉林大学社会科学学报》2007年第4期，第73~74页。

⑤ Patrick Parkinson, The Law of Postseparation Parenting in Australia, 39 *FAM. L. Q.* (2005), p. 514.

求、愿望及安排方面处于最佳地位。法院也因此通常鼓励父母制订共同的养育计划，甚至一些法院要求在提起诉讼前须向法院递交父母养育计划。如果父母协商不成，法院可以任命一名调解人员进行调解。在美国，大约1/4的法院要求就子女养育进行强制性调解。[①] 在法国，因夫妻共同生活破裂、因过错而请求离婚或者在夫妻双方相互同意申请离婚的情况下，法官都得对夫妻双方实行和解，如法官不能使夫妻双方放弃离婚请求，仍应尽力让夫妻双方通过协商，达成协议，解决离婚的各项后果，尤其是涉及子女的问题（第252－2条）。

（三）从监护推定到个案认定的转变

在国外，离婚子女监护经历了“父权优先原则”、“幼年推定原则”、“主要照顾者推定原则”及“共同监护推定原则”，直到最后确立“儿童最大利益原则”。现代社会，许多国家以“儿童最大利益原则”作为判决离婚子女监护的基本原则，在“儿童最大利益原则”下，没有绝对的推定原则，只有根据个案确立不同情况下子女的最大利益。

“父权优先原则”源于罗马法，此后英国普通法在很长一个时期也坚持该原则，直到19世纪中叶才开始修正该原则。大陆法系国家的《拿破仑民法典》及1896年的《德国民法典》都带有“父权优先”的痕迹。“父权优先原则”是父权制的必然结果，其排除了母亲的权利，而且将子女作为父亲的一种私有财产处理，在父母离婚后，该财产自然归属于父亲。

“父权优先原则”为后来的“幼年推定原则”所取代。1809年美国南卡罗来纳州法院的判决，迈出了母亲监护子女的重要一步。法院认为，虽然普通法上认为“父亲是子女的自然监护人，

① Linda D. Elrod, Milfred D. Dale, Paradigm Shifts and Pendulum Swings in Child Custody: The Interests of Children in the Balance, *Family Law Quarterly*, Volume 42, Number 3, Fall 2008, pp. 401－402, 408, 409.

上帝和国家法律赋予其控制子女的合理权力”，但由于该案中父亲与人有通奸行为，法院最终判决由母亲对子女行使监护权。[①] 此后，1830 年美国马里兰州法院的 Helms v. Franciscus，2 Bland Ch，(Md.) 544 (1830) 判决认为“从母亲的照顾中夺走子女是违背自然法的”，该案确立了离婚后由母亲监护子女的幼年推定原则。[②] 1839 年英国《儿童监护法》明确规定在子女年龄低于 7 周岁时，夫妻离婚或分居后可以由母亲行使监护权，标志着“幼年推定原则”取代“父权优先原则”在英国的确立。在美国，直到 20 世纪 60 年代，除非母亲不适合或存在离婚过错，法院一直推定由母亲行使对未成年子女监护权。[③] “幼年推定原则”是根据子女的年龄决定离婚后父母对子女的监护，在通常情况下，认为在子女年幼时由母亲行使对子女的监护权符合子女的利益。“幼年推定原则”推定母亲优先担任子女监护人，其考虑到了年幼子女对母爱的需求，在一定程度上符合子女的利益，但是随着年龄的增长，子女对父爱和母爱的需求可能发生变化。自 20 世纪 70 年代，该原则在美国得到了修正，一些根据“母亲偏好原则”作出的判决被认为违反美国宪法或/并违反儿童最大利益被推翻了。[④]

“主要照顾者推定原则”是英美法判决离婚后子女监护的又一原则。该原则推定在过去生活中对子女承担主要照顾责任的父母一方担任子女监护人以保持子女生活的稳定性和连贯性。该原则确立于 1981 年美国的 Garska v. McCoy 案。在该案中，尽管父亲主张

---

① Michael Grossberg, Who Gets the Child? Custody, Guardianship, and the Rise of a Judicial Patriarchy in Nineteenth – Century America, *Feminist Studies*, Vol. 9, No. 2 (Summer, 1983), p. 240.

② Judith Areen, *Family Law* (*Third Edition*), the Foundation Press, USA, 1992, p. 518.

③ Linda D. Elrod, Milfred D. Dale, Paradigm Shifts and Pendulum Swings in Child Custody: The Interests of Children in the Balance, 42, *Family Law Quarterly*, 2008, p. 391.

④ Ira Mark Ellman, Paul M. Kurtz, Katharine T. Bartlett, *Family Law* (*second edition*), The Michie Company Law Publishers, Charlottesvile, Virginia, 1991, p. 503.

其经济状况及教育情况优于母亲，但母亲在婚姻期间是子女的主要照顾者，法院最后判决由母亲行使子女的监护权。根据“主要照顾者推定原则”，离婚后由对子女尽了主要抚养、照顾义务的父母一方监护子女，有利于鼓励夫妻双方在婚姻关系存续期间主动承担对子女的抚养义务，同时也可以满足离婚后子女生活的持续性和稳定性要求。但子女的需求是多方面的，子女利益也应是多角度、多层次的，有生理需求和精神需求，对子女照料只是其中应考虑的因素之一。

离婚后父母对未成年子女的监护，大体经历了以下原则：单方行使原则、双方行使原则、兼采单方行使原则和双方行使原则。离婚后，父母对未成年子女共同监护，有利于达到将离婚对子女的损害减少到最低限度之目的。[①] 由于离婚后夫妻居住环境的改变，共同监护[②]制度可以保证夫妻在离婚后继续承担对未成年子女的抚养教育义务，可以减少家庭的解体给子女带来的生活等方面的变化及可能给未成年子女造成的伤害，符合子女需求和利益，该理念为国际社会和许多国家所普遍认可。例如，法国 1975 年引进了相互同意的离婚，1987 年引进了共同监护制度，这种制度于 1993 年成了

---

① 陈苇：《离婚后父母对未成年子女监护权问题研究——兼谈我国〈婚姻法〉相关内容的修改与补充》，载《中国法学》1998 年第 3 期，第 43 ~ 44 页。

② 共同监护在不同情形有不同的内容。根据美国法律，虽然对共同监护有多种表述，但主要分为法律共同监护（joint legal custody）与人身共同监护（joint physical custody）。法律共同监护包括父母双方在子女教育、宗教培训、医疗及其他涉及子女生活和福利事项中拥有共同的发言权。人身共同监护又叫“居所监护”（residential custody），指为子女提供住房并在行使此种监护期间作出与子女相关的日常决定的权利和义务，由另一方享有对子女的探望权。本文除非特别指明为人身共同体监护、共同居住、轮流居住外，共同监护指的是法律上的共同监护。Ira Mark Ellman，Paul M. Kurtz，Katharine T. Bartlett，*Family Law*（*second edition*），The Michie Company Law Publishers，Charlottesvile，Virginia，1991，pp. 571 – 572. 6.

一种普遍的判决结果。[①] 瑞典1977年采纳共同监护制度，规定在父母同意的情况下实行共同监护，且1998年对共同监护进行了改革，离婚后子女的共同监护不需要父母双方的同意，在违背父母一方意愿的情况下法院也可能会判决对子女的共同监护。[②]《欧洲家庭法父母责任规则》规定，原则上离婚后父母共同对子女的居住权行使权利，在主管机关决定或双方协商经主管机关批准的情况可以采取轮流居住方式（reside on an alternative basis），但应考虑子女的年龄和观点，父母双方为子女利益合作的能力和愿望以及双方的个人状况，父母双方住所的距离及离子女所在学校的距离等。[③] 共同监护在国外有不同的概念，如澳大利亚使用“双亲养育”，瑞典原先立法使用“共同监护”概念，1998年修改为“轮流居住”。[④] 虽然名称有一定差异，且不同国家共同监护的内容不同，但双亲养育的理念是一致的。

离婚子女上述监护原则的发展实质是离婚子女监护法探索符合子女最大利益的监护模式的过程，正是在子女监护原则的转变过程中培植出了“儿童最大利益”的概念和立法理念。有学者考证认为，“儿童最大利益原则”是在英美法上发展起来的一个概念，此概念是在英美衡平法院父权制规则基础上发展起来的，父权制规则

---

① Benoit Bastard, *Different Approaches to Post – Divorce Relationships: The Example of Contract Centre in France*, Family Law Process, Practice and Pressure, Edited by John Dewar and Stephen Parker, Hart Publishing Oxford and Portland, Oregon, 2003, p. 272.

② 瑞典法律规定的共同监护是指人身方面的共同监护，是指父母离婚后子女轮流与父母居住。Eva Ryrstedt, Custody of Children in Sweden, *Family Law Quarterly*, Volume 39, Number 2, Summer 2005, p. 394、p. 396.

③ Priciple3: 20, Principles of European Family Law Regarding Parental Responsibilities.

④ Katharina Boele – woelki, *Debates in Family Law Around the Globe at the Dawn of the 21st Century*, intersentia, 2009, p. 61.

又源于由父亲抚养子女可以保护子女的最大利益这一观念。[1] 也有学者认为，虽然“幼年推定原则”为后来的“儿童最大利益原则”所取代，但不管幼年原则的优点或缺点，该原则“向子女监护判决应以子女福利的个性化评估为基础的现代信仰铺平了道路”。[2]

现代各国基本都以“儿童最大利益原则”处理儿童相关事项，但“儿童最大利益原则”只是规定了处理儿童相关事项时应坚持的方向或判断的准绳，只是告诉我们对儿童事项处理中的基本要求，并未提供个案解决的具体方案，这就需要积极探索促进儿童最大利益实现的立法及司法体系的构建，以克服该原则的不确定性。根据该原则，原先的监护推定原则并非在所有情况都能适用，需要结合个案进行认定。虽然共同监护为离婚后子女监护提供了解决途径，但实践中并非简单地赞同或反对共同监护，而应根据个案的具体情况决定是否判决共同监护。[3] 虽然一般情况下，法院判决离婚后父母共同监护子女是符合子女的最大利益的，但共同监护并非解决离婚后子女监护的“灵丹妙药”。在夫妻之间高冲突案件中，判决父母共同监护有将子女当做父母的财产在父母之间进行 50/50 分割的危险。[4] 在美国，有 46 个州和哥伦比亚特区法律规定了共同监护，但不同州的规定存在一定的差异，其中有 11 个州及哥伦比亚特区规定共同监护推定，另外有 13 个州在父母同意的情况下适用共同监护推定。[5] 除非在特定情况，美国法院通常认为对子女人

---

① Lynne Marie Kohm, Tracing the Foundations of the Best Interests of the Child Standard in American Jurisprudence, *Journal of Law & Family Studies*, 2008.

② Barbara Bennett Woodhouse, Child Custody in the Age of Children's Rights: The Search for a Just and Workable Standard, *Family Law Quarterly*, 33, 1999, p. 818.

③ ［美］哈里·D. 格劳斯：《家庭法》英文影印版，法律出版社 1999 年版，第 317 页。

④ Barbara Bennett Woodhouse, Child Custody in the Age of Children's Rights: The Search for a Just and Workable Standard, *Family Law Quarterly*, 33, 1999, p. 825.

⑤ Cynthia C. Siebel, Fathers and Their Children: Legal and Psychological Issues of Joint Custody, *Family Law Quarterly*, Volume 40, Number 2, Summer 2006, p. 225.

身的共同监护不符合“子女最大利益原则”，法院较少判决此种共同监护。[①] 瑞典一份政府工作报告所称，在父母居所距离较远的情况，即使父母能对子女的共同监护问题达成一致意见，而且也有能力合作履行对子女的照顾义务，但由于双方居住距离太远，就难以摆脱此种安排更多的是考虑父母双方为了对子女的平等权利的印象，而非真正是为了子女的最大利益。[②] 与子女尽可能接触只是子女利益的一个因素，实际上，离婚父母方对子女的抚养义务的履行、父母之间的冲突也是影响子女利益的重要因素。共同监护只有在离婚夫妻之间并不存在强烈冲突的情况下才符合子女利益。通常认为，在父母一方存在家庭暴力、虐待、遗弃家庭成员的行为或父母高冲突的情况下，则应切断夫妻冲突对子女的影响或父母行为中可能危及子女利益的不利因素，此等情况下，不宜判决共同监护。因此，监护推定并非在所有的情况下都会发挥作用。为此，许多国家通过规定一些具体的考虑因素，这些因素主要是针对未成年子女的需求及父母满足未成年子女的需求的能力及条件，包括经济上及精神上的需求，尤其是注意满足子女的精神需求。这些具体因素包括：根据子女的年龄和发育成熟情况听取其意愿；子女生活的持续性和稳定性，考虑子女随父母一方生活的时间、与兄弟姐妹及其他对其最大利益有重要影响的近亲属之间的相互关系、环境改变可能给子女带来的影响等；避免子女遭受情感及身体等方面的伤害；父母满足子女需求的能力及其他有利于子女身心健康发展的因素，包括父母的经济能力、情感满足、提供教育等方面的能力；其他与子女的年龄、性别、背景及法院认为与子女利益相关的因素等。[③] 在

---

① Bryan A. Garner, *Black's Law Dictionary* (*Eighth Edition*), Thomson West, 2004, p. 413.

② Katharina Boele - woelki, *Debates in Family Law Around the Globe at the Dawn of the 21st Century*, intersentia, 2009, p. 66.

③ 冉启玉：《英美法“儿童最大利益原则”及其启示——以离婚后子女监护为视角》，载《河北法学》2009 年第 9 期，第 175 页。

美国，有法院和立法尽量避免采取坚定的“推定”原则而采取“中间模式”（intermediary norms），该中间模式实际就是根据案件的客观情况及法官掌握的证据，以一般人的常识来对案件进行判决，而不是严格适用“主要照顾者推定原则”。[①] 如果在子女年幼且父母其他条件差不多的情况下，“幼年推定原则”及“主要照顾者推定原则”仍然是一些国家判决子女监护的一个重要考虑因素。而且，在认定子女最大利益时，需结合专家意见进行判断。

总之，由于“儿童最大利益原则”的高度抽象性和模糊性，其只是为处理儿童监护事项指明了坚持的方向，并不能确定子女监护的结果，监护判决的结果应依据个案以子女的利益进行认定。

（四）从父母探望权到子女的探望需求

在离婚后子女的监护问题上，应以未成年子女的最大利益为基本原则，这决定了对探望权的主体、探望权的内容及探望权的执行方面需要尊重子女的主体地位，而不是首先考虑父母对子女探望的需求。由于未成年子女身心发育不健全，因此其有权利得到父母双方在生理、心理等方面的照料，即使父母离婚，子女与父母交往、交流的权利也应当得到尊重。通常认为，除了夫妻高冲突或父母存在损害子女利益的情况，在离婚后子女与父母或一定的近亲属“最大限度的交往”是符合子女的利益和需求的。在“儿童最大利益原则”下，离婚未成年子女探望权经历了从过去强调父母的探望权到强调子女的探望需求的转变。由于子女需求多样化，父母离婚后对子女探望权的执行具有特殊性，离婚后子女探望权纠纷的解决方式也应体现多元化，这样才能更好地满足未成年子女的需求。因此，为满足未成年子女与父母全面交往权的实现，各国子女探望权立法出现多元化趋势。

首先，未成年子女的多元需求决定了探望权的多元主体。在探

① Barbara Bennett Woodhouse, Child Custody in the Age of Children's Rights: The Search for a Just and Workable Standard, *Family Law Quarterly*, 33, 1999, p. 829.

望权的主体方面，要有利于未成年子女在父母离婚后与父母及一定的近亲属进行最大限度的交往和交流。未成年子女作为独立的个体，有独立于父母意愿之外的需求，父母对子女的探望需求并不能取代子女的需求，因此子女本人应成为探望权的主体。对此，加拿大《安大略省儿童法修正案》规定："对子女的探望权包括探望子女的权利和被子女探望的权利。"① 此外，探望权的主体还包括与未成年子女有密切联系的相关近亲属。至于相关近亲属的范围，应以未成年子女的利益和需求为标准进行规定。不同国家规定宽窄不同，如《俄罗斯联邦家庭法典》第 67 条规定，祖父母、外祖父母、兄弟、姐妹和其他亲属有与未成年子女交往的权利。《瑞士民法典》第 274 条规定，在特殊情况下，如果有利于子女的利益，个人交往的权利也可以给予其他任何人，尤其是子女的亲属。

其次，未成年子女的多元需求决定了探望权内容的多样化。一般而言，探望权的内容涉及探望的时间、探望的频率、探望的方式等。由于个案的差异，法院对未成年子女探望权的判决往往难以考虑得非常具体，从子女利益考虑，许多国家法律规定首先允许当事人协商，只要协议的内容符合子女最大利益，此种协议应该得到遵守。一些国家立法鼓励离婚夫妻制订离婚子女的养育计划，就是考虑到探望权内容的特殊性。因此，法院在判决探望权的内容方面主要是发挥其引导作用，相关立法也难以对此问题进行详尽的规定。

最后，未成年子女的多元需求决定了探望权执行方式的多元化。探望权的执行存在较大的困难，这不仅是探望权执行本身的特点所决定的，还与探望权的行使与离婚的目的存在冲突相关。父母选择离婚就是因为不愿意保持他们的关系，而探望权的执行又需要父母保持一定的合作关系。在父母对离婚充满怨气的情况下，有的父母可能就以拒绝探望子女或对对方探望子女采取不合作的态度以作为对对方的报复或惩罚。在探望权执行中，需要夫妻双方及未成

① 陈苇主编：《加拿大家庭法汇编》，群众出版社 2006 年版，第 145 页。

年子女协作。负有探望义务的父母方不去探望子女，或者直接抚养子女的一方拒绝对方探望子女，子女不让其他探望权人探望自己，都可能使得探望行为无法实现。当然，在探视义务方拒绝履行义务时可以进行强制执行，但对父母等探望人的强制执行难以真正实现探望的目的。因此，如何使探望行为得以进行，远非强制执行就可以解决问题的，需要改变传统财产判决执行的观念，根据具体情况采取灵活多样的措施以维护子女的利益。例如，在加拿大，判决探望权时，法院贯彻“最大限度交往”原则，首先将使离婚后子女的交往顺利进行的意愿作为确定子女监护的考虑因素，法院变更抚养权时也如此。如果抚养子女的一方拒绝探望权人探望，则可以采取补偿性探望的方法，对错过的探望机会事后可以要求进行相应的补偿，并要求拒绝方支付相应的费用；在适当的情况下，法院发布子女监护或探望命令时，也可以要求由个人、子女援助社团或其他机构对子女探望权的执行进行监督。在极端情况下，也包括采取措施对拒绝或阻挠探望的人处以监禁，并处或单处罚金。[①] 但强制执行只是最后的手段。

除了法律强制手段外，一些国家还积极采取其他执行探望权的替代性方法。例如，在法国，因为多种原因，离婚后对子女的探望权执行非常困难，尤其在父母高冲突的情况下。针对父母关系极度冲突的情况，法国在子女探望方面设立了离婚后的子女探望中心。这些中心首先是由一些律师、社会工作人员和心理学家倡议。该中心为非营利性质的，以协会的方式组织，由心理学家、社会学工作者、治疗专家、家庭顾问等组成。他们在观察父母处于极度冲突状态下子女和父母遭受的创伤方面有共同的经历，希望创办一个特定的由专业人员支持下的“中立”场所解决父母探望子女的困难。这些中心有的地方被称作“见面场所”，有的地方被称作“桥梁”。

---

① 陈苇主编：《加拿大家庭法汇编》，群众出版社2006年版，第59、61～62、152页。

"子女探望中心"这一新概念在全国迅速扩散开来。到2000年，全法国出现100~200个此种中心。在1998年联邦对此类中心规定了一些标准并提供一些指导。通常法院会鼓励父母到联络中心进行探望，尤其是在父母敌视情况下。在探望时间，父母一方将子女带到中心，留下子女，由另一方在中心或将子女带回家中进行探望。探望结束后，探望方将子女送回探望中心，由抚养方将子女领回。[①] 此外，澳大利亚的"家庭关系中心"也有助于子女探望纠纷的解决。探望权的目的在于满足父母离婚后未成年子女与父母或相关近亲属最大限度的交往和交流。美国等国家也采取多种替代性方式执行探望权。探望权主体、内容、执行等都以此为目的。为此，应鼓励父母协商性养育计划的制订，探望权的执行应采取多样化的方法，其强制执行只是最后的手段。

（五）从父母当然代理到子女利益的保障、监督机制的设立

未成年子女受生理和心理发育的限制，在父母离婚案件中难以对自己的利益作出正确的判断。在传统的离婚案件中，通常由父母代理未成年子女的利益。这样的结果是有的父母在自己的利益与子女利益发生冲突时，可能为了自己的利益牺牲子女的利益或者因父母认识能力的局限性无法从中立性角度考虑未成年子女的利益。为了克服父母作为未成年子女当然代理的不足，许多国家设立了未成年子女利益的监督、保障机制，包括：在子女能对自己的利益进行判断时应尊重子女的意愿；为未成年子女设立独立的中立性代理人；必要的情况下，法院应听取相关专家的意见以决定子女的最大利益。

首先，在子女能对自己的利益进行判断时应尊重子女的意愿。

---

① Benoit Bastard, Different Appraoches to Post - Divorce Family Relationships: The Example of Contact Centers in France, *Processes, Practices and Pressure*, Edited by John Dewar and Stephen Parker, July 2000, Brisbane, Australia, Hart Publishing Oxford and Portland, Oregon, pp. 271 - 278.

联合国1989年《儿童权利公约》第12条规定："1. 缔约国应确保有主见能力的儿童有权对影响到其本人的一切事项自由发表自己的意见，对儿童的意见应按照其年龄和成熟程度给以适当地看待。2. 为此目的，儿童特别应有机会在影响到儿童的任何司法和行政诉讼中，以符合国家法律的诉讼规则的方式，直接或通过代表或适当机构陈述意见。"

在英国、美国、加拿大及澳大利亚，家庭法中均明确规定在决定与子女利益相关的事项时，应根据子女的成熟程度及其理解力听取子女的意愿。在英国，1985年的Gillick v. West Norfolk and Wisbech Area Health Authority一案在尊重子女意愿方面具有里程碑意义，其承认了子女在与自身相关的判决中应当拥有极大的发言权。之后1989年《儿童法》规定了法官在裁定子女最大利益时需要考虑的相关因素，包括应根据其年龄与认知能力，考虑子女可得知之意愿及情感。[①] 澳大利亚2008年修改后的《家庭法》、加拿大安大略省立法等规定在考虑子女最大利益的时候，如果能合理地探知，应考虑子女的意见和愿望。[②] 在设立代理人制度的国家，代理人应根据子女的最大利益原则对子女的利益进行代理，能够表达意愿的子女也可以对代理人作出自己的指示。尊重子女的意愿是因为子女作为独立的民事主体，有独立于父母的利益和需求，其利益和需求的满足应以子女自己的意愿为准。虽然一般情况下基于父母子女之间"血浓于水"的天性，父母会维护子女的利益，但父母作为人也有自己的利益需求，人性中非理性因素、"人性恶"假设都可能会使得父母考虑自己的利益多于子女的利益。更重要的是，尊重子女的意愿是将子女看做独立的，有自己的尊严和人格的人看待，而非依附于他人存在的个体。

---

① Kate Standley, *Family Law*, London, Macmilian, 1993, p. 318.

② Australian Family Law 1975 (Amended in 2008), Section 60CD; Children Law (Reform Act) 1990 (Ontario), Section 24 (2) (b).

其次，建立未成年子女的中立性诉讼代理人。为克服父母作为子女代理人的不足，许多国家设立未成年子女“代理人”或“诉讼监护人”作为子女的独立代理人，以保障未成年子女利益的实现。根据英国1989年《儿童法》的规定，在涉及儿童居住、照护等方面，除非其认为作出该指定对于保障儿童利益不必要，法院应为儿童指定一名诉讼监护人，专门代表子女利益参加离婚诉讼，就子女抚养和监护问题提出处理意见，以供法官参考。“诉讼监护人”出庭参加诉讼，向法院提供全面的情况报告并对许多事项提出参考建议。① 英国的威尔士设立有“子女委员会”，以代表子女提起诉讼、参与诉讼，审查与子女相关案件，对子女相关的诉讼及辩护进行审核及监督，这一措施被学者认为是英国乃至世界的创举。② 在美国，在父母离婚后子女的监护问题上，越来越多的律师作为子女的诉讼监护人代理子女出庭参与审判。③ 2003年美国律师协会家庭部制定了《监护案件子女律师代理的实践标准》，专门强调律师介入未成年子女案件代理子女是以子女作为独立于法庭及其他诉讼参与人的“当事人”。代理子女利益的律师需独立地调查、评估及促进子女的最大利益，在诉讼中传达子女的声音，根据子女的需求及具体环境决定子女的意愿是否符合子女的利益。在子女有能力表达意愿的情况下，子女可以对代理律师作出相应的指示等。④ 澳大利亚家庭法也规定，法院在诉讼中享有为子女另行任命

---

① Stephen Cretney, *Family Law in the Twentieth Century, A History*, Oxford University Press, 2003, p. 730.

② Nigel Lowe and Mervyn Murch, *Children's Participation in the Family Justice System: Translating Principles into Practice*, *Family Law Processes, Practices and Pressure*, edited by John Dewar and Stephen Parker, Hart Publishing Oxford and Portland, Oregon, 2003, p. 17.

③ ［美］哈里·D. 格劳斯：《家庭法》英文影印版，法律出版社1999年版，第318页。

④ Mark Henaghan, What Does a Child's Right to Be Heard in Legal Proceedings Really Mean? ABA Custody Standards Do Not Go Far Enough, 42 *Family Law Quarterly*, 2008, pp. 117 – 120.

独立代理人的权力，子女的独立代理人将子女的最大利益或子女福利作为首要的或相关的考虑因素，在诉讼中具有独立的诉讼地位，不受子女之父母有关意愿的影响。当法院制作独立代理令时，可以要求法律援助机构提供代理人。[①] 在俄罗斯设立有专门保护未成年子女的监护机关（custody and guardianship）。如果父母不能就离婚后的子女问题达成一致意见，任何一方都可以向政府设立的子女监护机关申请解决，也可以向法院提起诉讼请求法院解决。子女监护机关可以帮助父母解决子女相关问题。在涉及未成年子女的诉讼中，子女监护机关必须出庭参加诉讼。[②]

子女独立代理人能站在中立立场对子女的利益作出判断，可以克服传统的父母既是当事人也是子女利益的代理人的局限，有助于客观、公正地维护子女利益。这种做法改变了传统离婚诉讼中附带解决子女监护问题的做法，将未成年子女作为独立的、具有人格地位的人看待，这本身是对未成年子女人格的尊重，有助于推动“儿童最大利益”的实现。

最后，结合专业人员进行子女利益评估。由于“儿童最大利益”原则本身的模糊性和抽象性，且儿童的多种需求之间也可能存在一定的冲突，可能因相关专业知识的不足，法官也难以认定究竟什么是符合儿童的最大利益的。这需要专业人员的配合才能进一步实现子女的最大利益。为此，一些国家在确立子女监护等方面规定了结合专业人员的评估以确定子女的最大利益。在澳大利亚，专门设立了家事纠纷诉讼中的家庭顾问，除了负责向诉讼当事人提供帮助建议及帮助处理相关纠纷外，还向法院提供帮助建议以及提供涉及诉讼的证据，向法院提交有关未成年子女福利相关的报告。在

---

① 陈苇主编：《外国婚姻家庭法比较研究》，群众出版社 2006 年版，第 585 页。

② Olga A. Khazova, Allocation of Parental Rights and Responsibilities after Separation and Divorce under Russian Law, *Family Law Quarterly*, Volume 39, Number 2, Summer 2005, p. 382.

涉及相关权利人的权利时，法官可能会征询家庭顾问的意见。在涉及18周岁以下的子女时，法官可以指示家庭顾问提供与未成年子女有关的照管、福利或成长相关的报告。[①] 加拿大安大略省《儿童法修正法》也规定，在涉及子女的监护和探望时，可以由法院以命令方式指定一名有技术和专业技能的人对子女的需求以及任何一方当事人满足子女需求的能力和意愿作出评估并向法院汇报。[②]

总之，离婚亲子关系法经历了对子女人格的完全否认到承认子女独立人格的立法转变。在很长时期，离婚亲子关系法以家族本位和亲本位抹杀了子女的人性，否定未成年子女作为人的主体地位，子女的地位十分低下。此种状况与西方基督教思想中的原罪理论有一定关系，该理论认为，子女虽然未成年，但人类天性是恶的，人从一出生就带有罪恶，从幼年起就应承担起赎罪的责任，家长必须对子女严加管教，[③] 即未成年子女是“未长出罪孽果实的种子”。另外，也与子女因理性能力的欠缺而易成为父母支配的对象，以及一定社会的经济发展水平和认为子女就是父母的私有财产的传统观念等有关。现代社会，许多国家以“儿童最大利益原则”作为处理离婚子女相关事项的基本原则，尊重子女独立人格，体现了离婚法保护子女利益的人文品性。关爱、保护未成年子女，尊重其独立人格，维护其最大利益是各国离婚法追求的目标，“儿童最大利益”原则已经成为许多国家处理儿童相关事项的一项基本原则。各国离婚法在这一原则指导下积极探索符合未成年子女利益最大化的立法及司法模式，探索符合子女最大利益的法律机制。

---

① 《澳大利亚家庭法》第11A条、第62G条，参见陈苇（项目负责人）：《澳大利亚家庭法（2008年修正）》，群众出版社2009年版，第61、132页。

② Children Law Reform Act 1990 (Ontario), Section 30 (1), (15).

③ 李喜蕊：《英国家庭法历史研究》，知识产权出版社2009年版，第103～104页。

第三章　人文主义离婚法的立法目标及其功能

离婚法人文主义的基本理念即“以人为本”。在“以人为本”理念指导下，人文主义离婚法应以离婚自由、防止轻率离婚、保障离婚弱势群体权益作为离婚法的立法目标，并发挥离婚法在离婚纠纷解决中的引导功能、维护家庭成员人身及财产权益的功能。

第一节　人文主义离婚法的立法目标

一、保障离婚自由

自由是人文主义思想的重要内容之一，也是“人类最原始、最古老的价值诉求和价值理想之一，它是几乎所有时代最具责任、最具人文情怀的思想家的永恒主题”。[①] 离婚自由是法的自由价值的体现，是指婚姻当事人在法律框架内享有他人不得非法干涉地自由地选择离婚与否的权利。离婚自由是人文主义的自由价值在离婚法上的体现和要求，是结婚自由的必要补充，并和结婚自由相辅相成共同构成婚姻自由的内容。离婚自由是社会文明的体现和要求，也有利于促进当事人的婚姻幸福，具有人文本质。离婚自由是人类婚姻发展到文明阶段的产物，是人类进步的体现，背后的实质是对

① 李晓明：《私法的制度价值》，法律出版社2007年版，第47页。

人类追求幸福婚姻的人性张扬。离婚自由具有以下人文基础:

（一）自由是人文主义思想的重要内容之一

自由是人文主义思想的重要内容之一。文艺复兴时期西方人文主义者在人的发现中，极力主张人的价值和尊严，其中特别强调人的自由价值。

人具有崇高的价值，人自己才是自己命运的主人，通过自由意志可以实现人的个性独立，创造自己的幸福生活。文艺复兴时期的人文主义者强烈反对宗教对人的本性的压制，认为“人不是匍匐在上帝脚下的被造物而是上帝创造的杰作，世间最可宝贵的生灵”。[①] 在文艺复兴时期，人文主义者高歌人的自由价值，认为人的最高价值是自由，即选择和造就他自己地位的力量；自由是神赋予人的礼物。[②] 人文主义者皮科·米朗多拉在《论人的尊严》的演讲中极力歌颂人的自由价值，将人的自由称赞为神为了实现人的目的，发展人的本性的恩赐：“其他受造物，我们将他们的天性限制在我们已经确定了的法则中，而我们却给了你自由，不受任何限制，你可以为自己决定你的天性。我把你造成一个既不是天上的也不是地上的，既不是与草木同腐的，也不是永远不朽的生物，为的是使你能够自由地发展你自己和战胜你自己。你可以堕落为野兽，也可以再生如神明。”[③] 这一时期的人文主义者拉伯雷将自由视为人的本性，指出人必须从奴役性的束缚和桎梏中解放出来从而自由地生活，可以“想做什么，便做什么”。[④] 人文主义者主张的自由首先是意志的自由，但丁提出“自由的第一原则就是意志的自由力”。“这一自由，乃是上帝赐给人类的最伟大的恩惠：只要依靠

---

① 赵敦华:《西方哲学简史》，北京大学出版社 2001 年版，第 185 页。

② 赵敦华:《西方哲学简史》，北京大学出版社 2001 年版，第 187～188 页。

③ [瑞士] 雅各布·布克哈特:《意大利文艺复习时期的文化》，何新译，商务印书馆 2007 年版，第 389 页。

④ 韩庆祥、王勤:《从文艺复兴“人的发现”到现代“人文精神的反思”》，载《北京大学学报（哲学社会科学版）》1999 年第 6 期，第 15 页。

它，我们就享受到人间的快乐；只要依靠它，我们就享受到像天堂那样的快乐。如果事情确实如此，那么当人们能够充分利用这个原则的时候，谁还会说人类并没有处在它最好的境况之中呢?”“能为了自己的目的而不是为了别人的目的而生存，谁就是自由的。”[①]虽然一些人文主义者的观点带有浓厚的个人主义色彩，但在神学本位的时代，在反封建神学统治的过程中无疑看到了人的自由价值的可贵。此后资产阶级启蒙思想家们继续发展了文艺复兴时期人文主义者的自由思想，他们从天赋人权角度分析自由的本质，如卢梭将自由权、生命权和财产权看做天赋人权，认为自由是人的本质，是“人性的产物”，是人区别于兽性的方面。人与人之间的关系最坏莫过于受别人的任意支配了，“一个人放弃自由，人就降低了自己的人格”。[②] 启蒙思想家克服了人文主义最初的个人主义自由观，如孟德斯鸠从消极的不受非法干预和限制的角度出发，认为自由仅仅是一个人能够做他应该做的事情，而不被强迫去做他不应该做的事情。[③] 卢梭著名的论断是“人生而自由，但无往不生活在枷锁中”。此后的哲学家进一步高扬自由的价值，黑格尔从唯心主义角度探讨自由，认为法的确定的地位和出发点是人的意志，由于人的意志是自由的，法的实体和规定性也就是自由的，“自由是意志的规定，正如重量是物体的根本规定一样”。[④] 人文主义者认为自由是人最重要的价值之一，这一观念为后来西方国家法律所确认并成为法律的基本价值。1789 年法国《人权宣言》、1948 年《世界人

① 周辅成编：《从文艺复兴到十九世纪资产阶级哲学家政治思想家有关人道主义人性论言论选辑》，商务印书馆 1966 年版，第 19 页。

② ［法］让－雅克·卢梭：《论人类不平等的起源和基础》，高煜译，广西师范大学出版社 2002 年版，第 124、128 页。

③ ［法］孟德斯鸠：《论法的精神》，张雁深译，商务印书馆 2006 年版，第 278 页。

④ ［德］黑格尔：《法哲学原理》，范扬、张企泰译，商务印书馆 1961 年版、2007 年印刷，第 11 页。

权宣言》等文献中明确确立了人人享有自由的权利。意思自治成为近现代民法的基本原则也得以确立。

在我国古代也存在一定的自由思想，但在中国几千年封建专制统治下，中国的自由思想受到极大的压制。但历代统治者为了维护统治秩序，不得不采纳不同意见，不断改进统治方法。至近代，自由思想才得到了进一步发展，1911 年《大清民律草案》中采纳了西方的契约自由原则，此后《中华苏维埃共和国宪法大纲》作为革命根据地第一部宪法性文件，从法律上确定了苏维埃共和国公民的基本权利和自由。新中国成立后的民事立法确立了意思自治原则作为其基本原则。

（二）离婚自由是婚姻文明的体现和要求

文明是与野蛮相对应的一个概念。几千年以来，人类一直在追寻着文明的足迹。整个人类的历史就是一部人类文明史。人类文明的出现与发展以实现社会安全与和谐，增进人类的幸福为目的。何为文明？文明首先是指“文化”，还指“（形）社会发展到较高阶段和具有较高文化的”。[①] 弗洛伊德则从人性角度强调文明，指出文明是“人类生命将自己提高到其动物状态之上的有别于野兽生命的所有那些方面”。“每一种文明都必须以对本能的强制和否定为基础。”[②] 可见，文明与社会的开化和发展相联系，也与人对生物性本能的克服相关。

恩格斯曾说：“最初的、从动物界分离出来的人，在一切本质方面是和动物本身一样是不自由的；但是文化上的每一个进步，都是迈向自由的一步。”[③] 人类离婚自由的实现正是人类文明进步的结果。而社会文明又为人的生存提供良好的环境，促进人的良性发

① 中国社会科学院语言研究所词典研究所词典编辑室编：《现代汉语词典》（第五版），商务印书馆 2005 年版，第 1427 页。

② ［奥］弗洛伊德：《论文明》，国际文化出版公司 2000 年版，第 2、3 页。转引自杜宴林：《法律的人文主义解释》，人民法院出版社 2005 年版，第 119、120 页。

③ 《马克思恩格斯选集》第三卷，人民出版社 1972 年版，第 154 页。

展。马克思认为人在自由面前并非消极地排除对自由的干预，而是在人与自然规律之间积极地发挥人的主观能动性，“自由不在于幻想中摆脱自然规律而独立，而在于认识这些规律，从而能够有计划地使自然规律为一定的目的服务”。“自由是在于根据对自然界的必然性的认识来支配我们自己和外部自然界，因此它必然是历史发展的。”① 离婚自由与其他自由权利的发展一样，是随着社会发展，人们对自然规律的认识而逐步提高、逐步实现真正的自由的。离婚自由即是人类对婚姻本质的规律性把握，即婚姻在于通过人类需求的满足以增进人类的幸福，当婚姻与此相违背时，就可以解除。因此，社会越是发展，人们对自然规律的认识就越深入，法律对人的关注也就越多，对人的自由、平等、尊严等价值的关注也就越大，法律也就越是开化和文明。因此，未来社会一定是高度自由的社会，也是更加文明的社会。

离婚自由是婚姻文明的体现和要求，因为离婚自由是将两性关系纳入法律规范调整的结果，而将两性关系纳入法律调整是随着人类对婚姻本质认识逐步深入而出现的。恩格斯在《家庭、私有制和国家的起源》中对人类社会的婚姻进行了分析，认为人类社会的婚姻形态经历了蒙昧时期的群婚制，野蛮时代的对偶婚制和文明时代的一夫一妻制。在原始社会蒙昧时期，人类盛行的是群婚制，一群男人属于一群女人，反之亦然。后来在婚姻的发展过程中，出现了一些婚姻的禁忌，首先是排除了不同辈分的亲属之间的婚姻，后来逐步地又排除了辈分相同的兄弟姐妹之间的婚姻。对偶婚制的出现使一男一女在或长或短的时间内，相对稳定地成对居住，最后人类终于进入到一夫一妻制。在实行群婚制，一夫多妻或一妻多夫的情况，婚姻是绝对的不受限制的自由。在这种自由之下，不需要法律规定离婚自由，因为绝对的婚姻自由原则下不需离婚与结婚，也就无须离婚制度。但这种绝对的婚姻自由并不是真正的自由。结

① 《马克思恩格斯选集》第三卷，人民出版社1972年版，第153、154页。

束两性关系的无序和混乱状态的正是一夫一妻制的确立，离婚自由正是以一夫一妻制为前提的。虽然这种婚姻形式在早期的阶级社会尚不能全部实现，但其为实现人与人之间的婚姻平等创造了条件，可以在人与人之间实现婚姻资源的公平分配，避免因为异性之争引发冲突和争斗，有利于增进人类社会的安宁与稳定。一夫一妻制也是对人类本性的尊重与超越。野蛮时期、蒙昧时期的婚姻制度也承认人的本性，但其将人的本性看做无异于动物的本性。一夫一妻制承认了人类对婚姻的专一性和排他性需求，与以生理本能为基础的野蛮时期、蒙昧时期婚姻相比，真正将人提到了有别于动物的高度。黑格尔认为，婚姻本质上是一夫一妻制，因为婚姻关系是单个的个体抛弃自己的独立人格与对方的结合，婚姻关系中人格的统一，具有直接的排他性特征。“只有从这种人格全心全意的相互委身中，才能产生婚姻关系的真理性和真挚性。”[①] 虽然从人格的独立性看，夫妻结合并非意味着夫妻人格的统一，但一夫一妻制以制度的形式为夫妻关系的排他性、专一性提供了前提，将人类婚姻中的两性行为从临时性行为及动物的性行为中区分开来，可以满足人类持续性情感的需求。同时，一夫一妻制也有利于人类后代的抚养，因为人类的后代不同于动物，人类的后代要经历较长时间才发育成熟，临时性关系显然不利于子女的抚养。对此，孟德斯鸠在对多偶制的产生原因进行考察后指出：“多偶制对于人类、对两性——无论是对糟蹋人的一方或是被糟蹋的一方——都是毫无用处的。”原因之一是父母对儿女不能同样地疼爱。“一个母亲能够爱两个子女，但是一个父亲不可能用一个母亲对自己的子女那样的厚爱去爱二十个子女。”此外，孟德斯鸠针对摩洛哥王后宫里的不同肤色的妇女，指出国王本人几乎不需要任何肤色的妇女，对这些妇

① ［德］黑格尔：《法哲学原理》，范扬、张企泰译，商务印书馆 1961 年版、2007 年印刷，第 183 页。

女来说这简直就是一种资源浪费。而且多偶制还会产生平等待遇问题。① 离婚自由正是对婚姻本质的把握，是对一夫一妻制的尊重和维护，而一夫一妻制，如恩格斯所说："它的最后胜利乃是文明时代开始的标志之一。"②

一夫一妻制将男女之间毫无限制或限制很少的性关系纳入法律的规范，虽然恩格斯批判其从产生之日就带有特殊的性质，"只是对妇女而不是对男子的一夫一妻制"，而且这种一夫一妻制从来都是以卖淫嫖娼为补充形式而存在，但在人类婚姻史上仍然是一个巨大的进步。一夫一妻制对性行为进行了严格的规范，这是人类社会进入到文明社会的标志，是几千年来一直盛行的婚姻制度，也是人类社会将来的婚姻形态。从古代法到现代各国立法，除了少数伊斯兰国家外，婚姻制度基本上都是沿着一夫一妻制这一文明的轨迹发展的。古代罗马法严格实行一夫一妻制，已结婚者第二次缔结的婚姻是无效的。日耳曼人中除了国王和贵族盛行一夫多妻制外，也实行一夫一妻制。③ 在我国，一般认为一夫一妻制度确立于进入阶级社会以来的夏朝。虽然我国很长一段时间盛行一夫一妻多妾，但比起多偶制仍然是一种进步。一夫一妻制是离婚的前提，为人类追求婚姻幸福奠定了基础。

（三）离婚自由有利于促进婚姻幸福

法律的制定需追求一定的价值并反映此种价值，法律价值"是指在作为客体的法律和作为主体的人的关系中，法律对一定主体需要的满足状况以及由此产生主体对法律的评价"。④ 离开法的主体的需求就无从谈论法的价值。根据卓泽渊教授的观点，法的价值是因为人的需要而产生的。人在社会中存在各种需要，每一种需

---

① ［法］孟德斯鸠：《论法的精神》，张雁深译，商务印书馆2006年版，第173～174页。

② 《马克思恩格斯选集》第四卷，人民出版社1972年版，第57页。

③ 何勤华、魏琼主编：《西方民法史》，北京大学出版社2006年版，第203页。

④ 付子堂主编：《法理学进阶》，法律出版社2005年版，第80页。

要的满足都是暂时的，在一种需要满足之后又会产生新的需要。正是由于人对不同需要的追求才产生了社会发展的动因。故人的需要是法的决定因素之一，是法产生的基础和前提。[①] 离婚法的自由价值就源于人们的需求，这种需求的产生在于人们对幸福婚姻的向往和追求。

据波兰人类学家考证，在一些未开化的民族中，婚姻是不可解除的。但在婚姻不可解除情况下，有妇女回娘家后被父母留下来，也有妇女离开丈夫回到自己父母家就可以解除婚姻。如果男子不喜欢原来的妻子，再娶一个就是了，总之，不存在离婚的问题。[②] 在史前时代，人类并未建立起现代的婚姻制度，人类的两性关系处于一种混乱状态，受性本能支配，个人无法掌握自己的婚姻，此种关系与动物间的性关系无根本的差异。在奴隶社会，奴隶没有结婚的自由，更谈不上离婚自由，因为奴隶根本就不是权利的主体而是权利的客体，但奴隶社会确立了上层社会的人及农奴主的离婚自由，这是一大进步。我国古代历史上的“合离”、休妻制度等也是一种离婚自由，但这是以家族利益和男权为中心的离婚自由，是一种专权离婚主义，在离婚过程中女性的需求并没有得到应有的尊重。只有社会发展到现代，在资产阶级自由、民主、平等等思想的影响下才发生了现代意义上的离婚自由，为每个当事人平等地、体面地成为婚姻的主体提供了条件。

人类对幸福婚姻的向往和追求是离婚自由的目的，离婚自由只是实现人的幸福的手段。离婚自由意味着婚姻当事人自己成为婚姻的主人，自己决定维系或终止自己的婚姻关系，只有当事人自己做主，才能根据自己的利益作出最有利于自己的选择，才能在婚姻中获得幸福，因为“人们自己对生活的自由选择才是一切家庭幸福

---

① 卓泽渊：《法的价值论》，法律出版社 2006 年版，第 107 ~ 109 页。

② ［芬兰］E. A. 韦斯特马克：《人类婚姻史》，李彬译，商务印书馆 2002 年版，第 1167 ~ 1168 页。

的基础”。[①] 密尔在《论自由》中谈道，个性自由是人类福祉的因素之一，每个人个性的发展会使自己变得更有价值，因而也对他人更有价值。因为自己对自己利益了解最深、关切最真，对自由的尊重不是说当事人自己的选择就是最好的，而是因为此种选择就是他自己的方式。“人类要成为思考中高贵而美丽的对象，不能靠着把自身中一切个人性的东西都磨成一律，而要靠在他人权利和利益所许的限度之内把它培养起来或发扬起来。”“要想给每人本性任何公平的发展机会，最主要的事实是容许不同的人过不同的生活。”[②] 离婚自由的出现就是允许每个人在法律的范围内有权利决定自己的婚姻，寻找对于他自己有价值的生活，追求自己的人生幸福。当爱情已成往事，当婚姻已经成为人发展的桎梏，强行维持婚姻对于当事人及他人已无利益，已经失去了婚姻存在的正当性。离婚自由就是对人的精神自由的关注，是许可当事人结束不幸的婚姻并追求幸福的婚姻。强行维护一段痛苦的婚姻所带来的伤痛远远超过单纯的人身的不自由。从人类婚姻史的发展看，近现代各国离婚法的改革都以离婚自由为基本原则，无不体现对自由价值的尊重。

由于离婚自由的人文本质，许多国家的离婚法确立了离婚自由原则，以“婚姻破裂”作为判决离婚的法律标准。离婚自由是许多国家离婚法坚持的基本原则，也是未来离婚法的发展方向。

二、防止轻率离婚

离婚涉及多方当事人的利益，包括婚姻当事人、未成年子女的利益及社会公共利益。婚姻符合普通民众的普遍需求，“人性恶”假设及人的非理性的弱点，有可能出现婚姻当事人对婚姻家庭不负

① 王震宇：《参与到这场民主讨论中来》，载李银河、马忆南主编：《婚姻法修改论争》，光明日报出版社 1999 年版，第 8 页。

② ［英］约翰·密尔：《论自由》，程崇华译，商务印书馆 1959 年版、2006 年第 8 次印刷，重印“论自由”序言，第 74、75 页。

责任的情况，防止轻率离婚符合当事人及其未成年子女的利益和需求。轻率离婚是“指对婚姻家庭不负责任，以轻率的态度对待和处理婚姻关系”。[①] 轻率离婚是在婚姻关系尚能维持的情况下轻易地解除婚姻关系，此种行为是对婚姻家庭价值及功能的任意破坏，既不利于维护当事人本人对婚姻家庭需要的满足，也可能对他人造成伤害。

（一）防止轻率离婚的人性分析

对离婚加以一定的限制以防止轻率离婚具有以下人性基础：

1. 人性对婚姻家庭的需求

实践证明，婚姻符合人类的普遍需求。婚姻的圆满会增强人们的主观幸福，不仅能给当事人本人带来利益，也符合子女的最大利益。离婚则可能对当事人身心产生不利影响，也危及未成年子女的利益。因此，应防止轻率离婚。

一方面，社会主流观认为婚姻对当事人具有重要的价值。我国有学者在百度网上设计了一份关于“当代中国婚姻观的调查问卷”，该份问卷对填写问卷的结果进行自动分析，对于问题“你认为一段幸福的婚姻是生命中最重要的东西之一吗?”，参与调查者100%作出了肯定回答。在“您对婚姻的态度”问题中，选择“白头偕老”的占66.7%；“当您家庭事业发生冲突时，您会如何选择”，选择以家庭为重的占66.7%，选择以事业为重的只占所调查者中的33.3%。[②] 该调查显示，民众是非常重视婚姻关系的，将其看做生活中最珍贵的内容之一。在美国，“国家父亲动议”（National Fatherhood Initiative）组织于2003～2004年在全国进行了一次有关婚姻观念的调查，大部分被调查者认为婚姻对当事人本人、子女及社会都非常重要。绝大部分被调查者表达了对婚姻的赞同观，83%的被调查者认为婚姻值得终身托付，71%的被调查者不赞

① 马忆南主编：《婚姻家庭继承法学》，北京大学出版社2007年版，第119页。

② http://www.sojump.com/report/89981.aspx. 2010-07-21.

同"任何一方在任何时候可以以任何理由终止婚姻关系"。88%的人认为已婚夫妇应终身忠于对方，只是在极个别情况才可以解除婚姻。88%的人并不赞同婚姻是一个已经过时的制度。①

另一方面，婚姻的圆满会增强人们的主观幸福，有利于促进人性的良性发展。从社会心理学的角度分析，婚姻的美满对个体具有积极的意义。国外社会心理学家提出"主观幸福的活动成因理论"，该理论强调，主观幸福产生于活动本身而非目标的实现。因此，生活在婚姻中的人有较高的幸福感，而婚姻满意度是构成主观幸福的重要组成部分。"已婚者与未婚者、离婚者或分居者相比，前者自陈的幸福程度较高，因为婚姻能为个体提供以互动为基础的社会支持。"而且，主观幸福与结婚的可能性存在良性互动关系，"幸福的人要比不幸的人更有可能结婚，因为主观幸福与婚姻之间的因果作用是双向的"。②

相反，离婚会对婚姻当事人身心健康产生严重的不利影响。国外许多社会心理学家从离婚对夫妇双方产生的影响进行研究得出的共同结论是：离婚是一个心理压力极大的事件，会对夫妇双方正常的身体和心理产生严重影响。与和睦的家庭相比，离婚后夫妇双方的生活标准会下降，心理压力增大，抑郁表现明显，并伴随其他一些心理健康问题或身体健康损害：（1）离婚或分居的个体在精神病患者中占有相当大的比例，男性患者的人数是婚姻完整病人的9倍，女性患者是完整家庭患者的3倍。在具有婚史的精神病患者中，离婚或分居的男性患者占46%，离婚或分居的女性患者占32%。（2）女性的心理压力要比男性经历的心理压力明显得多，经历三次以上再婚史的女性比只有一次再婚史的女性更易表现出心理病态。（3）在离婚过程中和紧接着离婚后的一段时间里，由离

① National Fatherhood Initiative, With This Ring... A National Survey on Marriage in America 29 (2005), p. 4, http//: www. smartmarriages. com/nms. pdf. 2010－10－04.

② 李维：《社会心理学新发展》，上海教育出版社2006年版，第104页。

婚产生的抑郁症状呈上升态势。（4）与没有婚姻危机或未婚者相比，高龄的分居和离婚男性更易出现自残行为，高龄的分居和离婚女性更易患上心脏病等疾病。此外，由离婚者酗酒导致的车祸事故也较频繁，离婚者和分居者的自杀比例是未经历离婚者的2倍。[①]

伴随着离婚而来的就是再婚的可能性。再婚带给当事人的利益远较初婚小。一方面，再婚破裂的可能性较初婚更大。据调查，在美国再婚破裂的可能性为60%左右，初婚最终破裂的比率为40%～50%。[②] 在加拿大，将近50%的初婚以离婚告终，但第二次婚破裂的概率约72%，第三次婚姻破裂率为大约85%。[③] 另一方面，再婚夫妻的相互信任度更低、相互对婚姻的信仰更差，维持婚姻的愿望并为此作出努力就会更少。

此外，婚姻也符合子女的最大利益。国外学者调查认为，功能性核心家庭能够为子女的人格及社会发展提供最好的支持。[④] 美国学者证明，持久的、低冲突的婚姻对成年配偶的健康、财富和幸福带来利益，而此种利益对未成年子女更大。[⑤] 美国“国家父亲动议”组织的调查显示，89%的人认为子女最好由已婚父母在一个家庭中抚养成人。[⑥] 父母离婚后绝大部分会选择再婚，再婚对于缓解离婚当事人精神和经济上的压力有一定的作用，但孩子对父母的

---

① B. L. Bloom, S. J. Asher & S. W. White, Marital disruption as a stressor: A review and analysis, *Psychological Bulletin*, 85, 1978, pp. 867－894. 转引自李维：《社会心理学新发展》，上海教育出版社2006年版，第392～393页。

② The National Marriage Project, The State of Our Unions 2005: The Social Health of Marriage in America (2005), pp. 18－19, http//: www. virginia. edu/marriageproject/pdfs/SOOU2005. pdf. 2010－10－04.

③ http://www. divorcerate. org/divorce－rates－in－canada. html. 2010－10－04.

④ John Eekelaar and Thandabantu Nhlapo, *the Changing Family International Perspectives on the Family and Family Law*, Hart Publishing, Oxford, UK, 1998, p. 126.

⑤ Marsha Garrison, Reviving Marriage: Could We? Should We? *Journal of Law & Family Studies*, Volume10, 2008, p. 313.

⑥ National Fatherhood Initiative, With This Ring... A National Survey on Marriage in America 29 (2005), p. 4, http//: www. smartmarriages. com/nms. pdf. 2010－10－04.

再婚顺应比较困难。而且再婚给子女带来的利益远较初婚小。再婚时因继父母在子女抚养方面缺少更大的参与，以及子女对继父母保持一定的心理距离而影响子女的主观幸福感。根据国外的调查，“与第一次婚姻的亲子关系相比，在继父母或继子女家庭中，父母子女之间相互作用较少，热情不足，家庭成员之间的关系保持一定的距离”。在孩子的整体主观幸福感方面，第一次结婚的家庭子女的主观幸福指数最高，其次是长期单身家庭中的子女，幸福指数最低的分别是继父母继子女家庭、离婚家庭的子女。[①]

综上，美满的婚姻能为当事人提供情感支持，使当事人产生归属感及安全感，有利于婚姻当事人生理及心理健康，离婚对当事人身心健康都可能产生不利影响，婚姻仍然是一生值得追求的目标。原生的双亲家庭有利于未成年子女的成长和主观幸福。婚姻对当事人及其子女的价值决定了人文主义离婚法应维持低冲突、持续性的婚姻关系。人文主义离婚法“以人为本”理念要求应考虑婚姻家庭对人类的价值，以便为婚姻的解除寻找法律上的根据。因此，离婚只是在婚姻关系确实无法维持或继续维持的危害更大的情况下的最后选择，是婚姻当事人摆脱不幸婚姻的保障。离婚法采取措施防止轻率离婚符合婚姻当事人及未成年子女的利益，此种情况下防止轻率离婚与其说是对当事人离婚自由的限制，毋宁说是对当事人及其抚养的未成年子女的保护。对此，洛克有精辟的见解：“法律按其真正的含义而言与其说是限制还不如说是指导一个自由而有智慧的人去追求他的正当利益，它并不在受这法律约束的人们的一般福利范围之外作出规定。假如没有法律他们会更快乐的话，那么法律作为一件无用之物自己就会消灭；而单单为了使我们不致坠下泥坑

① A. C. Acock & D. H. Demo, *Family diversity and well - being*, Thousand Oaks, CA: Sage Publications, 1994. 转引自李维：《社会心理学新发展》，上海教育出版社 2006 年版，第 405 ~406 页。

和悬崖而作的防范，就不应该称作限制。”①

2. “人性恶”假设对轻率离婚的限制

“人性恶”假设使法律对离婚自由加以限制成为必然。人虽然有善良的一面，但也存在“恶”的方面。人的“人性恶”本性可能会有人考虑自身利益过多，而考虑他人利益过少，甚至牺牲他人利益。将离婚成本转嫁由他人承担就是“人性恶”的体现。离婚的成本包括私人成本和社会成本。民法责任自负原则要求离婚当事人应对自己行为的后果承担责任，这是“尊重人，并尊重他人为人”的人文主义要求。离婚夫妻应合理分担离婚的成本，而不应将此成本转嫁给其他人，否则势必是强制他人承担当事人离婚的成本，危害他人利益。

第一，离婚存在私人成本。离婚的私人成本包括离婚诉讼费用的承担，离婚中的时间、精力的耗费，还包括离婚对未成年子女造成的伤害及对女性的不利影响，这是离婚最大的私人成本。就离婚对女性的成本而言，离婚造成单身女性经济状况普遍恶化，随之发生的还包括单身女性在情感、社会发展等方面的不利影响。以离婚对未成年子女的成本为例，国外学者多年来的调查结果表明，除了夫妻严重冲突关系对子女会产生不利影响外，单亲家庭中成长起来的子女与在双亲家庭中成长起来的子女相比，主要存在以下问题：更差的心理调试能力，更多的身体健康问题，在学校的表现较差，更可能涉及反社会行为和青少年犯罪，更可能生活在贫困中，倾向于更早发生性行为，更可能发生同居、婚前生育行为，而且成年后这些子女更赞同并倾向于离婚、对婚姻忠实不够，减少与父母的接触，与父母不容易产生亲近感等。② 另据国外学者的定量综合分

① ［英］洛克：《政府论》（下），叶启芳、瞿菊农译，商务印书馆2009年版，第35页。

② Stephen J. Bah, Social Science Research on Family Dissolution: What It Shows and How It Might Be of Interest to Family Law Reformers, *Journal of Law & Family Studies*, Volume 4, No1, 2002, pp. 9 – 10.

析，离婚对孩子的影响可以概括为三种病源学模型：（1）机会丧失，即离婚会影响家庭的经济来源，减少孩子成长所需的活动和体验的机会，机会丧失反过来又影响孩子智力发展和社交发展，降低孩子的主观幸福。（2）难以适应家庭结构解体时的环境，再婚继父的出现虽然可以改变男孩的表现，但是女孩的表现更加不尽如人意。(3）心理压力增强。[①] 在父母再婚的情况下，孩子会表现出顺应困难。父母再婚在很多情况下并不会为子女带来利益。离婚后父母不管是选择再婚还是单身，都可能会影响子女的主观幸福，其结果都是将父母的离婚行为的部分后果转嫁由子女承担，这与民法“责任自负”原则相违背。我国社会学家费孝通先生提出，婚姻的目的在于双系抚养。离婚显然是对双系抚养的破坏。洛克也提出婚姻的目的不仅仅是生育，而是种族的延续，因此父母有义务扶养子女。洛克还从动物的结合和人类的结婚进行分析，动物的结合短暂，而人类婚姻的结合比其他动物的结合长久，因为动物不像人类需要这么长时间扶养子女，在动物再度生育季节到来时，它们的幼小动物已经能自谋生存，而人类的子女并非如此。因此，需要维持夫妻关系以照顾抚养子女，如果允许夫妻关系随意结合或者经常很容易地被宣告解散，就会大大危害子女的利益。[②] 离婚自由的背后，很多夫妻将离婚自由奉为最高价值，完全不考虑子女的利益，这是极端个人主义的想法，这是人文主义离婚法应予预防的。

第二，离婚存在社会成本。离婚的社会成本包括离婚对未成年子女的影响导致青少年犯罪的上升、改变人们对结婚的信仰、因离婚导致贫困的情况下国家不得不加大救济力度、审判机关审理离婚案件的成本等。此外，因离婚导致青少年犯罪比率的上升直接影响

① P. R. Amato & B. Keith, Parental Divorce and Adult Well - being: A Meta - analysis, *Journal of Marriage and the Family*, 1991, p. 53, pp. 43 - 58.

② ［英］洛克：《政府论》（下），叶启芳、瞿菊农译，商务印书馆 2009 年版，第 36 页。

社会的秩序，进而干扰人们的生活安宁和安全，即使政府花费经济成本也并非一定能改善此种状况，这就会直接降低人们的生活幸福指数。经济学家 Benjamin Scafidi 主持对婚姻破裂（包括离婚及非婚生育）对美国在国家、州及地方层面的社会成本进行了调查。调查显示，据估计，在美国州、国家及地方，因婚姻破裂导致纳税人支付的成本至少每年为 1120 多亿美元，每 10 年就是上万亿美元的成本，这些费用用于反贫困、刑事审判及教育等，具体包括用于司法系统、现金资助、住房补贴、医疗救助、儿童福利等方面。根据这一调查，作者发现政府或社会在强化婚姻方面作出哪怕是细微的努力都能极大地减少纳税人的成本。如果联邦采取强化婚姻的措施，婚姻破裂降低 1%，纳税人每年就会节约 10 亿美元的社会成本。① 高离婚率给社会及他人带来的社会负面影响是离婚法应考虑的客观事实，离婚自由不能要求社会及他人负担过重的离婚成本。

这样，一方面，需要法律为自由设定边界以表明个体或他人行为的范围，不能超出限定的范围行事。如果不设定自由的边界，任何人都可以随意损害他人利益，这样谁都没有真正的自由。另一方面，为自由设定边界，也是为自由受到侵害者提供法律保护，通过对侵犯他人自由的行为进行惩罚以保护他人的自由。自由权利的无限延伸就成了极端自由主义，就可能使自由建立在牺牲他人利益的基础上。故洛克宣称自由“并非人人爱怎样就怎样的那种自由，而是在他所受约束的法律许可范围内，随心所欲地处置或安排他的人身、行动、财富和他的全部财产的那种自由，在这个范围内他不受另一个人的任意意志的支配，而是可以自由地遵循他自己的意志”。② 法律保障自由并对自由权利的行使进行限制，防止在行使

① Benjamin Scafidi, *The Taxpayer Costs of Divorce and Unwed Childbearing*: *First - Ever Estimates for the Nation and for All Fifty States*, 2008, pp. 5 - 9, 18., http://www.americanvalues.org/coff/executive_summary.pdf. 2010 - 10 - 04.

② ［英］洛克：《政府论》（下），叶启芳、瞿菊农译，商务印书馆 2009 年版，第 35 页。

自由的过程中侵害他人的自由。

此外，人性的弱点也为限制离婚自由提供了依据。许多国家对离婚采纳“破裂”原则，根据该原则，只要婚姻破裂，夫妻任何一方均可主张离婚。离婚自由是以理性人假设为基础，但人并非都是理性的。人性的弱点之一就是人的有限理性。人的有限理性体现在人的认识能力的有限性。现实生活中的人并非每个人都能认识到自己的利益，在离婚问题上也是如此。也许当事人认为解除婚姻对自己有利，但事实并非如此。人性的弱点还包括人容易受感性支配。在夫妻之间发生矛盾和分歧时，一些人就表现得很冲动，认为解决问题的根本就是解除婚姻关系。一旦冷静下来，才发觉解除离婚并非符合自己及未成年子女的利益。因此，由于人的认识能力的有限性，完全凭借当事人的离婚自由并非符合当事人的利益及未成年子女利益，需要对离婚自由加以一定的限制。出于人性的弱点及“人性恶”的防范，为防止轻率离婚，尊重人的价值，近现代国内外离婚法对离婚自由都进行了一定的限制，包括实体法上的限制和离婚程序方面的限制。

（二）防止轻率离婚的立法机制

面对现代社会高离婚率，法律能做什么？法律既不能阻止人们离婚，但也不能放任已婚者的任性。离婚法在很大程度上就是人们对离婚观念的反映，但离婚观念并非从人类一开始就是这样的，是多种因素影响的结果，其中包括正确的价值观导向。根据芬兰人类学家的考察，在一些未开化的民族中，婚姻基本上可以维持终身，而一些部落中离婚则是经常的事情，如在玻利维亚的奇里瓜诺人中，婚姻一般只持续两年，两年之后，丈夫即搬到另外一个村去娶一个新的妻子。在其他一些部落中同样存在频繁换妻或夫的情况，如在印度的科拉瓦部落中，如果一个女人先后有过 7 个丈夫，人们就会对她很敬重，让她在婚姻或宗教仪式中占据重要的地位，又如在马尔代夫，人们在婚姻上总是喜欢不停地掉换对象。① 如果把婚姻维持终身的习惯以法的形式固定下来，则婚姻就会受到人们的重视，但如果立法对不停地调换对象予以认可，反映并维持此种婚姻观念，就会像一些部落出现的那样，只有短暂的婚姻，甚至根本就不会有现代的婚姻。但法律作为人类主流价值观的维护和引导者，不应只是消极地反映人们对婚姻的观念，更应该进行文化塑造。正如美国学者所言，法律不仅仅是社会价值观的反映，法律也可以帮助文化模式的重塑。法律可以教导、强化社会价值观并作为恰当行为的范例。②

离婚自由既是人类婚姻文明的体现，也是人类不懈努力追求的目标，但离婚过于自由会破坏人对婚姻家庭的需求，也可能造成对他人权利的侵犯。对此，许多国家采取多种挽救婚姻的措施以防止轻率离婚，包括设立婚姻指导、服务机制，规定离婚自由的程序性限制及离婚自由的实体法限制等。

1. 婚姻指导、服务机制的建立

为挽救婚姻，巩固健康、稳定的婚姻关系，一些国家开展婚前教育立法。在美国，破裂离婚主义原则的采用导致了高离婚率，如前所述，据2002年及2005年调查数据显示，有40%~50%的初婚以失败告终。为了帮助夫妻获得更稳定、满意和健康的婚姻关系，美国一些州采取了防止轻率离婚的事前防范手段，到目前为止，有6个州（亚利桑那州、佛罗里达州、马里兰州、明尼苏达州、俄克拉荷马州、田纳西州）制定了鼓励夫妻参加婚前教育的立法，至少另有9个州提出了夫妻婚前教育的立法建议。婚前教育立法的目的是帮助夫妻了解婚姻的优点及其脆弱性，通过鼓励接受婚前教育

---

① ［芬兰］E. A. 韦斯特马克：《人类婚姻史》第三卷，李彬译，商务印书馆2002年版，第1167~1172页。

② Stephen J. Bah, Social Science Research on Family Dissolution: What It Shows and How It Might Be of Interest to Family Law Reformers, *Journal of Law & Family Studies*, Volume 4, No. 1, 2002, p. 7.

使夫妻获得更加牢固、满意而健康的婚姻关系。该立法对接受婚前教育的时间、教育的内容进行了相应的规定。接受婚前教育者在结婚许可证办理中享受20%～50%优惠。[①] 根据美国学者 Scott Stanley 的观点，婚前教育主要通过三个途径发挥促进健康婚姻、减少离婚的作用：第一，正规的婚前教育使夫妻摘掉对婚姻的玫瑰色眼镜，有机会获得关于婚姻关系更真实的看法，懂得怎样构建成功、健康的婚姻关系；第二，强调婚姻的重要性、值得为之奉献，强调夫妻主要依靠知识和技巧而不是浪漫和运气增加婚姻的成功机会；第三，接受婚前教育的夫妇因为经历过巩固婚姻的干预性措施，在婚姻中更有可能在更早的时间寻求婚姻治疗以促进婚姻成功。[②] 现实生活中有的夫妻之间的矛盾并非完全对抗性的，并未达到非离婚不可的地步，往往与夫妻个性差异、需求的变化等有关。而这些矛盾可能通过行为认知的转变、心理调试等加以解决。婚前教育主要就是向当事人提供婚姻关系处理的技巧及获得对婚姻关系的相关知识而促进健康婚姻、减少离婚。当然，美国的婚前教育立法对婚前教育采取鼓励而非强制性态度。此外，加拿大、澳大利亚、俄罗斯也开设有促进婚前教育的相关立法。

提供婚姻咨询是婚姻服务的方式。由专业人员开始的婚姻咨询开始于20世纪的美国，1930年美国波普诺在“美国家庭关系研究院”设立了第一个婚姻诊所，提供婚前指导和帮助夫妻进行婚姻调试。之后，美国其他地方相继建立起婚姻咨询中心、婚姻辅导站，并创办起婚姻咨询协会。在婚姻咨询的早期，主要针对个体治疗，到后来，一些精神分析师认为因夫妻存在连锁的神经症而主张对夫妻协调或联合治疗。不像婚姻治疗，婚姻咨询主要以修复受到

---

① Alan J. Hawkins, Will Legislation to Encourage Premarital Education Strengthen Marriage and Reduce Divorce? *Journal of Law and Family Studies*, 2007, pp. 79 – 80.

② Alan J. Hawkins, Will Legislation to Encourage Premarital Education Strengthen Marriage and Reduce Divorce? *Journal of Law & Family Studies*, Volume 9, 2007, pp. 91 – 92.

损害的关系为目标，不涉及重建过去。[①] 在婚姻出现危机的早期，进行婚姻咨询的介入是有必要的。在当事人婚姻发生危机的情况下，通过婚姻咨询，获得咨询人员的帮助，有可能化解当事人之间的矛盾，在婚姻不得不解体时，婚姻咨询有助于减少离婚过程中的对立情绪。在澳大利亚，家庭法规定了离婚诉讼案件的非诉讼服务，专门为分居或离婚当事人提供一定的帮助。该法设立了非诉讼过程中的家庭咨询员，专门帮助人们处理个人及与他人的婚姻问题或帮助因分居或离婚而受影响的人处理个人或与他人的问题以及涉及子女照管的问题。此外，该法还规定了离婚中的家庭顾问。家庭顾问除了给法院提供相关报告外，也可以向涉诉人员提供帮助和建议、帮助涉诉人员处理诉讼纠纷，向诉讼当事人提供适当的家庭咨询、家庭纠纷调解、课程、计划以及服务等建议。[②] 1996 年制定的《英国离婚法》也规定了大法官经财政部同意，可以拨款提供婚姻咨询服务、调查婚姻破裂的原因、研究防止婚姻破裂的措施等。在夫妻正在考虑婚姻的反省期和考虑期，或该反省期和考虑期中止等情况下可以向当事人提供婚姻咨询。[③]

2．创造婚姻和解的机会[④]

离婚是一种人际关系的破裂，在夫妻办理离婚手续前，这种关系存在修复的可能性。立法为当事人创造一定和解机会，无疑有助于减少轻率离婚。许多国家在离婚立法中规定了为当事人创造和解

---

① 徐汉明、盛晓春：《家庭治疗——理论与实践》，人民卫生出版社 2010 年版，第 24～26 页。

② 《澳大利亚家庭法》第 10B 条、第 11A 条，参见陈苇（项目负责人）：《澳大利亚家庭法（2008 年修正）》，群众出版社 2009 年版，第 54、61 页。

③ 《英国离婚法（1996 年）》，载中国法学会婚姻法学研究会编：《外国婚姻家庭法汇编》，群众出版社 2000 年版。

④ 调解过程一方面发挥着促进当事人和解的治疗性功能，另一方面发挥着妥善处理当事人之间的利益纠纷的功能。因此，调解的功能可以涵盖和解的功能。有的国家规定在调解过程中完成促进当事人和解的任务，有的国家规定了独立的和解程序，故本文将调解与和解分成两部分进行论述。

机会的措施，如1996年英国《家庭法》第1条规定，在离婚及分居或家事纠纷调解过程中，法院及当事人应遵循的基本原则是“不得违背婚姻制度；对可能已经破裂的婚姻，应该鼓励双方采取包括婚姻咨询在内的一切可能措施以维持婚姻”。[①] 1985年修订的《加拿大离婚法》采纳婚姻破裂原则作为离婚的法律原则，规定在夫妻分居1年，或夫妻一方有通奸行为或一方配偶对他方有身体或精神虐待行为的情况下，视为婚姻破裂。该法规定在离婚诉讼过程中法院应竭力促进离婚当事人和解，将促进离婚案件当事人和解的任务交给代理律师及审理案件的法官完成。该法规定，离婚诉讼中代理夫妻一方的出庭律师、诉状律师及辩护律师应提醒离婚诉讼中的夫妻注意离婚法中以促使夫妻双方和解为目标的规定，与该方配偶讨论夫妻双方和解的可能性，并告示该方配偶其知晓的有可能有助于达成和解的婚姻建议或指导性措施。离婚诉讼中代理夫妻一方的出庭律师、诉状律师及辩护律师有义务与配偶商讨与另一方配偶协商解决有关扶养令或监护令的合理性，以及为其提供其熟知的有可能有助于夫妻协商此类问题的解决措施。在律师向法院递交的任何启动离婚诉讼的案卷都应包括该律师已经遵守以上规定的说明。在离婚诉讼中，除了案件的性质使法院采取这种方式将明显不恰当以外，法院有义务在确信配偶双方的和解后已经不可能时，才考虑根据其他证据作出相应的判决。此外，在离婚诉讼的任何阶段，如果从案件的性质、证据方面或夫妻一方或双方的态度方面认为夫妻有可能和解，法院应延期审理该离婚诉讼以给夫妻双方提供达成和解的机会，并经夫妻双方同意或由法院自由裁量，任命婚姻咨询或婚姻指导方面有经验或受过训练的人员或其他合适的人员帮助夫妻达成和解。如果延期审理已经过了14天，经夫妻一方或双方申请可以恢复离婚诉讼。为了鼓励夫妻和解，该法规定了为达成和解所作的任何陈述、承认或通信内容不得在任何法律诉讼中作为证据被

① Family Law Act 1996 (UK), Section 1.

采纳。[①]

在澳大利亚，法律也规定应当尽量为离婚当事人争取和解的机会，这一任务是由非诉讼家庭服务以及法院任命的家庭顾问、审理案件的法官实现的。澳大利亚2008年修订的《家庭法》中专门规定了非诉讼家庭服务，主要规定离婚诉讼过程中的家庭咨询和家庭纠纷的调解。非诉讼家庭服务的目的在于确保正考虑分居或离婚的已婚夫妇被告知获得旨在帮助他们达成和解的服务；确保受到或可能受到分居或离婚影响的人被告知除依家庭法申请命令外还有其他解决纠纷的办法等。[②] 如果符合当事人的需要，对案件行使管辖权的法院可以指示一个或多个诉讼当事人向家庭顾问咨询。法院在家庭案件审理中有义务促进家庭咨询、帮助正考虑分居或离婚的已婚夫妇达成和解，在离婚案件或婚姻存续期间的财产诉讼案件及子女相关问题的诉讼中应随时考虑婚姻当事人和解的可能性，如果从诉讼中提交的证据或婚姻当事人的态度认为夫妻有和解的较大可能性，法院应中止该诉讼以促使当事人和解，并建议当事人参加家庭咨询或参加其他适当的人或组织提供的服务以争取夫妻和解。[③] 通过以上措施，离婚纠纷可以得到多元化的解决途径，而且保证了离婚或分居当事人获得争取和解的机会及相关帮助，有利于防止轻率离婚。

此外，《法国民法典》、《俄罗斯联邦家庭法典》等都规定了法院在审理案件中应当努力促进当事人和解，并给予当事人一定的考虑期或和解期限，法国的考虑期是8天，必要时可以延长至6个

---

① 1985年《加拿大离婚法》第9条、第10条，陈苇主编：《加拿大家庭法汇编》，群众出版社2006年版，第50～52页。

② 《澳大利亚家庭法》第12A条，陈苇（项目负责人）：《澳大利亚家庭法（2008年修正）》，群众出版社2009年版，第64页。

③ 《澳大利亚家庭法》第13B条，陈苇（项目负责人）：《澳大利亚家庭法（2008年修正）》，群众出版社2009年版，第68页。

月，俄罗斯的和解期是不超过3个月，英国的反省期是9个月。[①]

3. 防止轻率离婚的程序保障

在谈到法律对家庭生活的作用时，国外社会学家 William J. Goode 认为，虽然法律对于家庭生活的影响力有限，但法律在一些边缘地带确实会发挥作用。对于一些尚未完全决定离婚者，可以受到使离婚更困难的法律或行政程序的障碍的限制，并受为保护弱者设定的不可逾越的法律或行政程序上的障碍的影响。[②] 防止轻率离婚的程序性保障包括以下方面：

首先，为防止无限制的离婚自由，离婚必须遵守严格的程序。为防止婚姻的无序化，各国离婚法都规定离婚必须履行法定的程序。从罗马法开始，就对离婚规定了严格的程序。在罗马共和国初期，在丈夫休妻的时候，只要在书信上表达一定的语句就可以解除婚姻。但解除婚姻的程序过于简单，有损婚姻的严肃性，也容易导致婚姻的解体、家庭的不稳定。到了奥古斯都时期，改革了离婚程序，要求片面离婚也必须当着各证人的面进行，甚至要经过由元老院支持的类似今天的家庭法院的委员会裁决，否则离婚无效且当事人还要受罚金。[③] 离婚必须经过特定的程序，这一方面是为了婚姻的有序管理，另一方面也是对离婚自由最低限度的限制。离婚程序对过度的离婚自由的缓解作用在苏联的立法中就可以得到体现。在十月革命胜利之后，1918年《苏俄婚姻、亲属及监护法典》宣布废除宗教仪式婚，只承认世俗婚，确立了破裂离婚原则，在离婚方

---

① 罗结珍译：《法国民法典》252－1条，中国法制出版社2005年版，第234页；焉一美译：《俄罗斯联邦家庭法典》，张贤钰主编：《外国婚姻家庭法汇编》，群众出版社2000年版，第471页；1996年《家庭法》第7条、第11条，蒋月等译：《英国婚姻家庭法选集》，法律出版社2008年版，第233、236～237页。

② Marsha Garrison，Promoting Cooperative Parenting：Programs and Prospects，*Journal of Law & Family Studies*，Volume9，No. 1 2007，p. 268.

③ 徐国栋：《罗马私法要义——文本与分析》，科学出版社2007年版，第101～102页。

面规定了诉讼离婚及在双方自愿情况下由婚姻登记机关登记离婚。该法典是第一部摆脱民法典体系的独立的婚姻家庭法法典。1926年《苏俄婚姻、亲属及监护法典》进一步修改离婚法，简化离婚手续，废除了诉讼离婚制度，只承认登记离婚一种形式。由于离婚过于简单，导致苏俄离婚率急剧增加。1944 年苏俄再次修改其法典，取消登记离婚，恢复诉讼离婚并加大离婚的成本，离婚率才得到一定程度的缓解。1968 年《苏俄婚姻和家庭法典》明确规定法典的任务之一是进一步巩固建立在共产主义道德原则基础上的苏维埃家庭，对登记离婚加以限制，要求必须是双方当事人同意且无共同子女的情况才可以采取登记离婚，规定诉讼离婚必须以婚姻关系无可挽回地破裂为依据。① 复杂的离婚程序通过加大离婚在时间、费用等方面的成本，使离婚当事人有机会慎重考虑婚姻是否有存在的必要性，在一定程度上可以缓解冲动离婚。

为了维护婚姻的神圣性，尊重人们对婚姻的普遍需求，一些国家加大了离婚的程序性限制，即规定必须届满一定年限才允许离婚。英国 1973 年法案规定自结婚之日起 3 年内不得提起离婚诉讼，除非案件表明原告遭遇例外的困难，或者被告存在堕落的例外情况。后来议会考虑到 3 年的期限太长，1984 年将 3 年时间修改为 1 年。② 英国 1984 年实施的《婚姻与家庭诉讼程序法》仍然规定，对于那些婚姻难以维持而极力谋求离婚的夫妇来说也必须在婚后至少 1 年才可提出离婚诉讼，并且双方要尽最大努力进行调解，在调解无效的情形之下法院再进行受理。③ 这一立法也影响到新加坡的规定，其现行立法仍然规定结婚满 3 年才可以提起离婚诉讼，但原

① 叶秋华：《外国法制史》，中国法制出版社 2000 年版，第 109 ~ 110 页。

② ［日］利谷信义等：《离婚法社会学》，陈明侠、许继华译，北京大学出版社 1991 年版，第 136 页。

③ 曹瑞臣：《当代英国离婚态势与特征探析》，载《欧洲研究》2005 年第 2 期，第 138 页。

告遭到例外的困难或被告存在例外的恶行者除外。[1] 此外，瑞典、丹麦、葡萄牙、德国等都对协议离婚进行了严格的程序性限制。[2]

为尊重当事人的离婚自由及考虑其身份利益的特殊性，许多国家规定了协议离婚，但即使在承认因双方同意而协议离婚的情况下，立法也规定了严格的程序，如日本和俄罗斯规定由户籍登记机关登记离婚，丹麦和墨西哥向行政官员申请离婚。[3] 还有些国家规定协议离婚也必须经法院确认或审批，如《法国民法典》、《瑞士民法典》的规定。受婚姻不得离异的宗教观念的影响，以及为防止借“合意”之名轻率离婚、肆意离婚，甚至有国家并不承认双方同意情况下的离婚。[4] 法国对协议离婚采取严格主义立法，现行法典仍然保留了于婚后6个月内不得请求协议离婚的规定。而且规定提出协议离婚请求后需要经过3个月的考虑期，考虑期满后重新提起协议离婚请求，该请求权于6个月内消灭。[5] 此种严格的限制虽然与法国受天主教婚姻不得离异这一传统影响有关，但对当事人的意思自治加以一定的限制，防止当事人随意解除婚姻，体现了离婚程序性限制对人的关怀与照顾，尤其是防止离婚对配偶他方的严重伤害。

其次，一些国家规定了离婚等待期以防止当事人轻率离婚，包括离婚过程中的分居制度与离婚反省期，如法国、德国、英国、美国、澳大利亚、加拿大等许多国家规定了分居制度。英国法、法国法等有离婚反省期的规定。由于人性的非理性弱点，在夫妻发生矛

---

① Peter de Cruz, Family Law, Sex and Society, A Comparative Study of Family Law, Routledge, 2010, p. 191.

② 林秀雄：《婚姻家庭法之研究》，中国政法大学出版社2001年版，第247～249页。

③ 夏吟兰：《离婚自由与限制》，中国政法大学出版社2007年版，第110页。

④ 夏吟兰：《离婚自由与限制》，中国政法大学出版社2007年版，第107～108页。

⑤ 罗结珍译：《法国民法典》（上册），法律出版社2005年版，第230条、第232条，第215～216页。

盾的情况下可能会出现冲动离婚。冲动离婚不利于婚姻的稳定，也可能在非理性的情况下违背当事人的真实意愿而离婚。冲动离婚是无效的，这在罗马法上就得到了的体现。保罗曾经说，如果离婚的双方没有真正想要分离的想法，这不是离婚。在没有坚定地表达离婚意愿之前，仅在偶然情形下或者在发火的气头上讲的离婚并没有法律效力。在发火的气头上提出弃妻，如果妻子在短时间内回归，这不被认为是离婚。① 早在古罗马时代，法学家就否定夫妻之间冲动离婚的效力。现代社会，同样存在夫妻轻率离婚的事实。在离婚过程中设立离婚的等待期，可以为打算离婚者提供一个冷静考虑婚姻的机会，反省婚姻是否还有存续的可能性和必要性，为当事人婚姻关系的解除提供一个缓冲地带，有助于防止过于仓促而导致草率离婚的情况发生。在许多离婚案件中，如果矛盾无法正确地处理，就会导致矛盾进一步升级。一旦矛盾激化，加上没有更多的机会冷却相互间的矛盾，婚姻就可能最终解体。如果在当事人产生离婚的想法后就允许立即获得解除婚姻的判决或行政许可，有时并非符合当事人的真实意愿，也可能会粗暴地违背当事人的利益。给双方一定的等待期可能符合双方的利益，这其中的道理类似于合同解除中的宽限期。虽然义务人到了履行合同的期限未履行合同，但并非对方此时就可以直接解除合同，而是由守约方给违约方一定的宽限期，宽限期满违约方仍未履行义务的才可以直接解除合同，毕竟双方都能从合同的履行中获利。虽然并非每个当事人都能从婚姻中获利，但在一般情况下，婚姻是符合人的需求的。既然财产关系都能考虑当事人的利益需求，在解除一定的财产关系的情况下考虑一定的宽限期，更何况是解除婚姻关系呢？通过离婚等待期的规定，对当事人采取适当的心理介入、人际关系处理技巧的指导，可能会挽救一些感情尚未完全破裂的婚姻关系。关于离婚等待期的功能，有

① ［意］桑德罗·斯奇巴尼选编：《婚姻·家庭和遗嘱继承》，费安玲译，中国政法大学出版社 2001 年版，第 73 页。

学者是这样评价的：规定更长的离婚等待期或在夫妻同意离婚情况下对无过错离婚加以限制是放慢向离婚冲刺的步伐并赋予愿意维持婚姻关系的配偶方一定的权利；是“重视婚姻的诺言”；在进入一种新的关系前向配偶提供一个足以考虑获得咨询或和解的机会，并向不愿意离婚的配偶提供一个喘息的机会以便在离婚获得法律上的结果之前从情感上适应离婚。①

在分居时间上，不同国家规定存在一定差异，如奥地利规定夫妻分居 6 年，英格兰和威尔士为 5 年，瑞士和希腊为 4 年，意大利和葡萄牙为 3 年，法国为 2 年，丹麦、挪威和冰岛为 1 年就可以推定婚姻破裂。更重要的是，在离婚分居制度方面，考虑到不同情况下离婚过渡期对不同当事人的需求不同，国外一些国家对离婚过渡期的规定根据不同情况实行分级制。例如，在德国，规定离婚的唯一理由是婚姻破裂。但确认婚姻关系是否破裂时，德国法规定了一定情况下法院可以推定夫妻关系破裂，其中情形之一就是夫妻分居。在夫妻双方起诉离婚，或一方起诉离婚而另一方同意的情况下，则夫妻分居 1 年就可以认定婚姻破裂。但如果只是一方配偶请求离婚，则夫妻分居 3 年时法院才可以推定婚姻破裂。如果要求分居 1 年对提起离婚诉讼的一方可能造成不合理的困难（配偶另一方对该方有暴力行为、吸毒、传染性疾病等情况），可以不受分居 1 年的限制。《德国民法典》还规定虽然夫妻分居 3 年也可以判决不准离婚，即出现适用“困难条款”的情形（《德国民法典》第 1565～1569 条）。此外，英格兰和威尔士规定，如果夫妻分居满 5 年，新加坡规定为 4 年，冰岛为 1 年时就可以推定婚姻关系无可挽回地破裂。但如果夫妻双方都同意离婚，此分居期限可以缩短，如英格兰和威尔士规定夫妻分居 2 年，新加坡为 3 年，冰岛为 6 个月

---

① Marsha Garrison，Reviving Marriage：Could We？Should We？*Journal of Law and Family Studies*，2008，volume 10，p. 316.

时推定婚姻破裂。[①]

4. 实体法上的适度限制

虽然离婚法属于私法的范畴，私法的意思自治原则决定了当事人自己才是自己利益的最佳判断者，但若行为人的行为涉及他人及社会公共利益时，就不能完全凭借当事人的自治决定自己的行为。将离婚的个人成本和社会成本转给其他人或社会承担则是一种潜在的不公平，对离婚自由加以限制是社会公平正义的要求。德国法学家耶林认为，“法律的目的是平衡个人利益与社会利益，实现利己主义和利他主义的结合，从而建立起个人与社会的合伙关系”。[②]因此，离婚法需要考虑婚姻当事人及未成年子女对离婚成本的分担。对离婚进行限制是许多国家离婚法的重要内容。在美国，根据近年来美国“国家父亲动议”组织（NFI）的一项全国性的调查，94%的美国人同意离婚是重要的全民性问题，调查者中有将近六成的人认为如果离婚更困难会有利于社会。[③] 当然，离婚困难条款的规定是有限的，其目的不是对婚姻当事人离婚自由的无限限制，而是以对人的关怀为度。总的来说，离婚法对离婚的实体法限制主要包括以下内容：

一方面，离婚自由不得对未成年子女利益造成损害并不得对配偶他方造成重大不利后果。为防止将离婚的不利后果转嫁由他人承担，防止轻率离婚，一些国家对登记离婚加以限制。例如，《俄罗斯联邦家庭法典》第 19 条规定，在户籍登记机关办理的两愿离婚必须是夫妻结婚逾 1 年且无未成年子女的情况，否则需经诉讼程序离婚。为了保护配偶他方或未成年子女的利益，一些国家规定了

① Peter de Cruz, *Family Law, Sex and Society, A Comparative Study of Family Law*, Routledge, 2010, pp. 26 – 27, p. 192.

② 张文显：《二十世纪西方法哲学思潮》，法律出版社 2006 年版，第 108 页。

③ *National Fatherhood Initiative, With This Ring……A National Survey on Marriage in America* 29 (2005), available at http://www.fatherhood.org/doclibrary/nms.pdf. 2010 – 10 – 04.

"困难条款"或"苛刻条款"，也就是即使在婚姻破裂的情况下，如果离婚可能会给对方或未成年子女造成严重的困难时，不允许离婚。《法国民法典》规定，因夫妻共同生活破裂而离婚的情况，如配偶一方的精神功能严重受损，夫妻之间无任何共同生活已达6年，并且按照最合于情理的预计，此种损害在将来亦不可康复时，夫妻也可以请求离婚。但如离婚有可能对该配偶一方的疾病造成极严重的后果，法官得依职权驳回离婚申请。如果夫妻一方以共同生活破裂而请求离婚，另一方配偶能证明，鉴于其本人的年龄与结婚时间，离婚对其本人与子女在精神与物质上均会引起极为严重的后果时，法官得驳回离婚申请。[①] 英国1996年《家庭法》规定，如果解除婚姻关系将给另一方或子女造成严重的经济困难或其他困难（包括丧失获取未来利益的机会及丧失现存利益的机会）的，并且综合考虑各种情形，解除婚姻可能是错误的，则法院可以命令不得解除婚姻。[②]《德国民法典》（第1568条）、《日本民法典》（第770条）也有类似的规定。还有国家规定离婚协议不得对配偶他方及未成年子女不利。例如，《法国民法典》规定了协议离婚和诉讼离婚，在协议离婚的情况下，如法官确认协议离婚对子女的利益或者对一方配偶的子女利益保护不够，得拒绝认可该协议，并不得宣判离婚。我国《澳门民法典》规定夫妻结婚逾1年可以申请两愿离婚。不管是诉讼离婚还是两愿离婚都必须经法官或民事登记官调解，在调解过程中试行对夫妻进行和解。如果调解不成，应对涉及需扶养配偶的扶养、对子女亲权及家庭居住等问题进行审查。如果夫妻的协议不足以保障夫妻一方或子女的利益，法官在听取夫妻双方意见后修改协议的内容；或者责令夫妻限期修改，逾期不修改

---

① 罗结珍译：《法国民法典》（上册），法律出版社2005年版，第230、232、238、240条，第215~216，221、222页。

② 《1996年家庭法》第10条，蒋月等译：《英国婚姻家庭法选集》，法律出版社2008年版。

者，或者修改不足以保障夫妻双方或子女的利益，驳回离婚诉讼请求。[①] 此外，《德国民法典》、《保加利亚民法典》、《比利时民法典》及我国台湾地区“民法典”等均规定在离婚协议违反子女利益时，法院可以拒绝批准离婚。[②] 虽然婚姻法是私法，但并非意味着法律面对离婚就无所作为。

另一方面，改革破裂主义离婚立法以防止轻率离婚。为了克服破裂原则下的轻易离婚，一些国家改革破裂离婚法。在美国，1969年加利福尼亚州在其《家庭法》中采纳破裂原则作为判决离婚的法律原则，废除了过去以过错为基础的离婚，成为美国第一个采纳离婚破裂原则的州。该法规定只要夫妻之间因“不可调和的分歧导致婚姻关系无可挽回地破裂”，婚姻即可解除。1970 年美国法律委员会制定了指导性的《统一结婚离婚法》，该法也采纳了破裂离婚原则。此后，美国其他州在极短的时间内修改其离婚法，纷纷采纳破裂离婚原则。到 1989 年，美国已经有 49 个州和哥伦比亚特区采纳“无过错离婚”原则。[③] 但无过错离婚原则的采纳，在美国产生了大量社会问题，如破裂离婚法对稳定婚姻不利，削弱了婚姻义务，促成了离婚率的上升。与过错离婚法相比，适用无过错离婚法后监护子女的母亲和他们的孩子比以前这类母亲和孩子生活更加艰难等。因此，国外学者在考察美国无过错离婚法后提出应当改革无过错离婚法的建议，提出当代离婚法必须反对草率地、不成熟地终止尚未破裂的婚姻关系。对因离婚受到伤害的夫妻提供法律机制以表达她们的剥夺感并认可她们在婚姻期间相对良好的操行，要求父母延缓适用法律调整家庭问题的时间，以避免对子女的心理和经济

---

① 中国政法大学澳门研究中心，澳门政府翻译办公室编：《澳门民法典》，中国政法大学出版社 1999 年版，第 1630 ~1633 条，第 415 ~416 页。

② 夏吟兰：《离婚自由与限制》，中国政法大学出版社 2007 年版，第 113、133 页。

③ 薛宁兰：《无过错离婚在美国的法律化进程》，载《外国法译评》1998 年第 4 期，第 80 页。

上造成严重伤害。[①] 由于破裂离婚主义越走越远，一些州的立法机关提议“反对离婚改革”，另有一些州在离婚法中恢复了过错的适用。在美国，大多数州仍然保留了传统的过错离婚制度，只是将无过错离婚作为一种供当事人选择的补充。在美国，有 33 个州保留了过错与无过错原因并存的局面。[②] 除美国之外的很多国家，如法国、意大利、希腊、英国、加拿大等在规定破裂原则时都规定了要考虑婚姻期间的过错，即采破裂与过错相结合的混合原则作为判决离婚的法律原则。美国一些州还允许当事人在法律婚姻与契约婚姻之间选择，允许婚姻当事人采纳契约婚姻形式以排除无过错离婚法在婚姻当事人之间的适用，允许当事人约定只有在重大的婚姻过错，如虐待、吸毒、监禁或遗弃等情形下才能离婚。1997 年，路易斯安那州首先采纳“契约婚姻”，规定只有在符合狭窄的过错离婚理由或分居达到一定时间双方才允许离婚。[③] 此外，亚利桑那州、阿肯色州也通过了契约婚姻立法，另有 20 多个州也在考虑契约婚姻立法。

总之，通过立法防止轻率离婚是符合当事人及未成年子女利益的。国外心理学家约翰·戈特曼对 200 多对夫妇进行 20 多年采访和研究后得出的结论是：“导致婚姻继续或结束的因素不是冲突本身，而是配偶之间解决冲突的方法和能力。”[④] 由于夫妇间解决冲突的方法和能力对婚姻关系的维系起着至关重要的作用，婚姻指导与服务对化解婚姻期间的矛盾和冲突，维持婚姻的稳定是必要的。在实行“破裂离婚”原则下，许多国家并非对离婚放任不管，而

---

① Lynn D. Wardle, No - fault Divorce and the Divorce Conundrum, *Brigham Young University Law Review*, 1991, p. 136.

② Peter de Cruz, *Family Law, Sex and Society, A Comparative Study of Family Law*, Routledge, 2010, p. 87.

③ 陈苇（项目主持人）:《美国家庭法精要》，中国政法大学出版社 2010 年版，第 192、195、199 页。

④ 李维：《社会心理学新发展》，上海教育出版社 2006 年版，第 397 ~ 398 页。

是采取多种措施巩固健康的婚姻关系、减少离婚发生。事实证明，婚姻挽救机制是符合离婚当事人的需求的。美国“国家父亲动议”组织的调查显示：在美国，86%的被调查者认为所有打算结婚的人应获得婚前咨询，47%的人认为应当获得强制性的婚前咨询。在问及已经离婚者是否希望尽力挽救婚姻或期望对方挽救婚姻时，大约2/3的被调查者作出了肯定回答。[①]

三、保障弱者权益

(一) 离婚弱者产生的根源分析

如前述分析，离婚自由是契约自由精神的体现，这种自由是以“理性人”假设为前提的，但家庭中存在着强势和弱势的区分。离婚女性的弱势地位是社会多种因素的结果，而未成年子女因理性发育不完备也成为离婚弱者。保障离婚弱势群体权益是离婚法“以人为本”的应有之义。

1. 离婚女性弱势地位的根源分析

离婚女性成为弱势群体，这只是一种现象，值得探讨的是其背后的根源。根据学者对一些未开化部落的考察，一些民族中离婚是罕见的，一般情况下婚姻都可以维持终身，而一些民族中离婚却是经常发生的事情，婚姻往往只是维持很短的时期。在离婚开放的部落中离婚的做法也大不相同，有的部落只有丈夫有离婚的权利，妻子没有此种权利，而有的部落则反之。[②] 该学者考察发现，在旧石器时代，男女之间存在着一定的分工，通常由男性从事狩猎活动，女性则采集食物，而女性采集的食物经常比男性捕猎的食物多。“在旧石器时代的几百万年中，男女平等比此后的任何时代都做得

① *National Fatherhood Initiative*, *With This Ring... A National Survey on Marriage in America* 29 (2005), p. 4. http//: www. smartmarriages. com/nms. pdf. 2010 - 10 - 04.

② ［芬兰］E. A. 韦斯特马克：《人类婚姻史》，李彬译，商务印书馆 2002 年版，第 1167 ~ 1176 页。

好，其主要原因就在于当时的女性对于团体获得的食物的贡献不说大于男性，至少也是同等的。”[①] 此种男女之间的平等状况在简单的新石器时代继续存续，直到人类进入到文明社会，此种平等状态才被打破。该学者认为，两性关系不平等的原因主要有两个，一是随着犁和灌溉技术及冶金等新技术的出现，妇女难以参与到新型的农业耕种中，女性作为与男性同等的食物提供者的地位开始下降，女性更多地被限制在家庭中，第一次出现了女人做“家务活”，男人做“家外活”的区分。另一个原因则是私有财产继承的出现，使得男人为了保证他们作为继承人的父亲的身份，而对妇女的性活动严加防范。[②]

马克思认为：“我们过去的社会关系中继承下来的两性的法律上的不平等，并不是妇女在经济上受压迫的原因，而是它的结果。”[③] 在一夫一妻制产生之前的共产制家庭中，妇女料理家务的劳动和男子的劳动一样，都是作为社会所必需的劳动。但“随着家长制家庭，尤其是随着一夫一妻制个体家庭的产生，情况就改变了。家务的料理失去了自己的公共性质。它不再涉及社会了。它变成了一种私人的事务，妻子成为主要的家庭奴仆，被排斥在社会生产之外”。[④] 而丈夫与妻子的二元活动领域的划分显然不是一夫一妻制度的必然结果，而是妇女社会地位低下的体现，之所以在一夫一妻制确立后妇女的地位被限定在家庭私有领域，被排斥在社会生产之外，主要原因是母系氏族衰落后父权制的确立，正如恩格斯所言：“母权制的被推翻，乃是女性的具有世界历史意义的失败。”[⑤]

---

① ［美］斯塔夫里呵诺斯：《全球通史》（第 7 版），董书慧等译，北京大学出版社 2005 年版，第 8 页。

② ［美］斯塔夫里呵诺斯：《全球通史》（第 7 版），董书慧等译，北京大学出版社 2005 年版，第 57 ~ 58 页。

③ 《马克思恩格斯选集》第四卷，人民出版社 1972 年版，第 69 页。

④ 《马克思恩格斯选集》第四卷，人民出版社 1972 年版，第 69 ~ 70 页。

⑤ 《马克思恩格斯选集》第四卷，人民出版社 1972 年版，第 70 页。

可见，人类并非从一开始就存在男女之间的不平等，也不是男性自人类之初就在离婚方面就享有特权。从上述分析看，女性成为弱势群体，并非女性的生理性别使然，而是多种社会因素的结果。首先是社会发展过程中因男女生理差异而导致分工的不同，此种分工被后来的公私二元领域划分所固化，男女之间生理上的差异被夸大并以此为基础建立起以男权为中心的父权制社会。私有财产继承的出现及对女性的一夫一妻制的片面要求以及此后的哲学观念进一步巩固了两性间的不平等关系，一些法律制度更是使两性不平等关系合法化，固化了男女之间的不平等。这些共同形成了女性成为弱势群体的原因，其中的根源在于父权制的建立。

父权制又叫男权制，泛指一切以男性价值和观念为中心的一种意识形态。迄今为止，男权制是几乎所有社会形成的一种文化现象，其内容包括男性统治、男性认同、将女性客体化及男权制的思维模式。① 父权制观念下，男性优于女性，女性只是屈从于男性的“二等公民”。在这样的观念下，进一步将男性的活动范围进行划分，认为男人属于公领域，女人属于私领域。这种二元领域的划分，使女性被限定在家庭中，其社会活动由男性代理。迄今为止发现的人类最早的法律就是以父权制为基础构建的。据学者考证，古代西亚地区是人类最早的文明发源地之一，古代西亚地区的苏美尔人制定了古代西亚最早的，也是人类目前发现的最早的法律《乌尔纳姆法典》。该法典规定妇女并非生而自由，其自由取决于她是否拥有家长权。该法典第 6 条、第 7 条是有关离婚的法律条文，说明当时的婚姻主动权掌握在男方之手，也表明丈夫在家庭中的中心地位。此后约公元前 20 世纪西亚制定的《苏美尔亲属法》、约公元前 18 世纪的《汉穆拉比法典》、约公元前 15 世纪的《赫拉法

① 李银河：《女性主义》，山东人民出版社 2005 年版，第 6 ~ 7 页。

典》都规定了夫妻之间以男性为中心。[①] 直到19、20世纪的民法典也几乎无一例外地保留有父权制的痕迹。例如，1804年《拿破仑民法典》虽然以平等为其基本原则，但在婚姻家庭中，丈夫是一家之长，享有对妻子和子女的绝对权力。将近一个世纪之后制定的《德国民法典》，具有典型的“保守主义和父权思想”的混合特征。在其保守性方面，被评价为“与其说是20世纪的序曲，毋宁说是19世界的尾声”。其保留的父权痕迹体现在将婚姻生活事宜的决定权和全部亲权都规定属于丈夫。在英美法系国家，普通法上对婚姻家庭法的规定也都是以父权制为特征的。

父权制之所以根深蒂固，除了一些法律将男女不平等合法化外，还与人们的旧观念有关，一些哲学家、思想家也极力鼓吹父权制存在的合理性，主张男性优于女性，女性依附于男性，主张“男主外，女主内”的公私二元划分，为父权制寻找合理的借口。在西方，对女性地位的探讨早在古希腊就已经开始，但哲学视野里的女性是以“二等公民”形象出现的。例如，亚里士多德公然宣称：有些人在诞生时就注定将是被统治者，另外一些人则注定将是统治者。强调男性统治女性，女性依附于男性是社会正常现象，就像成年人对未成年儿童的管理一样。“父子关系好像君王的统治，夫妇关系则好像共和政体。就天赋来说，妇随是合乎自然的，雌强雄弱只是偶尔见到的反常事例：犹如年长者指挥年幼者、成年人治理未成年儿童也较为相宜。”[②] 因此，丈夫就像君王一样终身受到妻子的敬重。在此后的西方哲学思想中，一直未停止对女性的偏见。许多大哲学家甚至极力贬低女性，为男性统治女性寻找合理的借口。

---

① 何勤华、魏琼主编：《西方民法史》，北京大学出版社2006年版，第4、8、20、24、29页。

② ［古希腊］亚里士多德：《政治学》，吴寿彭译，商务印书馆1983年版，第13、36页。

卢梭是法国大革命时期启蒙运动的思想家，其主张天赋人权、人人生而平等，但其认为女性对男性的服从是大自然的馈赠，是大自然不可抗逆的自然法则和安排。卢梭在《爱弥儿》中谈论到对女性的教育时，完全体现了卢梭对女性的态度。卢梭认为，女子教育的目的是把女子培养成为贤妻良母，是为了使男子喜欢及为了生育健康的孩子。卢梭认为道德教育是为了端正女子的自身行为，培养女子内在的良知以及使女子时刻注重公众注意。德国古典思想家、哲学家费希特认为，夫妻之间的结合是一种良心和意志的结合，结婚之后，妻子就丧失了自己的独立人格，并丧失了在公共生活中露面的机会，婚姻意味着妻子将她所拥有的全部财产和她在国家生活中独享的各种权利都同时转交给了丈夫。“丈夫成了她的保护人，他成了她的合法监护人；他出现在她的全部公共生活中；她只保留了家庭生活。”“所有公的法律活动都由丈夫执行。”① 女性的法权基础是女性必须服从男性，“未婚妇女受父母支配，已婚妇女受男人支配”。② 在离婚方面，费希特对男女提出不同的法权保护标准，在同样的情形下，首先考虑的是丈夫的利益和意愿。甚至在已婚妇女遭到强奸的情况下只能由丈夫提起诉讼，如果丈夫不提起诉讼，妇女自己则不能提起诉讼。黑格尔也主张男女在公私领域的二元划分，他认为在家庭财产方面，家庭是法律上的人格，在家庭的对外关系上，以身为家长的男子为代表。他认为男子现实的实体性的生活是在国家、在科学等方面，而女子是在家庭中获得她的实体性规定，女性的伦理性的情绪就在于守家礼。女子的归宿在本质上存在于结婚，而男子在家庭之外还有一个伦理活动范围。③ 叔

---

① ［德］费希特：《自然法权基础》，谢地坤、程志民译，商务印书馆2004年版，第324、325页。

② ［德］费希特：《自然法权基础》，谢地坤、程志民译，商务印书馆2004年版，第317页。

③ ［德］黑格尔：《法哲学原理》，范扬、张企泰译，商务印书馆1961年版、2007年印刷，第182～183页。

本华哲学中用了很长篇幅谈论女人，在他眼里，男性比女性高贵。他认为女性最适于担任养育婴儿及教育孩童的工作，因为女性本身就像个孩子，既愚蠢又浅见，她们的思想是介于男性成人和小孩之间。女人短暂的美丽是俘获男人的感情的，除此之外，其他事情都是无足轻重的。女人无所事事，她们唯一所思虑的，无外是如何恋爱，如何俘获男人及与此相关的事情。女人只是为种族的繁殖而生存，甚至情愿为种族而牺牲个体。女人矫饰做作、倨傲、非理性、狡诈、虚伪、轻佻，缺乏艺术修养、俗不可耐。[①] 总之，在叔本华眼里，女人在任何方面都劣于男人，凡是能贬低女人的词都可以用在女人身上。二元领域的划分隔断了女性与社会的联系，将女性屏蔽在家庭的幕后，不能参与前台的活动。这种传统的基于性别的分工模式严重地束缚了女性的发展，这样，一方面，这一传统的划分通过法律制度的规范堂而皇之地被合法化；另一方面，"家庭作为公共领域和私人领域划分的传统标准制约了法律将正义带入家庭。而这一点，又假以家庭隐私权理论而获得了正当性"。[②] 父权制在人类几千年发展演进过程中得以存续，男尊女卑观念固化了父权制的存在。

在中国，早期的孔子非常重视夫妻关系，视"夫妇"为人伦之始。孔子主张"夫妇之道，不可以不久也"[③] 及"夫妇和"[④] 的思想，主张夫妻互敬互爱，主张丈夫应尊重其妻子："昔三代明王之政，必敬其妻也，有道。妻也者，亲之主也，敢不敬与?"后来韩非子受《管子》人性"自利"和荀子"人性恶"的影响，坚持"人性利己"的观点，认为即使是夫妻之间，父母子女之间都是"用计算之心以相待"。基于此观点，韩非子提出了完全不同于孔

① 李瑜青主编：《叔本华文存》，上海大学出版社 2006 年版，第 48 ~ 57 页。

② 周安平：《性别平等的法律进路之批判》，载《法商研究》2004 年第 3 期，第 81 页。

③ 《易传·序卦》。

④ 《礼记·礼运》。

子的人伦思想，认为“臣事君，子事父，妻事夫，三者顺则天下治，三者不顺则天下乱。此天下之常道也”。韩非子从人性邪恶的角度，否定夫妻之间存在高尚的情感，认为夫妻之间只存在利益关系。认为妻子对丈夫的顺从是符合常道的，是自然之事。及至汉代董仲舒提出大一统思想，大大地改造了儒家思想，在法家韩非子的基础上提出“三纲”概念以利于统治阶级地位的维护。后来班固在《白虎通·三纲六纪》中正式提出“君为臣纲、父为子纲、夫为妇纲”的“三纲”思想。[①] 自此，以维护封建专制统治为目的，强调男尊女卑、男主女从的“三纲”思想确立起来，与封建的“仁、义、礼、智、信”五常相结合，成为了中国几千年来禁锢压制女性的工具，使中国女性多年来生活在屈从的枷锁之中。

总之，女性并非因其生理性别而成为弱者，而是社会多种因素导致其弱势地位的形成。对离婚女性权益的关注应放在社会大背景下去寻找其成为弱势群体的根源，并关怀保障其合法权益。社会导致离婚女性的弱势地位，对离婚女性的权益保障是实现夫妻实质平等的需要，自然应成为离婚法的人文要求。

2. 父母监护、抚养未成年子女的根据

父母子女作为一种特殊的社会关系，自有法律以来，立法就规定了父母子女之间的权利和义务，其中包括规定父母对未成年子女的抚养义务，即使父母离婚后也如此。法律规定此种义务的哲学基础何在？

在人类社会早期，父母对子女的抚养监护义务是以子女作为父亲的私有财产而对待的。在古代的罗马法上，子女处于家父统治之下，子女与其他人包括家庭中的奴隶一样，只是家父权之下的客体，不能成为权利的主体。家父的支配权包括对妻子（夫权）、子女（父权）及奴隶或被卖给“家父”或为赎罪以其他方式转让给

---

① 徐儒宗：《人和论——儒家人伦思想研究》，人民出版社 2006 年版，第 14～15 页。

“家父”做“家子”的权利。[①] 将子女作为父母的私有财产看起来父母可以像保护自己的私有财产一样保护子女的利益，但未将子女当做权利主体而是当做“非人”看待，抹杀了子女作为人的本性，是从家族本位角度规定对子女的抚养教育义务，未突出子女的主体地位。

在英美法上，持续几个世纪之久一直以子女为父亲的私有财产。在英美法上，19 世纪以前一直将子女看做类似父母私有财产的方式处理子女问题，认为父亲是子女的天然监护人，掌握着子女的教育、宗教信仰等权利，子女的抚养义务由父亲行使，在子女被诱拐或被引诱离家出走的情况下由父亲代为提出侵权诉讼。虽然当时离婚很少，但离婚后子女的监护也由父亲行使。大陆法系的法国、德国、日本及我国等曾经都经历过将子女作为父母私有财产对待的立法。这种状况，一方面是男权观念和等级制的体现，另一方面对子女的利益也不利。随着工业革命的到来，自然法理论的发展与传播，妇女运动及儿童权利运动的开展，妇女对子女的抚养义务得以确立，且以儿童利益作为判断父母对子女的抚养义务的标准也确立起来。直到 1970 年，美国许多州才确立了父母双方对子女的抚养义务。1989 年英国《儿童法》废止了以父亲身份确立子女监护的规定。

子女作为父亲的私有财产的观念否定了子女的独立人格，随着资产阶级革命的开展，资产阶级自由、平等思想的传播，亲子法也发生了巨大的变化。17 世纪英国古典自然法思想家洛克提出了“天赋人权”思想，主张人人生而平等，人人有根据自己的意志做不损害他人利益的事情。除了承认母亲与父亲一样对子女享有同等的权利外，洛克在解释夫妻及父母子女家庭关系时，他完全抛弃基督教的原罪理论，主张“白纸说”。认为并非像基督教宣扬的那

---

① ［意］彼德罗·彭梵得：《罗马法教科书》，黄风译，中国政法大学出版社 1992 年版，第 116 页。

样，人从一开始就带有原罪，人之初是一张白纸。人与人之所以产生差异，后期发展过程中外界起着至关重要的作用。洛克认为，官长对于臣民的权力，同父亲对于儿女的权力、丈夫对于妻子的权力是可以区别的。人是生而自由的，也是生而理性的，而子女的理性是逐步形成的，父母有义务对儿童没有长成期间负有管教的义务，培养儿女的心智并管理其未成年期间的行为，直到子女获得理性。因此，父母对子女的管教是暂时的，一旦子女获得了独立的理性，子女就和父母享有同等的自由。[①] 因为未成年子女理性发育得不完善，认为在子女未成年之前"放任其享有无限的自由，并不是让他得到本性自由的特权，而是把他投入野兽之中，让他处于野兽一样的不幸状态，远远地低于人所处的状态"。[②] 因此，父母应保护未成年子女。

孟德斯鸠认为，父母有养育子女的天然义务，这促成了婚姻的成立。人类的子女是有理性的，但他们的理性是逐渐成长的，不但要喂养他们，而且要引导他们。当他们已经能够生活的时候，他们还是不能管理自己。父母对子女的抚养监护是为了弥补其理性的不足，是对子女的保护。德国哲学家康德认为，父母保护和抚养子女的义务是因为父母联合体繁衍的事实而产生，但其同时承认，儿童作为人，就同时具有天赋权利并有权获得父母的细心照料，直到他们有能力照顾自己为止。康德认为儿童的权利是天赋的，父母的抚养保护义务是对儿童天赋权利的保护。因此，子女从一出生就具有人格，父母不能将子女视为自己的制造物，不能将一个享有天赋自由的人设想为是经过一种物质程序产生的生命。父母无权像毁掉自己财产那样可以毁掉孩子，也不能让孩子听天由命。父母必须有权

① ［英］洛克：《政府论》（下），叶启芳、瞿菊农译，商务印书馆 2009 年版，第 36 页。

② ［英］洛克：《政府论》（下），叶启芳、瞿菊农译，商务印书馆 2009 年版，第 39 页。

管教和训练他们的子女。[1] 康德认为子女受抚养的权利是“天赋人权”，已经考虑到了未成年子女作为独立的个体，父母的抚养义务之下并无任何特权，在子女独立地位的获得方面具有重要的意义。1804 年《拿破仑民法典》规定父母对未成年子女的抚养义务在某种程度上反映了此种思想，该法典第 203 条规定，夫妻基于结婚的事实，负抚养、教育其子女的义务。现代许多国家规定父母对子女的抚养义务首先是基于夫妻身份生育子女这样一种事实，即在父母子女之间建立起抚养关系，这也是与此种哲学思想相一致的。

父母对未成年子女的监护抚养义务是基于未成年子女生理、心理发育的不完备。对于未成年子女，虽其心智、能力发育不健全，但其作为人已经具备了作为人的主体资格，在某些方面虽然弱而愚，但其权利的享有与其他强而智的人没有任何区别。父母对未成年子女的监护抚养义务，是未成年子女享有的权利，此权利的享有是因为未成年子女理性不足。父母对子女无任何特权，父母抚养监护子女是为了保护未成年子女的利益，弥补其理性之不足。

（二）弱者权益保障的人文基础

离婚弱势群体属于人类社会的一分子，同属于人的范畴。不管何种原因，既然人文主义要求体现人的价值和尊严，则应对离婚弱势方提供制度性保障。对离婚弱势群体权益保障具有以下人文基础：

首先，对离婚弱势方的人文性关怀有利于发扬人性善的优点。对离婚弱势方的人文性关怀，既是人性的需要，也是“人性善”的体现。弱势群体作为一个相对的概念，在不同历史时期，不同的语境下有不同的内涵。人存在个体的差异，有强弱之分，如何面对弱势群体？对弱者是遵循生物进化中的优胜劣汰还是给予特殊的人文性关怀？对此问题，历史上不乏主张实行自然界的“适者生存”

---

① ［德］康德：《法的形而上学原理——权利的科学》，沈淑平译，商务印书馆 2008 年版，第 98 ~ 101 页。

观点者。古希腊前期智者派代表主张“弱肉强食”，认为“正义就是强者的利益”，“优者比劣者多得一些是正义的，强者比弱者多得一些也是正义”。[①] 斯宾塞更是将进化论用于解释国家和社会，认为国家与社会同自然界一样，也是一个由简单到复杂，不断进化的有机体，人与人之间的关系也是“生存竞争”、“强存弱汰”的关系。[②] 功利主义法学派也认为，为实现社会大多数人的幸福可以牺牲少数人的利益。上述哲学思想过于强调强者的利益而缺乏对弱者的人文关怀。德沃金认为必须抛弃功利主义，因为功利主义可以被用来而且一直被用来论证蔑视少数人的权利。[③] 根据罗尔斯的正义观，正义否认为了绝大多数人的利益而损害另一些人的自由的正当性，每一个正义的社会中，公民的平等自由权利是不容置疑的。[④]

人类生存的环境不是竞技场，人也不是野蛮的竞技场中的兽类，人作为人有人性，人性的优良品质诸如人与人之间的善良、关心、合作、互助、怜悯会在他人处于弱势的场合发扬。当弱势群体面对强势群体时，既不能以牺牲作为少数人的弱势群族的利益，也不能适用“强存弱汰”的原则，“法律是一个充满意义的世界，蕴含着人的精神和正义感，而不是动物界的丛林法则”。[⑤] 通过对弱势群体的关怀，可以发扬人性的优点，满足人的需求，维护每个人的利益，实现社会的正义。如果对弱势群体的利益熟视无睹，是对人性善的压抑，不利于发扬“人性善”的优点。对弱势群体的保护和关怀是人类自古以来的普遍价值，在人类早期的法律里就体现了关怀弱势群体的人文性立法，如《汉穆拉比法典》第 148 条就规定，倘自由民娶妻，妻病癞，而彼欲另娶，则彼可另娶，唯不应

---

① 谷春德主编：《西方法律思想史》，中国人民大学出版社 2004 年版，第 32 页。
② 张文显：《二十世纪西方法哲学思潮研究》，法律出版社 2006 年版，第 94 页。
③ 张文显：《二十世纪西方法哲学思潮研究》，法律出版社 2006 年版，第 60 页。
④ 赵敦华：《西方哲学简史》，北京大学出版社 2001 年版，第 251 页。
⑤ 侯健、林燕梅：《人文主义法学思潮》，法律出版社 2007 年版，第 28 页。

离弃其病癞之妻；其妻得居于彼所建房屋内，彼应赡养其妻，以终其生。从1804年《拿破仑民法典》开始大陆法系国家民法典及英美法系法律无不在离婚法里规定对离婚经济弱势者的救济制度，这都体现了人性善的一面。

其次，对离婚弱势方的人文性关怀是保障离婚女性人权的要求。经济是生存和发展的基础，一些离婚贫困女性显然在很大程度上还难以解决温饱问题。若离婚后还要抚养未成年子女，将直接影响离婚女性参与就业，进一步加剧离婚后生活困难。如果离婚女性的生存权得不到保障，对其接受再教育、进行职业技能的培训、参政议政等发展权显然会造成严重的影响。而接受再教育、参政议政等发展机会的不平等，反过来又进一步加大离婚女性的经济贫困，形成恶性循环。女性的生存权和发展权都是应当受到法律保护的基本人权。联合国1986年公布的《发展权利宣言》第1条明确规定："发展权利是一项不可剥夺的人权，由于这种权利，每个人和所有各国人民均有权参与、促进并享受经济、社会、文化和政治发展，在这种发展中，所有人权和基本自由都能获得充分实现。"在保障个体发展权方面，"各国对创造有利于实现发展权利的国家和国际条件负有主要责任"。离婚女性的经济贫困制约其发展权的实现，发展权作为基本人权，对人类其他人权的实现发挥着重要的保障功能。如果离婚女性发展权无法实现，既剥夺了其人权，同时为人权的实现设置了严重的障碍。因此，国家应承担起责任，消除离婚女性的经济贫困，保障每个个体享有平等的机会全面发展，充分保障离婚女性有机会享有普通人同样的生存权和发展权，而这些，应是以基本生存权的保障为条件的。如果离婚女性的基本生存权都无法满足，其在社会政治、经济、文化等活动中的权利就会受到一定的限制，女性的价值就难以完全发挥出来。人文主义离婚法应在保障离婚经济弱势群体权益方面根据经济贫困产生的根源，制定相关法律措施，保障每个人基本生存权和发展权的实现，构建和谐的社会关系。

对离婚经济弱势方权益保障的另一个重要理由在于对未成年子女人权的保障。作为人文主义中的“人”不仅仅包括离婚当事人本人，还包括相关利害关系人，即子女。在实践中，法官多数情况下判决离婚后由母亲直接抚养监护未成年子女，这往往会加剧离婚女性的贫困化。如果放任离婚后女性的经济贫困不管，就等于承认了离婚子女应与母亲一起承受父母离婚后的经济贫困，这无异于将离婚的成本转由子女共同分担。更重要的是，经济上的贫困会在代际间发生传递，使未成年子女及其后代也深受经济因素的困扰，影响子女及其后代的发展。

最后，对离婚弱势群体权益保障是人文主义维护人的尊严的要求。“人的尊严是人在现实社会生活中独立而不可侵犯的中心地位或身份。”① 人之为人有人的尊严，人的尊严是基于人性，基于对人独特价值的承认及“每个人对于自己都是有价值”的命题和判断。作为多面性的人包括高尚和卑微的本性，“人就是能够保持低微的高贵和高贵的低微这一对矛盾的统一体，尊严正是人对高贵扬弃低微所作出的肯定和嘉许”。“如果低微压倒了高贵而居于主导地位，人就丧失了尊严。”② 人的善恶并存的本性决定了维护人的尊严是立法的任务之一，尊严是人战胜邪恶、成为高尚人的前提。人的尊严是人的精神需求的一种，由于人的需求感的满足，人性的尊严得到了维护，以便能以一种积极的心态参与社会，以追求更高层次的需求，推动人不断作出新的努力。人在不同层次的需求的满足感使人朝着符合社会发展的和谐的方向向前不断发展。维护人的尊严可以鼓励和发扬人的优点，使人不断向善的方向发展。

文艺复兴时期的人文主义强调人的独立性，强调人作为人具有做人的尊严，认为人的自由、平等及尊严是人的属性。人文主义法

---

① 杜宴林：《法律的人文主义解释》，人民法院出版社 2005 年版，第 64 页。

② 任丑：《人权视阈的尊严理念》，载《哲学动态》2009 年第 1 期，第 27～28 页。

学派反对经院哲学和罗马教会，就是因为经院哲学和罗马教会对人性的蔑视，对于人的尊严、意志和需要的忽视。人文主义者认为“法律的价值在于维护人的尊严和保障人的现实利益”。[①] 文艺复兴时期人文主义者皮科·米朗多拉在《论人的尊严》的演讲录中宣称人不同于狗和狮子等动物，人是自己的主人，有自己的尊严：任何动物的活动都受到它本性的限制，狗只能像狗那样生活，狮子也只能像狮子那样生活。可是人却相反，人没有强制自己应该如何生活的本性，人没有使自身受限制的本质，人是自己的主人，人奋斗的目的就是要使自己成为自由人，自己能选择自己的命运。[②] 启蒙思想家伏尔泰主张人与人都有做人的同等尊严，认为生活在同一星球上的人不可能分成两个阶级，一个是支配人的富人阶级，另一个是服侍人的穷人阶级。[③] 卢梭也反对封建等级，反对财富的不平等，认为不管财富多少，每个人都有做人的尊严，就财富而言，没有一个公民可以富得足以购买一个人，也没有一个公民穷得不得不出卖自身。[④] 德国哲学家康德特别强调人的尊严，认为人本身就是尊严。由于人本身超越于一切价值之上，没有等价物可替代，这种不具有等价物的有价值的东西就是尊严。人的尊严具有价值且超越于一切价值之上，因此人自己应该成为目的本身而不是手段。人文主义维护人尊严的思想，影响着《联合国宪章》和很多国家的宪法。对人尊严的维护是立法的重要内容，“人文主义法律观的核心是法律应当保障每一个人的尊严以及体现这种尊严的基本人权”。[⑤] 人文主义尊重人的尊严的思想在1787年《美国宪法》、1789年法

① 侯健、林燕梅：《人文主义法学思潮》，法律出版社2007年版，第10～12页。

② ［意］加林：《意大利人文主义》，李玉成译，生活·读书·新知三联书店1998年版，第102页。

③ 北京大学哲学系译：《十八世纪法国哲学》，商务印书馆1979年版，第91页。

④ 韩德强：《论人的尊严——法学视角下人的尊严理论的诠释》，法律出版社2009年版，第69页。

⑤ 侯健、林燕梅：《人文主义法学思潮》，法律出版社2007年版，第5页。

国《人权和公民权宣言》、1948 年《世界人权宣言》等人权宣言中得到体现，如《世界人权宣言》的序言中写道："鉴于对人类家庭所有成员的固有尊严及其平等的和不移的权利的承认，乃是世界自由、正义与和平的基础。"该宣言第 1 条规定："人人生而自由，在尊严和权利上一律平等。"现代社会，维护人的尊严成为许多国家宪法的重要内容。

在我国，早在孔子的"仁"的思想中就蕴含着尊重人的尊严的思想，如孔子主张废除殉葬，承认人不同于动物，有人的尊严。孔子承认人有羞耻之心，因此其主张重礼轻刑，通过礼增强人们的羞耻感以减少刑法的适用。孟子的"人性论"认为人都有恻隐之心、羞恶之心、恭敬之心及是非之心，由于人性存在高贵的一面，因此法律应该"省刑罚"，反对滥用死刑。孟子非常注重人的气节，提出"富贵不能淫，贫贱不能移，威武不能屈，此之谓大丈夫"的尊严观。儒家的尊严观在西汉董仲舒以后，完全成为尊卑臣服、等级秩序的思想基础，儒家维护人的尊严的思想成为我国正统的尊严观念，并最终随着儒家思想的法典化而实现了自身的法典化。[①] 在新时期，我国政府提出要让百姓生活得更有尊严，体现了维护人的尊严的人文思想。

维护人的尊严已经成为许多国家法律的基本任务并作为人的一项基本权利写进联合国《世界人权宣言》等国际文献中。在人的尊严的维护中，弱势群体的尊严更容易受到侵犯。例如，由于离婚女性经济上的弱势地位，其可能考虑到离婚后的生活困难而不敢提出离婚，这就会限制女性与男性同等的离婚自由权，女性自我决定婚姻的能力降低及在夫妻离婚博弈中的地位下降，无法与男性享有追求幸福婚姻的同等的权利。为保障离婚经济弱势方在离婚中的尊严，保障离婚经济弱势方与强势方同等处于离婚法的中心地位，需

---

① 韩德强：《论人的尊严——法学视角下人的尊严理论的诠释》，法律出版社 2009 年版，第 89 ~ 90 页。

要通过法律保障离婚弱势方的权益。新托马斯主义者马里旦认为，社会这一概念是人格主义的，即社会是由有人格的人组成的一个整体。人的尊严先于社会，而且不管人们可能如何贫困，在他们的本性中都包含了独立性的根源，并渴望精神自由。社会的共同福利就在于个人的福利。[①] 因为每个人都有尊严，且尊严不具有等价物，因而每个人的尊严是平等的。因为每个人都有同等的尊严，每个人都是独立的，有独立于他人的权利，不得依附于他人。对离婚弱势群体权益的保障就在于保障每个人的独立主体地位，尊重其作为人的同等价值，维护其做人的尊严。

第二节 人文主义离婚法的功能

法律的功能，是指“法作为一个体系或部分，在一定的立法目的的指引下，基于其内在结构属性而与社会单位所发生的，能够通过自己的活动（运行）造成一定客观后果，并有利于实现法律价值，从而体现其在社会中的实际特殊地位的关系”。[②] 离婚法作为法的组成部分，其具备法律的所有功能，包括法律的调整功能、预测功能、指导功能、评价功能及制裁功能等。根据离婚法的身份法属性，结合人文主义离婚法“以人为本”理念，笔者认为，除了具备法律的一般功能外，人文主义离婚法的功能应着重突出以下功能：离婚纠纷解决中的引导功能、保护家庭成员人身及财产功能。

一、离婚纠纷解决中的引导功能

离婚法的引导功能，是指离婚法对行为人的行为进行指导而非进行强制性要求。家庭具有多种职能、家庭成员之间的关系受多种

---

① 阎章荣、陈洪涛：《神学主义法学》，法律出版社 2008 年版，174 页。

② 付子堂主编：《法理学进阶》，法律出版社 2005 年版，第 64 页。

因素的影响和制约，尤其受非理性因素及伦理因素的影响较大，其纠纷的处理不同于一般纠纷。人文主义离婚法以人为本，更应发扬人的自觉自主性，减少法律对家庭的干预，尊重当事人对家庭的自治能力，发挥法律的引导功能。

第一，人文主义离婚法的引导功能是人的能动性和家庭作为自治组织的要求。人作为世间万物的主宰，具有能动性，不是消极地适应社会生活。在家庭生活中，作为能动性的人会发挥自己的主动性，自觉履行义务、承担家庭责任。同时，家庭作为一种初级社会群体组织，是基于血缘关系或夫妻感情而建立起来的亲密关系，往往会通过习惯、风俗、伦理道德等规范实现家庭“自治”，不需法律过多干预。在自觉状态下法律应鼓励婚姻家庭成员发挥其能动性，自主安排自己的生活，实现人的自由，过多的法律干预会扰乱家庭成员的天伦关系，破坏家庭隐私，并非都符合家庭成员的利益。即使在离婚的情况下，也应鼓励当事人在法律的引导下处理离婚相关问题。家庭作为自治组织，离婚法的私法性质均决定了应尊重当事人的意思自治，正如日本学者指出：“法律，尤其是私法，与其谓系命为一定之行为，毋宁谓在系指示一定之方法，如途中之路标，不命其往右，乃指示其往右即可至于某地是。”①

第二，人文主义离婚法的引导功能是由身份关系的特殊性所决定的。“身份关系是全人格的结合，具体体现在日常生活中，是不宜于抽象化和概念化的一种关系。不论是夫妻关系或父母子女关系，都很难从抽象的、概念的权利体系中分离出来。”② 在财产利益方面，财产价值有经济规律可供遵循，财产利益有统一的评价标准，追逐利益最大化是理性人特有的品性，本人和代理人都可识别

---

① ［日］栗生武夫：《婚姻法之近代化》，胡长清译，中国政法大学出版社2003年版，第1页。

② ［日］我妻荣、有泉亨：《日本民法 亲属法》，夏玉芝译，工商出版社1996年版，第6页。

利益之所在。婚姻关系是典型的身份关系，身份利益不构成交易对象。身份行为不仅不鼓励交易，也不适用经济合理原则。真正人文性的身份法还会动用国家资源以增进婚姻当事人的幸福，如美国的婚前教育立法。身份关系具有情感因素，每个人的感受存在差异，在离婚纠纷中的要求不同，并非像商品交易那样针对相同或类似情形可以适用同样的法律规则。用处理财产关系的法律处理身份关系缺乏可类比性，缺乏统一的标准。强制性的法律并不一定都符合当事人的意愿。日本的我妻荣先生将家事纠纷的特征概括为“财产关系的合理性和身份关系的非合理性”。他认为，“财产关系是合理的关系，可以用合理的一般的解决基准来对待，而身份关系是非合理的关系，家事纠纷的基础就是身份关系，其背后潜藏着复杂的人际关系，表面上看，有财产分割、精神安慰费、养育费等支付金钱的请求，其根本则是夫妻间、亲族间情感上、心理上的纠葛，即埋藏着的非合理要素”。“显然，对待非合理的关系，适用合理的一般基准是不适当的。”① 家事纠纷中的财产纠纷也往往因其身份基础带上了上述身份关系的烙印，其中纠纷的解决应遵循身份关系的特征，维护身份利益。由于身份利益无直接的财产价值，缺乏可量化的标准，更多地需根据伦理道德的标准，以人的价值的实现和自我尊严的维护等为准则，包括满足人的安全感、归宿感、自我实现的心理需求等。离婚法应以人作为最终关怀的对象，尊重人的自由，满足人的需求，因为“这种意志自由的能力使人自由、伟大而尊严”。② 法律难以满足不同情形下当事人对婚姻关系的需求，而引导性的离婚法可以将具体的权利义务交由当事人在法律基本规范范围内进行选择，以满足不同人的需求和利益。正是考虑到婚姻

---

① ［日］我妻荣：《家事调停序论》（家族法的诸问题）载穗积先生追悼论文集，有斐阁昭和二十七年版，转引自李青：《中日“家事调停”的比较研究》，载《比较法研究》2003年第1期，第83页。

② 张文显：《二十世纪西方法哲学思潮研究》，法律出版社2006年版，第94页。

关系涉及身份利益，离婚法更多的是为当事人提供婚姻不得不解体情况下自由选择的纠纷解决方式，如一些国家允许夫妻双方协议离婚，并鼓励夫妻就离婚后子女监护探视等问题制订协商性计划。离婚法的引导功能还体现在离婚法为当事人提供相关的服务和便利，如提供婚姻咨询服务、提供相关教育或指导，为当事人创设和解的机会等。

通过离婚调解制度让当事人自己决定婚姻关系的存续是目前许多国家离婚法发挥法律在离婚纠纷中的引导功能的重要途径之一。离婚纠纷的调解是在夫妻离婚过程中，由法官（或法律工作者）、心理学专家、社会工作者等主持下由离婚当事人对离婚与否及离婚相关法律后果进行协商解决相关纠纷的一种机制。离婚调解是家事纠纷调解中的一种，是许多国家处理家事纠纷的一种重要的途径。离婚诉讼中的调解需要心理学、社会学、法律等专业人员的介入，通过引入“治疗”理念，针对夫妻之间出现的矛盾和曾经造成的伤害进行行为认知的转变，增强当事人处理婚姻矛盾的能力，引导当事人寻求解决问题的措施，为已经处于离婚诉讼中的夫妻提供一种可以改善婚姻关系的机制。在婚姻不得不解除的情况下，也可以帮助当事人减少离婚诉讼中的敌对情绪，缩短离婚过程，增加离婚过程中纠纷的解决途径，在当事人自主参与下妥善解决婚姻解体后的相关问题。因此，这种非对抗性的纠纷解决方式就是尽量让当事人合作，让家事纠纷在诉讼外得到解决以在诉讼费用、情感以及经济方面降低成本，① 减少当事人之间的敌对情形，也可以缓解当事人与法院之间的矛盾。②

---

① Frances Burton, Family Law, Cavendish Publishing Lmited, 2003, p. 7.

② 据《广州日报》载，2010年6月1日上午，湖南永州零陵区法院办公楼内，一男子持枪扫射，致3名法官死亡，3人受伤，嫌疑犯当场自杀。经初步查明，嫌疑犯杀人动机系报复杀人。嫌疑犯跟妻子离婚时，认为法院判决财产分割不公。据透露，嫌疑犯行凶的对象并非参与判决的法官，http://news.163.com/10/0601/15/683SMB03000146BC.html-2010.6.1。

离婚调解还有助于更好地调整和改善未来的关系。对抗式法律判决旨在一劳永逸地解决法律纠纷，但现实生活中家事纠纷并非总能以此种方式解决，此种纠纷解决需要一种不同的思维模式，其以持续性关系为前景。调解的目的“不仅是解决和缓和家庭纠纷，而且是为了积极地维持美满幸福的家庭”。[①] 一般的财产纠纷以解决当事人的财产利益为主要目的，是对当事人过去的权利义务进行判决，较少涉及将来的权利义务关系的持续。身份关系首先要考虑此种关系是否可以继续维持，只要该关系能够维持就应尽量维持，且由于人类对婚姻家庭的普遍需求，对身份关系的调解应创造条件让那些能够继续维持的关系得以继续。只有身份关系确实无法维持的情况才考虑如何解决相关纠纷。调解过程可以通过采取一定的心理干预或治疗手段，通过当事人对事实的知晓和分辨，改变相关的行为认知模式，可能就相关利益达成共同的意见，实现共同的利益诉求。家事调解的“判断基准只能是概念性的、原则性的，即以个人的尊严和两性本质上的平等为基础，谋求家庭平和和健全的共同生活……”[②] 此点不像法院判决应完全以“事实为依据、以法律为准绳”。因此，离婚调解是在法律的框架下，在更有利于改善未来的关系情况下由当事人自己安排离婚后的法律后果。

离婚调解也有利于调解结果的执行。“以他人的人格补充自己的不完全，即构成婚姻、亲子、亲族关系。”[③] 婚姻期间的义务以一定的身份关系为基础，多数情况下带有一定的情感因素，因为“婚姻的意义，是我们把他人看做自己幸福的原因，感觉自己的生

---

① 李青：《中日“家事调停”的比较研究》，载《比较法研究》2003 年第 1 期，第 83 页。

② 李青：《中日“家事调停”的比较研究》，载《比较法研究》2003 年第 1 期，第 85 页。

③ 梁慧星：《民法解释学》，中国政法大学出版社 1995 年版，第 53 页。

命扩张于他人的愿望”。[1] 在此种共同体存续期间，家庭成员可能会主动放弃自己的权利，承担更多的义务，也即家庭中普遍存在较多的利他思想。此种共同体中以当事人的自治为原则，法律不宜以公平、正义等理念过多干预家庭生活。加拿大学者认为，家庭中男人、女人或子女都视他人为自己的延伸。家庭中的个体缺乏公平和正义的固有观念，对自己或其他家庭成员的扶养要求以爱的存续和忍耐为条件。[2] 离婚调解不是就家庭中的事务进行公平正义的判断，而是当事人自己参与离婚纠纷的解决，自己对自己的利益进行判断并作出最终决定的过程，也是在当事人之间寻求一种共同利益的过程。“调解必须寻求一种共同的利益，这种共同利益可以修正特定的诉求。”[3] 由于离婚纠纷需要考虑未来的关系，这种未来关系的维持不是法院的对抗性判决所能解决的。既然调解的结果是自己对自己利益进行判断并作出的决定，当然更有利于该决定的遵守和执行。调解夫妻和好与法院判决夫妻不准离婚相比，法院的强行判决虽然可以在形式上维持原有的婚姻关系，但无法改善夫妻关系，因为改善夫妻关系需基于双方的意愿和共同的努力。如果是调解和好的夫妻关系，既然其结果是夫妻就共同利益达成的一致意见，夫妻更愿意共同努力，积极地面对共同的利益诉求以维持并改善夫妻关系。在离婚后的财产纠纷、未成年子女的监护和探望方面的调解结果也一样。

正是如此，许多国家规定了离婚案件通过调解方式解决，如法

---

① ［意］密拉格利亚：《比较法律哲学研究》，吴章敏等译，中国政法大学出版社2005年版，第491页。

② J. W. Mohr，The Future of the Family，the Law and the State，*Canadian Journal of Family Law*，1984，p. 270.

③ J. W. Mohr，The Future of the Family，the Law and the State，*Canadian Journal of Family Law*，1984，p. 269.

国、日本、英国、美国、澳大利亚、新西兰等。① 从程序上看，有的国家和地区规定调解是提起离婚诉讼的前置程序，如法国、日本、澳大利亚和我国澳门地区、台湾地区等。例如，澳大利亚2008年修改后的1975年《家庭法》规定当事人在申请有关子女抚养、子女养育等命令前必须参加家事纠纷的调解，除非申请人向法院提交一份由家事法院纠纷调解员所出具的已参与调解的证明外，法院不得审理与子女有关的命令申请。如果当事人在调解中未尽实际努力解决纠纷，或拒绝参加或未能参加调解，则法院可以作出让当事人参加家庭纠纷调解的指示，并以此作为判断当事人承担诉讼费用的考虑因素。但存在对子女不利、家庭暴力或不能有效参与调解等原因的除外。② 有的国家规定由法官进行调解，也有的国家由法院的调解人员进行调解，或者由法官和其他调解人员组成的调解委员会调解。例如，日本《家事审判法》规定家事调解由家事调解委员会进行，家事调解委员会由一名法官和两名以上的家事调停委员组成。③ 我国澳门地区民法典规定两愿离婚或诉讼离婚都必须进行调解。在法官或两愿离婚的登记官接到当事人离婚请求后，应召集夫妻举行第一次会议，并在会议上试行调解双方。如果夫妻有未成年子女，或在第一次会议中双方未以明确方式表明彼此无和好可能，则法官或民事登记官应在3~6个月内召开第二次会议，再试行调解夫妻双方。只有调解不成时，法官或登记官才考虑审查夫

---

① 国外有关家事调解的具体制度参见陈爱武：《家事调解：比较借鉴与制度重构》，载《法学》2007年第6期；夏吟兰：《离婚自由与限制》，中国政法大学出版社2007年版；陈群峰：《离婚利益协调机制研究——财产、子女及其他》，人民法院出版社2008年版；张学军：《离婚诉讼中的调解研究》，载《法学研究》1997年第3期等。

② 《澳大利亚家庭法》第七章第60I、60J条，参见陈苇（项目负责人）：《澳大利亚家庭法（2008年修正）》，群众出版社2009年版，第124~129页。

③ 有关家事纠纷调解的更多论述，参见夏吟兰：《离婚自由与限制》，中国政法大学出版社2007年版；陈群峰：《离婚利益协调机制研究——财产、子女及其他》，人民法院出版社2008年版；张学军：《离婚诉讼中的调解研究》，载《法学研究》1997年第19卷第3期等。

妻离婚协议中涉及的其他问题。[①] 因此，考虑到身份利益的特殊性，慎重处理有关身份纠纷，引导当事人按自己的意愿正确处理离婚纠纷，是符合“以人为本”的人文性离婚法的要求的。

二、维护家庭成员权益的功能

虽然家庭是人类情感交流的重要场所，但由于受家庭的隐秘性及多年来的传统观念影响，一些家庭成员的情感宣泄比起其他领域更加肆无忌惮，从而侵犯其他家庭成员的合法权益，使“家庭成为邪恶滋生地”。[②] 家庭成员是存在各种需求的人，人的需求是无限的。虽然人的需求会受到需求内容上的限制及实现手段上的限制，但人的需求无限膨胀就可能使一些家庭成员为了自己的需求而牺牲其他家庭成员的利益。人文主义离婚法应考虑人性的特征，一方面，考虑人性善的一面，法律应发扬人性的优点，鼓励行善；另一方面，法律也应考虑人性中非理性的方面，防止人性的过度膨胀。“法律和人性的关系是判断法律基本性质的根据。”[③] 立法的直接根据就是人性，法律反映人性的程度就是法律进步的程度。人文主义离婚法就是以人为直接规范的对象，以人性为立法的直接依据。当家庭成员之间不履行义务的时候，需要规定其应承担的法律责任。当权利受到侵犯的时候，应当为当事人提供一定的救济途径。因此，人文主义离婚法应考虑人的需求及人的欲望的过度膨胀而损害家庭成员利益的可能性，对离婚时家庭成员之间的权利义务进行相应的规范。

人文主义离婚法的保护功能包括对家庭人身权保护和财产权的保护。夫妻人身权也应受法律保护，在夫妻一方对另一方存在家庭

---

① 中国政法大学澳门研究中心，澳门政府翻译办公室编：《澳门民法典》，中国政法大学出版社 1999 年版，第 414 ~ 416 页。

② J. W. Mohr, The Future of the Family, the Law and the State, *Canadian Journal of Family Law*, 1984, p. 261.

③ 李锡鹤：《民法哲学论稿》，复旦大学出版社 2000 年版，第 30 页。

暴力、虐待、遗弃等行为导致离婚的，离婚时无过错方可以请求损害赔偿。婚姻自由是现代家庭法的基本原则之一，在离婚夫妻之间，应平等地享有离婚自由权利。夫妻离婚后对未成年子女的监护权、探望权等都应得到法律的平等保护。在夫妻无法就离婚相关后果达成一致意见的情况下，法律应根据夫妻平等原则妥善处理相关问题。家庭成员之间往往存在一定的经济关系，家庭法要对共同财产及个人财产提供法律上的保护，防止受到他人和家庭成员的侵犯。在离婚当事人之间存在共同财产的分割时，如果夫妻离婚时能协商确立分割夫妻共同财产，则法律应鼓励夫妻协商解决。在协商不成的情况下，法律应规定离婚夫妻财产分割的原则及分割的方法。法律应保障夫妻财产在离婚夫妻之间公平地进行分割，使婚姻期间的权利在离婚时得到充分的保障。在分割夫妻共同财产的时候，还应考虑对未成年子女利益的保护和对经济处于弱势一方适当的照顾，并尊重长期从事家务劳动方的家务价值以实现法律的实质正义。人文主义离婚法的保护功能还包括在离婚夫妻不履行离婚后未成年子女监护、探望及子女抚养费的支付义务等情况，法律应采取相应的措施维护子女权益。

人是独立的个体，享有独立的权利，这是人文主义以人为目的的要求。但家庭中的人同时具有团体性，且家庭利益与个体利益可能发生冲突。在个体利益与团体利益之间，历史上不乏牺牲个体利益以维护家庭共同体利益的情况。在古代社会，家庭法主要以家族这一团体利益为主，女性和未成年子女作为实现家族利益的手段，忽略家庭成员的个体利益。在近现代社会，随着资产阶级革命的胜利、人权运动的发展，尊重、保障个体人权成为立法的基本要求。原先强调家族利益的立法开始转向以强调个体利益为重心转变。现代立法强调家庭由个体所组成，个体是家庭存在的前提，家庭是个人生存的基本单位。例如，美国教授 Glendon 认为，“现代家庭的存在是为了个体利益，而不是个体的存在是为了家庭的利益”。[①]国外学者在谈到葡萄牙家庭法的发展趋势时也指出：“许多情况下法律强调家庭成员的独立人格，而不是家庭的联合。”在20世纪下半叶，葡萄牙家庭法开始承认家庭中发生的变化，将婚姻视为当事人个体所关心的事情，在保护家庭的范围内，法律越来越将给予家庭成员个体而不是不可分割或分离的家庭联合体保护。[②] 因此，在婚姻家庭中也应尊重当事人的离婚自由，维护家庭成员的平等。

考虑到婚姻关系毕竟具有团体性，个人难以从家庭团体中隔离出来，在尊重保障个体权利的同时，应兼顾家庭其他成员的利益。法律的人文主义是法律价值的体现，法律应当以人作为价值的中心，这里的人是具体的具有社会性的人，包括个体的人和集体的人。“作为法的价值主体的人既可能是作为个体的人，也可能是作为群体的人，是个体与群体的统一。”[③] 离婚自由可能与家庭其他成员的意愿相违背，离婚自由权的行使可能损害其他家庭成员的利益。在人文主义离婚法的制定中，不能抹杀个体的独立存在，不能以家庭共同体的利益而任意否认个体的利益，但也反对随意牺牲其他家庭成员的利益，应在尊重个体利益的同时平衡家庭其他成员的利益。因此，人文主义离婚法应从以下方面衡平家庭成员利益：挽救尚未破裂的婚姻关系，在婚姻确实无法维系的情况下，保障弱者权益以实现离婚时的公平正义。在离婚与否问题上应衡平离婚当事人之间的利益和需求，同时在不得不离婚的情况下应在离婚的后果方面衡平离婚夫妻之间、离婚夫妻与未成年子女之间的利益。

一方面，人文主义离婚法在离婚问题上应挽救尚未破裂的婚姻关系。离婚法仅仅通过立法规定离婚时的法律后果是远远不够的，

---

① 夏吟兰：《美国现代婚姻家庭制度》，中国政法大学出版社1999年版，第7页。

② Mavis Maclean，Family Law and Family Values，Hart Publishing Oxford，2005，pp. 317，325.

③ 卓泽渊：《法的价值论》（第二版），法律出版社2006年版，第83页。

人文主义离婚法应从人对婚姻家庭的需求出发维护婚姻家庭关系，为离婚当事人提供关于婚姻家庭的咨询服务，在离婚过程中为当事人创造和解的机会，以多种措施维护巩固婚姻家庭关系。对此，有学者认为，“离婚法的目的并非在于瓦解婚姻，其真正实质在于拯救婚姻、稳定家庭和社会”。[①] 虽然离婚法的目的并非单一的拯救婚姻、稳定家庭和社会，还需要通过对离婚纠纷的处理，通过规定离婚时夫妻的权利和义务以实现正义，但不可否认离婚法维护婚姻家庭的功能。许多国家规定离婚过程中采取相应措施挽救婚姻。这是立法的导向问题，法律应确定婚姻在什么情况下应当解散，什么情况下不应当解散，对可以解散可以不解散的婚姻采取相应措施改善夫妻关系，维持婚姻关系。家庭的多种职能决定了离婚法应保护家庭这一基本社会单元，而不是削弱它。

另一方面，人文主义离婚法应在离婚法律后果方面衡平离婚当事人及离婚夫妻与未成年子女之间的利益和需求。在离婚后果方面保障弱者权益，实现公平正义。当在婚姻关系确实不必要存在或难以维系时，法律强制性地维护婚姻关系对当事人及其子女可能并非有利，应当允许解除婚姻关系。在婚姻关系不得不解除的情况下，应当对当事人的权利义务进行规范，保护实现离婚当事人的权利。在平衡离婚当事人的家庭其他成员的利益方面，法律更注重对离婚弱势群体权益的保障，需要通过离婚时的救济制度和社会救助制度解决离婚弱势方的经济困难。同时立法规定父母在离婚时应根据“儿童最大利益原则”妥善解决离婚后的子女问题，在离婚子女的抚养和监护等方面将对未成年子女的伤害降低到最低限度。

---

① 曹瑞臣：《当代英国离婚态势与特征探析》，载《欧洲研究》2005 年第 2 期，第 148 页。

第四章　我国离婚法人文主义的实然性分析

改革开放30多年来，我国的离婚人数急剧上升，登记离婚比例增长更快。我国离婚法在判决离婚的法定条件、离婚女性经济权益保障及未成年子女监护和探望方面的规定总体上符合人文主义"以人为本"的理念，但仍然存在人文精神体现不足的方面，需要进一步完善。

第一节　判决离婚的法定条件

我国1980年《婚姻法》确立了以夫妻"感情破裂"作为判决离婚的法定条件。该法第25条规定，男女一方要求离婚的，可由有关部门进行调解或直接向人民法院提出离婚诉讼。人民法院审理离婚案件，应当进行调解；如感情确已破裂，调解无效，应准予离婚。2001年修订《婚姻法》时继续坚持以"感情破裂"原则作为判决离婚的法定条件。在我国，判决离婚的法定条件仍然存在争议，笔者认为，我国以夫妻"感情破裂"作为判决离婚的法定条件是对人的精神需求的尊重，符合离婚法人文主义要求。同时，为了更好地贯彻该原则，需要完善现行法的规定以克服以"感情破裂"为由随意解除婚姻关系，并克服"感情破裂"认定上的困难。

一、我国判决离婚法定条件的论争

我国离婚法以感情破裂作为判决离婚的法定条件，这与世界范围内的“婚姻破裂”原则是一致的，是婚姻自由思想在离婚法中的具体体现，是与人类追求自由价值的愿望相适应的，符合人文主义尊重人的自由价值这一要求。

在我国，究竟以什么标准作为判决离婚的法定条件方面的争论，在20世纪50年代中期就已经开始，当时主要围绕“正当理由论”和“感情破裂论”展开论证。“正当理由论”主张离婚要有正当理由，以满足“正义要求”。而“感情破裂论”要求以夫妻感情破裂作为离婚的法定条件。此次论争直到1980年《婚姻法》的制定，“感情破裂论”最终在我国《婚姻法》中得以确立。2001年修订后的《婚姻法》仍然坚持“感情破裂论”。虽然现行法确立了“夫妻感情破裂”为判决离婚的法律原则，但关于判决离婚法定条件的争论远未停止。当前关于判决离婚法定条件主要存在三种观点，即“感情破裂论”、“婚姻破裂论”、“感情破裂与婚姻破裂混合论”。“感情破裂论”者认为，“感情破裂”有利于发挥法的指令性作用和道德的导向作用，符合广大人民的意志和利益，符合法律的统一性要求，尊重婚姻的伦理性本质，是中国离婚制度破旧立新的产物，具有世界领先性，也为民众所接受。[①] 主张用“婚姻破裂”取代我国的“感情破裂”者的理由很多，主要认为“感情破裂”论在司法实践和法理中存在以下不足：（1）夫妻感情属于人的心理活动，具有不确定性和易变的特性，不易成为法理直接规范和调整的对象；（2）感情破裂模糊了道德与法律的界限，因为感情是道德对夫妻关系的最高要求；（3）感情破裂理由忽略了婚姻

① 李忠芳：《坚持离婚理由的“感情说”》，夏珍：《“感情破裂”作为判决离婚的理由不容置疑》，载李银河、马忆南主编：《婚姻法修改论争》，光明日报出版社1999年版，第164～165、168～171页。

的社会属性；（4）感情破裂作为离婚理由主观随意性大；（5）马克思主义经典作家从未提倡过将夫妻感情破裂与否作为评判婚姻是否应该继续的法律标准；（6）感情破裂原则不承认婚姻承担的多种社会职能，容易导致在婚姻价值观上的极端个人主义；（7）以感情破裂作为决定婚姻存亡的唯一因素，超越我国社会发展阶段；（8）以感情破裂作为离婚标准与国际离婚立法潮流不合。[①]“混合论”者认为，婚姻的实体性破裂是根据婚姻职能的履行情况、婚姻社会意义的实现情况作出的判断，而感情破裂是从夫妻感情判断的，应将二者综合起来作为判决离婚的法定原则。应对“婚姻破裂”与“感情破裂”兼收并蓄，在法律条文中应以“婚姻破裂”为唯一的、法定的离婚理由。在实践中，夫妻感情破裂，一方或双方坚持离婚，可以推定婚姻关系无可挽回地破裂，准予当事人离婚。[②]

笔者在这里不打算对上述观点逐一进行分析评价，针对以上论争，需要反思的是，我国“感情破裂”是否符合人文主义离婚法的要求，其是否以尊重人的价值、满足人的需求为准则？该原则是否真的超越了我国现阶段婚姻的经济基础？该原则到底存在哪些不足，针对这些不足我们到底是抛弃该原则而采纳“婚姻破裂论”或“混合论”，还是部分地完善、改造该原则？笔者认为，“感情破裂”可以实现当事人的婚姻自由，符合离婚法的道德导向作用，尊重人的精神需求，具有存在的合理性，是未来应继续坚持的离婚原则。同时，为了更好地贯彻该原则，需要完善现行法的规定以克服以“感情破裂”为由随意解除婚姻关系，并克服“感情破裂”原则认定上的局限性。具体分析见下文。

---

① 蒋月：《改革开放三十年中国离婚法研究之回顾与展望》，载陈苇（项目负责人）：《改革开放三十年（1978～2008）中国婚姻家庭继承法研究之回顾与展望》，中国政法大学出版社2010年版，第272～279页。

② 胡志超：《中国破裂主义离婚法法律制度》，法律出版社2010年版，第1～2页、第138页。

二、"感情破裂"原则的人文主义分析

虽然在我国，很多学者提出应以"婚姻破裂"取代"感情破裂"，但笔者认为，我国《婚姻法》的"感情破裂"强调感情在离婚中的作用，符合人们对婚姻的理性追求，尊重人的精神需求，有利于发扬人性善，鼓励婚姻义务的履行，是未来离婚法应当继续坚持的原则。

一方面，感情是婚姻的重要内容，是婚姻幸福的重要因素，以感情为基础的婚姻是人们对婚姻的理性追求。虽然夫妻感情只是婚姻的伦理基础，并非婚姻的全部，婚姻关系才是婚姻法的实体性存在，但谁也不能否认感情在婚姻中的重要作用。缺少爱情，婚姻家庭就只是"没有灵魂的家庭生活"。[①] 虽然随着社会科技、经济等方面的进步与发展，人们对于婚姻的观念已经发生了很大的变化，但不管婚姻观念如何变迁，人们对于婚姻的主流观念并未改变，即婚姻应以感情为基础。立法虽然不直接调整感情问题，但立法者绝对不能忽略婚姻的感情因素。虽然立法不能保证每一对夫妻相爱，但立法者不能忽略对夫妻相亲相爱的倡导。从人类婚姻发展史看，历史上一度婚姻是为了家族利益、为了对上帝的虔诚及为了实现某种政治需要而存在，但这些婚姻观念最终被追求婚姻幸福的婚姻观所抛弃。什么样的婚姻才是幸福的？恩格斯在《家庭、私有制和国家的起源》中说，如果感情确实已经被新的热烈的爱情所排挤，那就会使离婚无论对于双方或对于社会都成为幸事。如果说只有以爱情为基础的婚姻才是合乎道德的，那么也只有继续保持爱情的婚姻才合乎道德。[②] 虽然恩格斯并未将感情破裂作为离婚的标准，但在他看来，结束没有爱情的婚姻就是符合双方的幸福的。恩格斯主

① 王伟：《中国伦理性百科全书》（婚姻家庭伦理学卷），吉林人民出版社 1993 年版，第 75 页。

② 《马克思恩格斯选集》第四卷，人民出版社 1972 年版，第 78～79 页。

张以爱情为基础的婚姻，而建立在爱情基础上的婚姻就是对人的关怀，因为这种男女结合不是为了追求某种特定目的，是以相互的爱慕为基础的。那种貌合神离、心怀鬼胎的结合虽然具有婚姻的外观，但已经不具有婚姻的实质。故婚姻只是一种形式，其联系的纽带是男女两性的感情。排除了婚姻的感情因素，这种人际关系和其他市民社会关系、商品交易关系还有何差异？婚姻当事人既无血缘关系，配偶间权利义务缘何产生甚是值得怀疑。

虽然现实生活中并非每一个婚姻都以感情为基础，但建立在感情基础上的婚姻是人类追求幸福婚姻的重要保障，也是人类不懈努力的方向。恩格斯在《家庭、私有制和国家的起源》中谈道，婚姻自由只有在消灭了资本主义生产和它所造成的财产关系，从而把今日对选择配偶还有巨大影响的一切派生的经济考虑消除以后，才能普遍实现。到那时候，除了相互的爱慕以外，就再也不会有别的动机了。[①] 在我国，目前尚未完全摆脱经济因素对婚姻的影响，无法实现所有的婚姻都建立在感情基础上，一些人仍然会将经济条件作为择偶的考量因素，且并非维持下去的婚姻都有感情基础，但这并不意味着法律提倡感情破裂为基础的离婚这一导向就是错误的。随着女性进入劳动力市场的增多，女性经济上的独立性增强，完全建立在经济基础上的婚姻越来越少，在某种程度上为建立以爱情为基础的婚姻创造了有利的条件。随着以经济为目的的婚姻观弱化，人们开始转向追求更高质量的婚姻，即以精神需求为主的婚姻。根据学者在百度网上设计的一份关于“当代中国婚姻观的调查”的问卷，对于问题“您认为使现实婚姻幸福美满的最主要的因素是什么?”，参与调查者选择的因素中占前三位的分别为：互相关心（88.9%），互相信任（66.7%），互相尊重（55.6%）。[②] 一

① 《马克思恩格斯选集》第四卷，人民出版社1972年版，第78页。

② 《当代中国婚姻观的调查》，http://www.sojump.com/report/89981.aspx，最后登录时间：2010-07-21。

项关于“80后”婚姻观的网络调查显示，在被调查者的离婚原因中，100%选择了因双方感情问题导致离婚。① 这表明在民众心中，婚姻中感情的重要性胜过物质或其他因素。虽然现阶段追求纯粹以感情为基础的婚姻尚难以实现，但至少“感情破裂”原则为我们的婚姻指明了奋斗的方向，防止婚姻异化为交易行为，为人们的婚姻价值观树立正确的导向。正如我国学者指出的，“因现实的贫困可阻碍以爱情为基础的婚姻理想的实现，但不等于说这个理想的婚姻原则是错误的，它仍是我们前进的方向”。② 在一定情况下，法律对现实生活一定的超前性和前瞻性是正当的，“人文主义精神具有超越性特征和理想性指向，立足和反思‘实然’并不断地追问‘应然’，是人文精神的价值目标所在”。③

另一方面，坚持“感情破裂”原则是对人的精神需求的尊重。“感情破裂”符合“以人为本”的人文主义要求，是对人的精神生命的尊重。人不仅有肉体生命，还有精神生命，人的精神生命是人对精神上的愉悦，心理上的安全感、归属感的不懈追求。正如美国人本主义心理学家马斯洛所说：“精神生命是人的本质的一部分，从而它是确定人的本性的特征，没有这一部分，人的本性就不完满，它是真实自我的一部分，人的族类性的一部分，完善人性的一部分。”④ 根据马斯洛的需要层次理论，人的需求分为生理需求和精神需求，包括生理需求、安全需求、社交需求、尊重需求、自我实现的需求。这些需求中，最低层次的需求是生理的需求，其余层

① 《“80”后婚姻观的调查》，http://www.askform.cn/FormViewResult.aspx?FormID=66190&UserID=59196，最后登录时间：2010-07-21。

② 王震宇：《参与到这场民主讨论中来》，载李银河、马忆南主编：《婚姻法修改论争》，光明日报出版社1999年版，第8页。

③ 唐卲廉、周敏：《人文·人文主义·人文精神》，载《四川师范学院学报（哲学社会科学版）》2002年第11期，第18页。

④ ［美］马斯洛：《人的潜能和价值》，林方主编（译者），华夏出版社1987年版，第223~224页。

次的需求都属于精神需求。马斯洛心理学认为，高级需要的满足能引起更合意的主观效果，即更深刻的幸福感、宁静感及内心生活的丰富感。而且，需要的层次越高，爱的趋同范围就越广。因此，两个相爱甚笃的人会不加区分地对待彼此的需要，视对方的需要为自己的需要。而且，高级需要的追求与满足导致更伟大、更坚强以及更真实的个性，也具有有益于公众和社会的效果。[①] 显然，强调婚姻以感情为基础并在感情破裂情形下才允许离婚有利于婚姻的幸福美满，符合个体全面自由发展的需要，对夫妻他方、对家庭中近亲属及对社会都有利。婚姻离不开最低层次的需求，但更重要的是人的安全、尊重、归属等更高层次的精神需求的满足。“感情破裂”原则正是强调人类对婚姻的精神需求，是对婚姻破裂原则的超越，是排除外界非感情因素干扰下的离婚。承认人有最低层次的生理需求，但不能过分夸大生理需求而忽略精神需求。婚姻的内容丰富多样，包括物质生活、情感生活及性生活等，但不可否认，感情在婚姻中具有举足轻重的地位和作用。婚姻的生理需求包括生存的需求，体现为婚姻的经济功能，诚如鲁迅先生在《伤逝》中所言：人必须活着，爱才有所附丽。虽然物质生活影响着婚姻的质量甚至是婚姻的存续，但现实生活中不乏物质生活匮乏但婚姻依然幸福美满的实例。婚姻的生理需求还包括性欲的满足。但强奸或其他以非婚姻为目的的性行为同样也能获得性的满足，人们不选择这种方式除了担心法律的惩罚外，毫无疑问还与婚姻中的性行为能满足人的情感需要有关。根据马斯洛的心理学观点，一般的性行为是由多方面决定的，它不仅出于性的需要，也出于其他需要，其中主要由爱和感情所决定。[②] 况且现实生活中存在无性婚姻（老年人婚姻、性

① ［美］马斯洛：《马斯洛人本哲学》，成明等译，九州出版社2003年版，第60~61页。

② ［美］马斯洛：《马斯洛人本哲学》，成明等译，九州出版社2003年版，第56页。

无能情况下的婚姻），或者非常态性行为的同性婚姻。虽然经历性生活的痛苦与不和谐，虽然可能面临物质生活的匮乏，但只要感情尚在，婚姻仍然可以维持。反之，如果感情破裂，虽然婚姻关系存在，但只徒具婚姻的外壳，这样的婚姻已经不具有婚姻的实质。只有精神生命存在，肉体生命的存在才有价值。动物也有物质的需求和性的本能，但唯有人有精神需求，且精神生命才是弥足珍贵的部分。"感情破裂说"避开婚姻的诸多内容，直指婚姻的实质，将对婚姻当事人精神的关怀置于最重要的地位，体现我国《婚姻法》在现代社会以精神信仰为价值关怀的品质。

基于人的精神生命的重要地位，现实中"感情破裂"是导致婚姻死亡的重要原因。事实上，虽然离婚的原因多种多样，但这些原因主要是夫妻感情破裂。根据学者对成都市五区的离婚案件调查，在原告的离婚理由中，选择了婚前了解不够、性格或爱好差异、出现第三者、有网恋等理由的占了大多数，而涉及家庭经济问题的理由所占比例较小。在笔者所统计的158个法院判决书中，①无一例是因为性生活不协调或直接因经济原因导致离婚。这说明目前我国居民很看重夫妻之间的感情，而且将夫妻感情视为婚姻最重要的内容。这说明《婚姻法》规定的以夫妻感情破裂原则作为离婚法定条件总体上是符合民众需求的。当然，感情破裂并非就是单

① 查询方法：点击中国法院网"裁判文书"，查询时间选择2010年5月，关键词输入"离婚"，裁判法院选择"全国法院"。在所查询的离婚裁判文书中再次以同样方法输入关键词"子女抚养"，共获得321个涉及离婚子女抚养或分居子女抚养、子女抚养及抚养费变更案件的裁判文书（包括个别二审案件），案件判决的时间为2009年到2010年初。为了全面了解离婚及子女监护探望判决的情况，笔者统计的裁判文书只涉及地方初级法院判决的离婚及子女抚养案件的判决书，共计158个离婚案件的裁判文书，具体包括河南省各初级法院判决的离婚案件131件，上海市18件，福建省4件，湖南省3件，陕西省1件，广西壮族自治区1件。参见：http://www.chinacourt.org/cpws/search.php? year = 2010&mouth = 5&keyword = % D7% D3% C5% AE% B8% A7% D1% F8&SelectCourt%5B0%5D = B&button = % B2% E9 + % D1% AF，最后登录时间：2011-02-01。以下论文中提到笔者的统计就是指此处的统计。

纯地追求夫妻之间纯粹的感情，它也可能是许多非感情因素导致的结果，既可因夫妻之间精神生活的贫乏而产生，也可能由于夫妻之间的物质生活或性生活不和谐而导致夫妻感情破裂。由于婚姻关系的内容是多方面的，包括经济内容、性生活内容、精神生活内容等，夫妻感情破裂的原因可能是不同原因所导致的。

此外，与“婚姻破裂”原则相比，“感情破裂”有利于发扬人性善，鼓励婚姻义务的履行。有学者认为，由于婚姻承载着当事人本人、子女和社会的利益，“感情破裂说”很容易导致当事人极端个人主义。[①] 笔者不赞同此观点。马克思认为，并非感情就是婚姻的全部，婚姻更重要的内容应该包括责任和义务。婚姻确实并非个人的事情，它具有涉他性特征。但婚姻自由原则下应防止极端个人主义的出现，这不仅仅是“感情破裂”，国外的“婚姻破裂”原则也同样需要解决此问题。破裂原则追求的是婚姻自由权利的实现，其本身难以负载防止轻率离婚的重任。至于防止轻率离婚则是立法者的价值选择，是对破裂原则的适用在立法上的限制，如通过促进当事人和解、为离婚设置严格的程序或对离婚加以实体法上的适度限制等。事实上，在采纳“婚姻破裂”原则的国家基本上也同时规定了过错离婚原则（即采“混合原则”），纯粹以“婚姻破裂”作为判决离婚理由的国家并不多，这足以说明“婚姻破裂”原则本身难以防止轻率离婚。因此，基于当事人本人、子女及某种程度上的社会利益考虑，“感情破裂”原则或“婚姻破裂”原则的适用都是有限度的。在破裂原则下，出于对婚姻当事人追求幸福婚姻的尊重，如果夫妻感情已经消失，婚姻的社会义务应更多地转由离婚救济制度加以解决。通过立法保障在离婚后果上实现离婚后的公平正义，这是许多国家离婚法的做法。破裂原则的目的就是如何让婚姻关系无法维持的当事人追求幸福生活，站在破裂主义离婚观上，

---

① 曹诗权：《裁判离婚标准的评价与选择》，载李银河、马忆南主编：《婚姻法修改论争》，光明日报出版社 1999 年版，第 146 页。

离婚只能是作为“向新的生活的解放”。[①] 因此，有学者认为：“婚姻破裂论”把“婚姻破裂论”与“感情破裂论”双方的优势说成是自己一方的优势，把双方共同存在的问题当做对方一方的问题。[②]“感情破裂”与“婚姻破裂”都有自己的优劣，也存在共同的优点与不足。

同时，合理的婚姻关系应包括爱情和责任，但并非意味着婚姻在任何情况下都不得解除，立法的任务就是明确婚姻的责任和义务应该如何承担，以及在什么情况下可以解除婚姻的责任和义务，什么情况下不得解除。不管是夫妻感情破裂还是婚姻破裂都是对婚姻期间义务和责任的重新划分，而夫妻离婚后，婚姻的部分责任和义务仍然应由婚姻当事人承担，如继续承担子女的抚养监护义务、一定条件下承担配偶之间的扶养义务，部分义务则应转由社会保障制度解决。在离婚标准中，到底婚姻应追求以感情为基础，还是应以物质利益或其他利益为基础，这需要立法进行正确的导向。强调感情在婚姻中的作用，并不意味着当事人不尽义务，不承担责任。婚姻的维持有时并非完全符合当事人及子女的利益。法律的任务在于在当事人及子女之间进行利益的平衡，确定什么情况下婚姻应当解除，什么情况下婚姻不得解除，并对婚姻解除时的权利义务进行规定。

相反，“婚姻破裂”混淆了婚姻解体的后果和判定婚姻应该解体的条件二者的关系，可能诱导婚姻当事人为了获得离婚而人为地造成婚姻破裂。按“婚姻破裂”论，如果婚姻的感情破裂了，但婚姻关系没有崩溃则不应允许离婚。如果要获得离婚，必须要有足够的证据证明婚姻的外部职能已经丧失。为了离婚，在夫妻感情破裂的情况下还得放弃婚姻义务的履行才可能获准离婚。如果积极履

---

① ［日］利谷信义等：《离婚法社会学》，陈明侠、许继华译，北京大学出版社1991年版，第29页。

② 胡志超：《中国破裂主义离婚法法律制度》，法律出版社2010年版，第125页。

行婚姻义务，则离婚请求可能不会得到支持。[①] 实际上应该是婚姻解体的后果，如果将此认定为婚姻解体的条件就会使得一些人为了获得离婚而采取让婚姻丧失其功能的行为，如不尽家庭义务，这无疑可能会助长人性恶，压抑人性善，可能会引发当事人的道德风险。如果只是以婚姻的内部崩溃（即感情破裂）为判断婚姻是否应该解体的条件，虽然婚姻内部崩溃了，只要婚姻未被宣布解体，当事人仍然有维系家庭外部功能的法定义务。而且现实生活中，确有婚姻内部崩溃而外部功能仍然完好的情况，如“维持会型”婚姻。虽然“维持会型”婚姻夫妻并无感情，但立法也不应轻易否定这种婚姻。婚姻幸福与否是当事人自己的感受，立法对“感情破裂”的情形进行规定只是一种人之常情下的推定，感情是否真的破裂还需要当事人本人主张。一方面，可能是当事人自己对婚姻的不同感受；另一方面，当事人可能出于对家庭、对对方、对子女的责任而放弃追求幸福婚姻的权利。因此，“感情破裂”更符合人性，更有利于发扬人性优点，克服人性弱点，“婚姻破裂”更容易导致极端个人主义。

从上述分析看，还有学者认为，“感情破裂”是一种心理活动，不应属于法律调整的范畴。笔者认为，“感情”与“感情破裂”是两个不同的概念，属于不同的范畴。感情作为一种心理活动本身一般不能作为法律调整的对象，但“感情破裂”意味着夫妇之感情已经不存在，其已经不再属于心理活动的范畴而是一种客

① 如梁其放离婚案反映的情况即可能将善良之人趋向邪恶：广州市民梁其放照顾因车祸导致肢残、失语、失忆的妻子阿萍八年，最后提出离婚。为获准离婚，梁其放承诺离婚后依然照顾阿萍终身，但一审法院认为梁其放八年如一日，端屎端尿，喂吃喂喝，精心照料妻子，两人感情并未破裂，判决不准离婚。曾璇：《人物：省妇联罕见帮男方打离婚官司》，载《羊城晚报》，2007－07－30，转引自胡志超：《中国破裂主义离婚法律制度》，法律出版社 2010 年版，第 127 页。当然，此案反映的是如何认定“感情破裂”的问题。如果按“婚姻破裂”论的观点，这样的婚姻是无法解除的。如果梁其放要获准离婚，其必先邪恶地遗弃其妻。

观现象，属于心理活动的外在显现。而且，正如有学者指出的，判决离婚的标准是为婚姻在何种情况下应当解除提供一种统一的准则，不管此标准是什么，其关注的都只能是婚姻关系本身。[①] 只不过，“感情破裂”通过对感情破裂的认定而最终调整婚姻关系，“婚姻破裂”则直接以婚姻关系为调整对象，离婚就是对婚姻关系的解除，因此“婚姻破裂”从语言上更符合逻辑。同时，也有学者认为，感情破裂作为离婚理由认定难，主观随意性大，因此主张用“婚姻破裂”代替“感情破裂”。其实，“婚姻破裂”并非就尽善尽美，审判实践中并非比“感情破裂”原则好把握。[②] 对“婚姻关系破裂”的认定同样存在一定的难度，在认定“婚姻破裂”时，往往也需要以一定的外在表象来判断婚姻关系是否已经破裂，如以双方存在难以调和的分歧，或者以分居达到一定的年限为判断依据，即采纳客观判断标准进行判断。就此而言，“感情破裂”和“婚姻破裂”都需要认定是否存在“破裂”的事实，只不过“感情破裂”强调婚姻的内部崩溃，而“婚姻破裂”强调的是婚姻的外部功能的崩溃。从此角度分析，二者并无优劣之分，只是“感情破裂”强调感情在离婚中的作用，“婚姻破裂”强调婚姻职能的履行在离婚中的作用。有学者认为，感情破裂须以婚姻当事人之间曾经有过夫妻感情为前提。[③] 对此我们需要思考的是，对本无感情的夫妻，是否在离婚时就不能谈感情？有学者批判性地认为此种理解纯粹是一种机械思维，这种指责也不过是一种文字游戏。[④]

---

① 晏生山：《判决离婚标准研究——以美、英、德、法四国立法为借鉴》，西南政法大学硕士毕业论文 2005 年，第 32 页。

② 杨晋玲：《从举证责任看我国婚姻法裁判离婚理由的完善》，载《云南大学学报法学版》2001 年第 4 期，第 102 页。

③ 李红玲：《婚姻破裂原则与感情破裂原则的比较》，载《法学》1991 年第 11 期，第 36 页。

④ 张光平：《婚姻破裂主义——治标不治本——兼评现行法定离婚理由》，载《社科纵横》2008 年第 1 期，第 134 页。

总之，“感情破裂”原则符合人们对婚姻幸福的要求，具有尊重人的精神需求的人文品行。但应当承认，对“感情破裂”的认定确实存在一定的难度，需要从立法上对“感情破裂”原则的适用进行规定。为此，我国《婚姻法》规定了以重婚、有配偶者与他人同居等作为感情破裂的外在表现进行认定。可见，我国《婚姻法》对感情是否破裂采纳客观化的判断标准。在确认感情破裂方面，我国司法实践中法官总结了“四看”的方法，即看婚姻基础、看夫妻感情、看离婚原因及看婚姻关系的现状和是否有和好的可能。1989 年最高人民法院《关于人民法院审理离婚案件如何认定夫妻感情确已破裂的若干具体意见》（以下简称 1989 年《意见》）对认定夫妻感情破裂的行为进行了列举性规定。2001 年修订后的《婚姻法》第 32 条以例示的方法确立了可以认定夫妻感情破裂的行为，规定有下列情况之一，调解无效的应准予离婚：重婚或有配偶者与他人同居的；实施家庭暴力或虐待、遗弃家庭成员的；有赌博、吸毒等恶习屡教不改的；因感情破裂分居满 2 年的；其他导致夫妇感情破裂的情况。上述列举的夫妻感情破裂的情形主要是婚姻一方的过错行为，还包括婚姻目的无法实现的情形，因此我国的“感情破裂”原则实质是破裂原则与过错原则、目的主义原则的混合，而非纯粹的破裂原则。立法规定上述理由为认定夫妻“感情破裂”的标准，是基于人之常情，在通常情况下这些行为足以对对方造成感情伤害或一定事实的发生表明夫妻已无感情存在。但事实上，发生上述情形的并非一定会导致婚姻关系的解除，因此我国《婚姻法》还规定了离婚必须进行调解，只有调解无效的，才可以判决离婚。也就是说，发生上述婚姻期间的行为是否就可以解除婚姻关系，还决定于当事人是否愿意维持该婚姻关系，由当事人自己决定。因此，我国《婚姻法》是以导致夫妻感情破裂的客观行为或事实及当事人是否愿意继续维持婚姻关系的主观愿望相结合作为认定夫妻“感情破裂”的标准。

虽然我国《婚姻法》以例示的方法规定了认定夫妻感情破裂

的情形，即规定以客观标准作为认定感情破裂的方法，但司法实践中要认定上述列举的导致夫妻感情破裂的某些行为仍然存在难度，如要证明一方存在家庭暴力、有配偶者与他人同居及1989年《意见》规定的“婚后未建立起感情，无法共同生活”等的认定。如果夫妻就婚姻期间一方的过错无法举证证明，法院就难以认定夫妻感情是否已经破裂。在国外，许多国家采纳“婚姻破裂”原则。为克服婚姻破裂认定难的问题，许多国家规定以分居作为认定的主要标准，结合其他婚姻过错行为进行认定。相比之下，夫妻分居这一客观事实的认定更容易。我国现行《婚姻法》虽然规定了夫妻因感情不和分居满2年的可以认定夫妻感情破裂，但现行法并未规定司法分居，对分居的起算、分居期间的中断、分居的法律后果等未进行相应的规定，对分居的认定无法定的统一标准，无形中也加大了认定分居的难度。对此，可以借鉴国外的规定，在我国离婚法中明确规定分居制度，并以夫妻分居作为认定夫妻“感情破裂”的主要标准，同时，结合其他婚姻过错或事实以判决夫妻感情是否破裂，以降低“感情破裂”认定上的难度。

同时，“感情破裂”不是个人主义，并非就可以随意解除婚姻关系。“感情破裂”原则下婚姻仍然负有一定的社会义务。由于人不仅仅有自然属性，也有社会属性，人必须生活在社会群体中，离婚自由的行使必须负载一定的社会义务，防止极端个人主义思想的出现。人文主义不仅仅关注个人，也关注他人。人文主义注重对个体权利自由的尊重，但这种个体的自由权利不是个人主义，其权利的行使不得侵犯他人的权利。为此，对“感情破裂”原则的认定除应采客观标准外，还须采严格的标准，以防止其主观随意性。我国离婚法过于追求当事人的离婚自由，防止轻率离婚的防范性措施不够，而且离婚救济制度不完善，对离婚中弱者权益保护不足。为保障“感情破裂”原则的实施，离婚法应加大婚姻挽救机制，对尚可维持的婚姻关系，应完善立法予以挽救，同时加大对离婚弱者的救济力度，完善离婚未成年子女抚养监护等相关立法以更好地保障离婚弱者权益，实现离婚时的公平正义。

第二节 离婚夫妻关系：贫困女性经济权益保障

我国《婚姻法》注重对离婚女性的经济权益保障，在离婚夫妻共同财产的界定、离婚夫妻财产分割原则、离婚经济帮助制度等方面均体现了对离婚弱势方经济权益的保护，但现行法对离婚贫困女性的经济权益保障仍然存在某些不足。

一、我国离婚法对离婚女性的经济权益保障

我国离婚法一向注重保护女性在离婚时的经济权益，体现了离婚法对女性的特殊关怀和保护，符合保障离婚弱势群体权益的精神。我国现行《婚姻法》在以下方面体现了对离婚女性的经济保障：

第一，在夫妻共同财产界定方面，我国现行法注重对离婚弱势群体的权益保障。1950 年颁布的《婚姻法》规定法定财产制为一般共同制，规定夫妻双方对于家庭财产有平等的所有权与处理权。1980 年《婚姻法》第 13 条以婚后所得共同制为法定财产制，规定“夫妻在婚姻关系存续期间所得的财产，归夫妻共同所有，双方另有约定的除外。夫妻对共同所有的财产，有平等的处理权”。2001 年修订后的《婚姻法》第 17 条进一步明确了夫妻共同财产的范围，规定夫妻在婚姻关系存续期间所得的下列财产，归夫妻共同所有：工资、奖金；生产、经营的收益；知识产权的收益；继承或赠与所得的财产，但《婚姻法》第 18 条第 3 项规定的除外；其他应当归共同所有的财产。2003 年最高人民法院《关于适用〈中华人民共和国婚姻法〉若干问题的解释（二）》[以下简称《〈婚姻法〉司法解释（二）》] 扩大了夫妻共同财产的范围，将婚后男女双方实际取得或者应当取得的住房补贴、住房公积金、养老保险金、破

产安置补偿费、发放到军人名下的婚姻存续时间内的复员费、自主择业费等一次性费用等纳入夫妻共同财产的范围。夫妻共同财产制有利于保护无经济收入或经济收入能力低的配偶方的权利，而现实生活中经济上处于弱势地位的主要是女性，因此婚后所得共同制有利于保障女性经济权益。现行《婚姻法》进一步扩大夫妻共同财产的范围，加大了对家庭中无收入或收入低的配偶方的权益保障力度。

第二，在夫妻财产分割原则方面，我国离婚法规定了公平分割与照顾女方相结合的原则。我国1950年《婚姻法》第23条第1款规定："离婚时，除女方婚前财产归女方所有外，其他家庭财产如何处理，由双方协议；协议不成时，由人民法院根据家庭财产具体情况、照顾女方及子女利益和有利发展生产的原则判决。"1980年《婚姻法》第31条及2001年修订后的《婚姻法》第39条规定，离婚时，夫妻的共同财产由双方协议处理；协议不成时，由人民法院根据财产的具体情况，按照照顾子女和女方权益的原则判决。1993年最高人民法院《关于人民法院审理离婚案件处理财产分割问题的若干具体意见》（以下简称《财产分割意见》）也明确规定了在夫妻财产分割时坚持男女平等，保护妇女的合法权益等原则。《财产分割意见》第13条规定离婚房屋分割时对女性的照顾，对不宜分割使用的夫妻共有的房屋，应根据双方住房情况和照顾抚养子女方或无过错方等原则分给一方所有。双方条件等同的情况下，照顾女方。1996年最高人民法院《关于审理离婚案件中公房使用、承租若干问题的解答》（以下简称《公房使用、承租问题的解答》）中也规定了在公房承租时，在男女双方同等条件下，照顾女方。该司法解释还规定，离婚时，一方对另一方婚前承租的公房无权承租而解决住房确有困难的，人民法院可调解或判决其暂时居住，暂住期限一般不超过两年。以上夫妻共同财产的分割原则采取向女性倾斜的措施，体现了离婚法"以人为本"的理念、尊重保障离婚弱势人权，有助于实现离婚夫妻之间的实质平等。

第三，我国的离婚经济补偿制度有利于保障女性的经济权益。2001 年修订后的《婚姻法》第 40 条规定："夫妻书面约定婚姻关系存续期间所得的财产归各自所有，一方因抚育子女、照料老人、协助另一方工作等付出较多义务的，离婚时有权向另一方请求补偿，另一方应当予以补偿。"离婚经济补偿制度遵循民法公平原则，尊重家务劳动价值，维护妇女合法权益的要求。[①] 在夫妻一方因抚育子女等方面尽了较多家庭义务的，离婚时有权向另一方请求经济补偿，这为家庭中从事家务劳动方尤其是为女性的家务劳动价值的保护提供了法律上的依据，有助于保护女性的经济权益。

第四，我国现行法规定了离婚经济帮助制度作为对离婚经济困难方的救济。对离婚经济弱势群体进行人文性关怀，是我国婚姻家庭法的一贯做法。早在革命根据地时期我国苏维埃共和国婚姻法就规定，在离婚后女子如未再行结婚，并缺乏劳动能力，或没有固定职业，因而不能维持生活者，男子须帮助女子耕种土地，或维持其生活。但如男子自己缺乏劳动能力，或没有固定职业，不能维持生活者，不在此列。此后，1950 年《婚姻法》规定了帮助生活困难方"维持其生活"的措施，该法第 25 条规定，离婚后，一方如未再行结婚而生活困难，他方应帮助维持其生活；帮助的办法及期限，由双方协议；协议不成时，由人民法院判决。1980 年《婚姻法》明确规定离婚时对生活困难方的经济帮助制度，该法第 33 条规定，离婚时，如一方生活困难，另一方应给予适当的经济帮助。2001 年修订后的《婚姻法》对我国的离婚经济帮助制度进行了进一步的完善。离婚经济帮助制度的立法目的，主要在于救济离婚后一方的生活困难，体现了婚姻家庭法"保障弱者利益"的精神，也有利于保障生活困难当事人实现离婚自由。[②] 现实中发生生活困

① 陈苇主编：《婚姻家庭继承法学》，群众出版社 2005 年版，第 262 页。

② 陈苇：《中国婚姻家庭法立法研究》（第二版），群众出版社 2010 年版，第 565 页。

难的主要是女性，因此离婚经济帮助制度体现了对女性经济权益的保障。

第五，离婚女性的住房保障措施有利于解决离婚女性住房困难。最高人民法院 1993 年《财产分割意见》确立了经济困难方对婚姻住房的暂时居住权及在住房方面有获得帮助的权利。该解释第 14 条规定，婚姻存续期间居住的房屋属于一方所有，另一方以离婚后无房居住为由，要求暂住的，经查实可据情予以支持，但一般不超过两年。无房一方租房居住经济上确有困难的，享有房屋产权的一方可给予一次性经济帮助。1996 年《公房使用、承租问题的解答》规定离婚时，一方对另一方婚前承租的公房无权承租而解决住房确有困难的，人民法院可调解或判决其在不超过两年期限内的暂时居住。针对我国住房改革及大量离婚女性的住房困难的社会现实，2001 年《婚姻法》第 42 条在原 1980 年《婚姻法》离婚经济帮助制度的基础上，增加了一提示性条款，即“离婚时，如一方生活困难，另一方应从其住房等个人财产中给予适当帮助”。2001 年最高人民法院《关于适用〈中华人民共和国婚姻法〉若干问题的解释（一）》［以下简称《〈婚姻法〉司法解释（一）》］进一步明确规定，一方离婚后没有住处的，属于生活困难。离婚时，一方以个人财产中的住房对生活困难者进行帮助的形式，可以是房屋的居住权或者房屋的所有权。这些规定，为保证离婚女性的住房困难提供了法律依据，并在一定程度上可以保障离婚女性的住房居住权。

总之，从 1950 年《婚姻法》到 1980 年《婚姻法》再到 2001 年《婚姻法》的修订，我国婚姻法在夫妻共同财产的范围、共同财产分割原则、离婚经济补偿、离婚后的经济帮助、离婚女性的住房保障等方面都注重对离婚女性的保护，且从上述法律的发展演进分析，我国法律是在逐步加大对离婚女性的经济权益保障措施，这些规定也与我国离婚法保障离婚弱势群体权益的立法目标相一致。

二、离婚女性经济权益保障立法之不足

（一）我国离婚女性的经济状况

离婚后，绝大多数女性存在经济上的困难，这不仅在发达国家，而且在我国这样的发展中国家也如此。在我国，女性离婚后的经济水平普遍降低，大部分离婚女性住房困难，严重影响离婚女性的生活和发展。据调查，我国离婚女性的经济状况如下：第一，离婚女性与婚姻期间的收入相比普遍降低。根据学者2005年5月在长沙市天心区和雨花区的调查，离婚后子女跟随母亲生活的占62.7%，其家庭收入（包括父亲给子女的抚养费）是双亲家庭的54.1%。[①] 另根据学者对西安市城乡离婚妇女情况的调查，60%的离婚妇女认为她们离婚后的生活“极为清苦”和“比较清苦”；有71.9%的离婚妇女认为离婚后的生活状况比离婚前“下降了”；离婚妇女认为她们目前的生活状况是在“维持生存”的占56.2%；有89%的各阶层被调查者认为离婚单身母亲“处境困难”，其生活状况“下降许多”；90%的男性受访者和92.6%的女性受访者认为离婚妇女的生活水准“普遍下降”；有22.2%的离婚妇女认为她们的生活处于社会最底层。[②] 第二，离婚女性的经济收入与离婚男性相比普遍降低。与离婚单身男性家庭，离婚女性家庭的收入存在较大的差距。根据学者对200个单亲家庭（母亲单亲家庭和父亲单亲家庭各100个）的调查，离婚妇女的年收入是离婚男性的80.2%。[③] 第三，离婚经济贫困女性分布广泛。离婚女性的贫困现象不仅存在于中西部较落后地区，即使在我国经济相对发达的沿海

---

① 王琪：《经济学视阈的离婚妇女财产权益》，载《求索》2006年第7期，第127页。

② 马致远、张蓉：《透视弱势群体——中国离婚妇女的生活状况及其权益保障》，载《长安大学学报》（社会科学版）2003年第9期，第59～60页。

③ 王琪：《经济学视阈的离婚妇女财产权益》，载《求索》2006年第7期，第127页。

地区，也存在离婚女性生活贫困的现象。有学者在深圳市的调查显示，有8%的离婚女性没有收入，女性的家庭收入在离婚后下降了31.8%，平均每月收入减少1300多元，12.9%的离婚妇女家庭月收入不到1000元，1/3的家庭月收入在2000元以下。[①] 第四，离婚女性住房问题突出。随着我国住房改革的推进，住房问题是普通民众非常关心的问题，也是涉及民众基本生活保障的问题。在我国，离婚女性的住房问题尤其突出。根据学者在西安的调查，56%的离婚妇女无住房，有独立住房的单身母亲家庭只占受访者的24%，69.9%的离婚妇女住在娘家或临时租房居住。[②] 以上调查表明，离婚经济贫困女性不是个别现象，而是作为一个群体存在。离婚女性贫困不是一般的经济困难，而是存在贫困化现象。

（二）我国《婚姻法》对离婚女性经济权益保障之不足

虽然我国离婚法在离婚中注重保障离婚女性经济权益，体现对离婚弱势方的关怀与保护，但现行立法对离婚女性权利保障仍然存在一定的不足，主要体现在以下方面：

1. 夫妻共同财产范围界定之不足

（1）知识产权期待利益的规定存在不足

我国1993年《财产分割意见》第15条规定，离婚时一方尚未取得经济利益的知识产权，归一方所有。在分割夫妻共同财产时，可根据具体情况，对另一方予以适当的照顾。2001年修订后的《婚姻法》第17条规定，知识产权的收益属于夫妻共同财产。《〈婚姻法〉司法解释（二）》第12条对知识产权的收益归属进一步进行了规定，指出《婚姻法》第17条第3项规定的“知识产权的收益”，是指婚姻关系存续期间，实际取得或者已经明确可以取

① 易松国：《离婚的后果：离婚女性的定量分析及思考——以深圳市为例》，载《江西社会科学》2006年第5期，第165页。

② 马致远，张蓉：《透视弱势群体——中国离婚妇女的生活状况及其权益保障》，载《长安大学学报》（社会科学版）2003年第9期，第61页。

得的财产性收益。规定知识产权的收益属于夫妻共同财产是对知识产权创作人或贡献人劳动价值的承认，因为婚姻期间一方创造的知识产权是夫妻分工不同的结果。但根据上述规定，我国现行法相关规定只将婚姻期间夫妻一方创作的知识产权已经取得和已经明确可以取得的收益确定为夫妻共同财产，并未将未实现收益的财产期待利益纳入夫妻共同财产范围。虽然1993年《财产分割意见》规定知识产权归一方所有，在分割共有财产时对另一方应予以适当的照顾，但此种照顾在性质上不同于非知识产权方应当获得的财产所有权。且此种照顾是以离婚夫妻存在可以分割的共同财产为前提的，如果没有共同财产，此照顾性规定也就落空了。由于知识产权是在婚姻期间创作，根据婚后所得共同制及其立法精神，婚姻期间已经创造完成的知识产权不管实现财产权的时间是在婚姻期间还是离婚后，其财产权都属于夫妻双方。因此，对知识产权的确认时间、知识产权财产权的取得时间和对该知识产权财产的实际占有时间都不应成为判断该收益归属的依据，而应以知识产权的形成时间确定。① 从传统的性别分工看，从事家务劳动的多数是女性，如果不承认知识产权的期待利益为夫妻共同财产，女性的家务劳动价值就未能得到完全体现。

（2）未考虑一方形成的人力资本的收益之不足

人力资本是相对于物质资本而言的，是指体现在人身上，用来提高未来收入并不断增值的能力，包括个人所具备的知识、技能和资历等。现代经济学认为在生产中起决定作用的不是物质资本而是人力资本，人力资本是决定劳动生产率的一个主要因素。在对夫妻一方进行人力资本投资时，其成本包括人力资本的直接物质投资，人力资本获得方因进行人力资本投资，如进行脱产学习、培训等可

① 关于知识产权期待利益归属的更多论述，参见陈苇：《婚内所得知识产权的财产期待权之归属探讨——兼谈对〈婚姻家庭法〉（1999年法学专家建议稿）的修改建议》，载《现代法学》2000年第4期。

能导致夫妻收入的降低，以及非人力资本投资方在抚养子女等家务劳动中存在的机会成本及精力成本等。人力资本投资的目的在于提高投资方将来的能力，以便将来能创造更大的生产力。由于人力资本一经形成，其收益具有累计效应和收益递增效应，获得方将因此获得一种递增的生产能力。而人力资本不像物质资本，不会在不同主体之间转移，它只属于获得人力资本方独有。因此，如果婚姻期间对一方进行人力资本投资，在这种潜在的生产能力形成后婚姻解体，不考虑人力资本创造的潜在的生产力是一种不公平。① 而我国《婚姻法》并未考虑夫妻一方在婚姻期间形成的人力资本，并对该人力资本形成作出的贡献应进行合理的补偿。应考虑由夫妻双方共同分担人力资本投资的成本，共同分享该人力资本在一定年限内的收益。由于人力资本方在婚姻期间形成人力资本往往可能减少对家庭的家务投入，减少家庭经济收入且需要相应的时间、资金的投入，家庭中从事家务劳动的主要是女性，未考虑人力资本的收益归属可能会造成女性利益的损害。国外许多国家通过立法以不同方式承认夫妻家务劳动的价值，近几十年来，原本采夫妻分别财产制的英美法系国家，都引入了家事劳动评价理论，在共同财产制下，如果共同财产较少，只依靠财产分割不足以补偿一方当事人对家庭的贡献，也酌情判给该方当事人以补偿性扶养费。② 为尊重和保障离婚夫妻的财产权利，在离婚时宜根据夫妻一方在婚姻期间形成的人力资本，对另一方进行合理的补偿。

2. 离婚经济帮助制度之不足

（1）离婚经济帮助制度的功能有限

2001 年修订的《婚姻法》第 42 条规定了离婚经济帮助制度，

---

① 参见冉启玉：《论我国〈婚姻法〉对夫妻家务劳动价值的保护》，载《理论月刊》2011 年第 1 期，第 114 页。

② 马忆南：《离婚救济制度的评价与选择》，载《中外法学》2005 年第 2 期，第 237 页。

规定离婚时，如一方生活困难，另一方应从其住房等个人财产中给予适当帮助。该规定的立法宗旨在于对给予离婚时或离婚后一定时期内生活困难的原配偶一方以经济上的帮助，以克服暂时的生活困难，最终实现其经济自立，对于婚姻期间因传统分工，照顾抚养子女、赡养老人等家务劳动而离婚后无法自我扶养一方发挥着救济的功能。但由于该制度的不完善，不能有效发挥其救济的作用。加上我国防止轻率离婚的其他防范性措施不足，往往可能造成对离婚中的弱势，主要是妇女的权利保障不够，加剧了离婚单身女性及其抚养的子女贫困化。具体而言，我国的离婚经济帮助制度在以下方面导致离婚女性权利分配保障不足：第一，离婚经济帮助的条件限制过严，导致实际能够受助的人很少；第二，未规定法院判决离婚经济帮助应考虑的因素，缺乏具体的可操作规则，使法官判决离婚经济帮助的不多，且给付的数额偏低；第三，缺乏保障离婚经济帮助制度执行的措施，使一些当事人的离婚经济帮助费实际不能取得。① 由于请求离婚经济帮助的多为女性，该制度的不完善就直接导致女性的权利无法得到保障。在笔者统计的 158 例案件中，当事人请求离婚经济帮助费用的有 7 例，法院判决支付经济帮助请求权的案件共 4 例，有 3 例当事人请求离婚经济帮助未获得支持。法院判决离婚经济帮助的案件占所有案件的 2.5%。女性请求经济帮助的案件为 5 例，占请求经济帮助的总人数的 71.4%，男性请求离婚经济帮助的案件为 2 例，占请求经济帮助的总人数的 28.6%。请求经济帮助的主要原因是一方患病（3 例）或无固定工作（2 例）。判决经济帮助的费用为 1 万元以下的 3 例（分别为 3000 元、5000 元、8000 元），1 万元的 2 例，另有一例是与离婚损害赔偿一起判决共支付 2 万元。无以住房的所有权或居住权进行帮助的判

---

① 陈苇、冉启玉：《离婚扶养制度研究——中国法与俄罗斯法之比较》，载王利明、郭明瑞、潘维大主编：《中国民法典基本理论问题研究》，人民法院出版社 2004 年版。

决。离婚经济帮助制度适用的有限性与经济帮助方的经济能力、需要帮助方的实际困难有关，也与法律要求需要经济帮助方的条件过于苛刻有关。由于女性在经济收入中的弱势地位，其收入较男性低，如果离婚经济帮助制度适用的条件过于苛刻，这无疑会加大离婚女性的经济贫困化。

（2）离婚女性的住房保障措施不足

如前述调查结果显示，在我国离婚女性的住房问题尤其突出。虽然我国《婚姻法》规定了离婚时一方发生经济困难时，另一方应从住房等方面给予帮助，但司法实践中女性的住房问题并未得到相应的保障。根据学者的调查，在厦门，在2000～2003年的离婚案件中，法院判决离婚时，女性获得婚姻住房的比例比男方低，住房最终判决归男方所有的占获准离婚案件的15.33%，女性占11.31%。调解结案的情况，女性获得婚姻住房的比例比男方高，占28.7%，男性获得住房的比例为13.87%。[①] 这反映出，如果以住房所有权的法律规定进行判决，很多情况下男性获得住房所有权的比例比女性高，如果是调解，则女性更有可能获得住房所有权。这与我国传统的“男娶女嫁”的婚嫁方式有关，因为传统上是男方婚前购买房屋，女方购置日常家用设备，一旦离婚，根据现行法，男方的婚前财产自然就归男方所有。因此，我国现行法规定以一方个人财产的住房所有权对离婚经济困难方进行帮助，在实践中违反所有权相关法律规定，以此对离婚经济困难方进行帮助难以实现。而且1993年《财产分割意见》规定，婚姻存续期间居住的房屋属于一方所有，另一方以离婚后无房居住为由，要求暂住的，经查实可据情予以支持，但一般不超过两年。此期限的限制也并非能满足离婚后住房困难方的居住权。保障离婚女性的居住权是人的基本生存需求，是对女性基本人权的尊重。为了保障离婚女性的居住权，同时又不侵犯夫妻他方的财产权利，可以借鉴法国和英、美等

① 巫昌祯主编：《婚姻法执行情况调查》，中央文献出版社2004年版，第169页。

国家在住房方面的规定，以房屋租让方式或推迟出售婚姻住房的方式保障离婚经济困难女性的居住权。

3. 离婚经济补偿制度之不足

我国现行《婚姻法》第40条规定了离婚经济补偿制度。经济补偿请求权是对夫妻一方从事家务劳动或协助工作予以正确评价的必然要求，可以弥补分别财产制的不足，是保障妇女合法权益，实现夫妻实质上平等的需要。① 从事家务劳动者主要是女性，承认家务劳动的价值是对女性家务劳动价值的尊重，因而该条规定具有一定的性别视角，有利于促进男女之间的实质平等。但我国现行法在以下方面仍然存在不足：一方面，离婚经济补偿制度只限于分别财产制的夫妻，而现实中实行分别财产制的夫妻非常少，这就极大地限制了该制度的适用。据调查，在北京市，实行分别财产制的比例为2.6%，实行共同财产制的占被调查案件的97.4%。在实行分别财产制比例比较高的哈尔滨市，实行分别财产制的家庭所占比例为12.5%，部分约定财产制的家庭占4.2%，而共同财产制的家庭所占比例为79.2%。② 另一方面，我国的经济补偿制度缺乏补偿标准的规定，缺乏可操作性，限制了该制度功能的发挥。现实生活中主要由女性承担家务劳动，这样，离婚经济补偿制度不足的结果就容易导致女性的家务劳动价值无法得到全部体现。随着家务劳动社会化及现代化的推进，一些家务劳动由社会承担，妇女家务劳动的时间有所减少，但仍然主要由女性从事家务劳动。近年学者对世界25个国家的调查显示，妇女家务劳动的时间较过去减少了，但家务劳动仍然主要由女性承担。③ 据美国和瑞典过去30年夫妻家务劳动时间的调查显示，妻子参与有偿就业的数量极大地增加了，而

① 王洪：《婚姻家庭法》，法律出版社2003年版，第188～189页。

② 巫昌祯主编：《婚姻法执行情况调查》，中央文献出版社2004年版，第49、113页。

③ Haya Stier, Noah Lewin - Epstein, Policy Effects on the Division of Housework, *Journal of Comparative Policy Analysis*, Vol. 9, No. 3, September 2007, pp. 244 - 245.

丈夫家务劳动的时间并没有增加。[①] 这表明家务劳动主要由女性承担的格局在过去几十年仍未改变，在妇女高就业率情况下还需负担家务和就业的双重负担。在我国，情况同样如此。根据学者的调查数据，在我国从事家务劳动的居民占 78.9%，其中男性做家务的占 59.1%，女性占 96.5%。男性平均每天做家务的时间为 85 分钟，女性为 196 分钟。[②]

由于实行分别财产制的夫妻比例低，司法实践中经济补偿制度适用非常有限。笔者统计的 158 例法院判决书中，有 3 例案件当事人要求对方支付离婚经济补偿，但无一例案件获得法院的支持。这与其他学者的调查结果相一致，如学者对厦门两个基层法院和一个婚姻登记机关 2000 ~2003 年的离婚案件的调查，只发现一例请求经济补偿的案件，但因夫妻并未实行分别财产制，该请求未得到支持。[③] 事实上在实行分别财产制的情况下，有的离婚夫妻在家庭中也承担了较多的家务劳动，但并未获得法院的支持，如在笔者统计的请求离婚经济补偿的这 3 个案例中有 2 个案件是夫妻分居 1 年多，分居期间由一方抚养子女，但该方请求抚养子女期间的经济补偿未获得支持。另一案件是婚姻期间一方离家出走 2 年多，离婚时抚养子女方的经济补偿请求也未获得支持。虽然这些案件当事人都实行夫妻共同财产制，但在婚姻期间一方明显地在从事家务方面付出较多，其家务劳动价值在离婚时并未得到体现。在婚姻期间，有些夫妻缺乏家庭责任感，在发生矛盾的情况下就采取“离家出走”、“下落不明”等方式处理夫妻矛盾，这些情况也应赋予履行家庭责任的一方离婚经济补偿请求权，这既有利于保障家务劳动方

---

① Marie Evertsson and Magnus Nermo, Dependence Within Families and the Division of Labor: Comparing Sweden and the United States, *Journal of Marriage and Family* 66 (December 2004), p. 1284.

② 刘爱玲等：《中国成年人家务劳动现状》，载《中国慢性疾病预防与控制》2007 年第 2 期，第 85 ~86 页。

③ 巫昌祯主编：《婚姻法执行情况调查》，中央文献出版社 2004 年版，第 174 页。

的利益，也有利于鼓励夫妻积极履行家庭义务，发扬人性善的优点。

第三节 离婚亲子关系：未成年子女之主体地位

我国《婚姻法》在确立离婚后子女监护和探望时以未成年子女为主体，尊重其需求、维护其利益，但在离婚未成年子女监护和探视方面仍然存在对未成年子女主体地位尊重不足的问题。

一、离婚法未成年子女主体地位之体现

离婚后亲子关系的相关法律主要规定在2001年修订后的《婚姻法》及1993年最高人民法院《关于人民法院审理离婚案件处理子女抚养问题的若干具体意见》（以下简称《子女抚养意见》）。我国现行立法在离婚亲子关系方面的规定在以下方面体现了离婚法尊重未成年子女的主体地位，体现未成年子女独立人格的人文主义立法理念：

第一，我国立法确立了父母离婚后对子女的双系抚养原则，规定父母离婚并不影响父母对未成年子女的义务。我国1950年《婚姻法》第20条规定，父母与子女间的血亲关系，不因父母离婚而消灭。离婚后，子女无论由父方或母方抚养，仍是父母双方的子女。离婚后父母对于所生的子女，仍有抚养和教育的责任。此后，1980年《婚姻法》及2001年修改《婚姻法》时继续坚持此种规定。在离婚子女抚养费的支付方面，我国《婚姻法》规定，离婚后，一方抚养的子女，另一方应负担必要的生活费和教育费的一部分或全部，负担费用的多少和期限的长短，由双方协议；协议不成时，由人民法院判决，并规定在父母协商的情况下不得对子女的抚养产生重大不利影响。子女生活费和教育费的协议或判决，不妨碍子女在必要时向父母任何一方提出超过协议或判决原定数额的合理

要求。此外，1993 年最高人民法院《子女抚养意见》对离婚子女抚养费的支付方式、支付数额、抚养费的变更等进行了详细的规定。2001 年修订后的《婚姻法》还规定未直接抚养子女的一方有探望子女的权利。双系抚养符合未成年子女的利益和需求，符合对未成年子女弱势群体权益保障的指导思想。

第二，我国立法规定夫妻登记离婚须以妥善处理未成年子女抚养、监护为条件。新中国成立后的两部婚姻法均规定了诉讼离婚和登记离婚，且均要求登记离婚时，必须系双方自愿并对子女问题确有适当处理。2001 年修订后的《婚姻法》仍然坚持规定离婚必须以对子女抚养监护问题进行适当处理为前提，不允许父母以牺牲未成年子女利益为代价追求自己的离婚自由。这些规定体现了对未成年子女利益的保护。

第三，我国立法规定了对胎儿和婴儿的特殊保护。早在 1950 年，我国《婚姻法》规定，女方怀孕期间，男方不得提出离婚；男方要求离婚，须于女方分娩 1 年后，始得提出。1980 年《婚姻法》第 27 条增加了在女性怀孕期间对男性的离婚请求权的限制，规定在怀孕期间和分娩后 1 年内，男方不得提出离婚，加大了对胎儿的保护措施。对男性离婚诉权的限制虽然体现了对女性在特殊时期的特殊关怀，同时也是出于对新生婴儿的特殊保护及胎儿出生之后的利益考虑。

第四，我国立法规定离婚后未成年子女监护的确定及监护的变更应根据子女的需求及利益确定。首先，未成年子女监护应根据其生理和心理发展特点决定。最高人民法院 1993 年《子女抚养意见》第 1 条规定，离婚后，两周岁以下的子女，以随哺乳的母亲抚养为原则。但以下情形除外：患有久治不愈的传染性疾病或其他严重疾病，子女不宜与其共同生活的；有抚养条件不尽抚养义务，而父方要求子女随其生活的；因其他原因，子女确实无法随母方生活的。对哺乳期后的子女，如双方因抚养问题发生争执不能达成协议时，由人民法院根据子女的权益和双方的具体情况判决。《子女抚养意见》对两周岁以上子女的监护，主要以子女的利益作为确定其监护的考虑因素。规定对两周岁以上未成年的子女，父方和母方均要求随其生活，一方有下列情形之一的，可予优先考虑：子女随其生活时间较长，改变生活环境对子女健康成长明显不利的；无其他子女，而另一方有其他子女的；子女随其生活，对子女成长有利，而另一方患有久治不愈的传染性疾病或其他严重疾病，或者有其他不利于子女身心健康的情形，不宜与子女共同生活的。如前所述，一般情况下，共同监护符合子女的最大利益。对此，最高人民法院《关于贯彻执行〈中华人民共和国民法通则〉若干问题的意见》（以下简称《民法通则意见》）确立了离婚后共同监护子女的共同监护原则，该法第21条规定："夫妻离婚后，与子女共同生活的一方无权取消对方对该子女的监护权，但是，未与孩子共同生活的一方，对该子女有犯罪行为、虐待行为或者对该子女明显不利的，人民法院认为可以取消的除外。"其次，子女监护关系的变更以未成年子女的利益和需求决定。《子女抚养意见》规定，一方要求变更子女抚养关系有下列情形之一的，应予支持：与子女共同生活的一方因患严重疾病或因伤残无力继续抚养子女的；与子女共同生活的一方不尽抚养义务或有虐待子女行为，或其与子女共同生活对子女身心健康确有不利影响的；10周岁以上未成年子女，愿随另一方生活，该方又有抚养能力的；有其他正当理由需要变更的。我国相关法律考虑到了哺乳期内子女的特殊需求，原则上规定由母亲抚养，并确立了父母离婚后对子女的"共同监护"原则，现行法还允许在有利于保护子女利益的前提下，父母双方协议轮流抚养子女，这些规定在一定程度上体现了对未成年子女需求的尊重、权益的保护。

第五，2001年修订后的《婚姻法》专门增加了未直接抚养子女的一方对子女的探望权。该法第38条规定，离婚后，不直接抚养子女的父或母，有探望子女的权利，另一方有协助的义务。行使探望权利的方式、时间由当事人协议；协议不成时，由人民法院判决。父或母探望子女，不利于子女身心健康的，由人民法院依法中止探望的权利；中止的事由消除后，应当恢复探望的权利。《〈婚姻法〉司法解释（二）》对探望权的中止及其恢复进行了规定。当事人在履行生效判决、裁定或者调解书的过程中，请求中止行使探望权的，人民法院在征询双方当事人意见后，认为需要中止行使探望权的，依法作出裁定。中止探望的情形消失后，人民法院应当根据当事人的申请通知其恢复探望权的行使。未成年子女、直接抚养子女的父或母及其他对未成年子女负担抚养、教育义务的法定监护人，有权向人民法院提出中止探望权的请求。《婚姻法》第 48 条规定了探望权执行中的执行措施，规定对拒不执行有关扶养费、抚养费、赡养费、财产分割、遗产继承、探望子女等判决或裁定的，由人民法院依法强制执行。有关个人和单位应负协助执行的责任。探望权的规定有利于父母离婚后共同参与子女监护抚养，有利于子女与父母的交往，符合子女的利益和需求。

二、离婚法未成年子女主体地位体现之不足

我国现行法对离婚后亲子关系的规定从未成年子女利益出发，尊重未成年子女在父母离婚后的经济和精神等多方面的需求，但从人文主义视角审视我国离婚亲子法，仍然存在一些子女主体性地位尊重不足的规定，主要体现在以下方面：

（一）在子女监护和探望纠纷解决中未成年子女意愿尊重之不足

其一，我国的登记离婚制度未尊重子女意愿。根据 1993 年《子女抚养意见》第 5 条规定，对于 10 周岁以上的子女，当父母就该子女随父或随母生活发生争执时应考虑该子女的意见。虽然我国《婚姻法》规定了当父母就该子女随父或随母生活发生争执时应考虑该子女的意见，但在登记离婚的情况，并不需要登记机关听取未成年子女的意愿，只要父母就未成年子女监护探望等达成一致意见就可以了。虽然我国《民法通则意见》第 21 条规定了父母对

未成年子女的共同监护及法院判决不得对未成年子女共同监护的情形，但该规定只适用于夫妻就子女监护发生争议时由法院判决的情形，法院只是被动地就当事人之间的争议据此作出判决，而并未规定在上述情形下当事人不得约定未成年子女的人身共同监护。在登记离婚时，如果夫妻一方存在家庭暴力行为或虐待、遗弃子女或其他明显不利于子女的情形的，只要父母双方对轮流抚养子女协商一致，对子女人身共同监护并无争议的，则并不要求考虑子女的意愿，难以保证子女最大利益的实现。其二，对于子女意愿，也需要在符合其利益的情况下予以灵活考虑。对此英国法官指出：首先要考虑孩子是具有个人思维、意愿、观点和情感的人，这需要给予他们关注，不能仅因为是孩子而对他们的愿望打折扣或不予考虑。其次要考虑孩子毕竟是孩子这一事实。法律热衷于保护孩子是因为他们易成为弱者且易受到影响，衡量长远问题时缺乏成熟及对人们在一定情况下的反应缺乏洞察力和想象。① 因此，在子女 10 周岁以上的情况下完全听取未成年子女的意愿也并非完全符合其利益，应根据具体情况考虑是否完全尊重未成年子女的意愿。

（二）未成年子女监护方面子女心理发展特点考虑不够

我国最高人民法院 1993 年《子女抚养意见》规定，对于两周岁以下子女原则上由母亲抚养，两周岁以上子女根据多种因素确定子女的监护，即我国立法对两周岁以下子女监护采取“幼年推定原则”。在子女年幼的情况，由于生理及其他原因，主要由母亲承担照顾子女的责任，因此母亲自然更多地成为子女心理上的依恋对象，此规定具有一定心理学上的合理性。在确定未成年子女监护时，考虑未成年子女的心理发展特点有利于促进未成年子女今后的成长发展。依恋是儿童在早期生活过程中表现出的一种心理特征，是婴儿与主要照顾者（主要是母亲）之间最初的社会性联结，也

① Stephen Cretney, *Family Law in the Twentieth Century*, *A History*, Oxford University Press, 2003, p. 731.

是婴儿情感社会化的重要标志。[①] 通常情况下母亲是子女的依恋对象，但实际生活中，儿童依恋的对象不仅仅是母亲，只要是与儿童亲密接触的人都可能形成儿童的依恋对象。如果主要由父亲担任子女的照顾责任时，子女也可能以父亲作为依恋对象，此时，“幼年推定原则”就不适用了，而应考虑“主要照顾者推定原则”。我国司法解释规定两周岁以下的子女原则上由母亲抚养，同时规定了母亲不适宜担任监护人的情况，但这些除外的规定并未考虑母亲不是幼年子女抚养人的情况，即母亲不是儿童的依恋对象的情况。

同时，心理学研究证明，儿童依恋对象的确立通常是在 3 周岁以前。[②] 在 3 周岁之前，儿童处于寻找依恋对象并建立依恋关系的阶段，婴幼儿是否形成依恋对象及依恋的性质如何，直接影响到婴儿情绪、情感、社会性行为、性格特征及与人交往的基本态度的形成。[③] 根据儿童依恋理论，依恋分为三种模式：安全型依恋、回避

---

① 儿童依恋理论是英国精神病专家鲍尔贝（J. Bowlby）提出的，鲍尔贝的理论以“依恋行为系统”为基础。依恋行为系统被认为是“规范婴幼儿寻求亲近对象及与一个或数个特定的提供身体或精神安全的个体保持接触行为的一个自我平衡的过程”。婴幼儿的依恋是以微笑或哭泣作为表现形式，一旦婴幼儿和母亲建立起特定的情感纽带，就会将母亲视为安全的基础。如果婴幼儿感觉到恐惧及焦虑、面对陌生人、黑暗等威胁，其就会自动退回到母亲处寻求安全保障。因此，在与母亲分离的情况下，婴幼儿会经历焦虑情绪。Frank J. Dyer，*Psychological Consultation in Parental Rights Cases*，The Guilford Press，1999，pp. 152 – 153.

② 根据儿童依恋理论，并非儿童从一出生就对依恋对象产生依恋性，此种依恋感是在与依恋对象的长期相互作用中逐步形成发展起来的，而且与依恋对象对儿童接触的时间和质量相关。此种依恋分为三个阶段，第一阶段为无差别的社会反应阶段（出生至 3 个月），这个阶段婴儿表现出对所有人的反应无差别，尚未形成对母亲的偏爱。第二阶段为有差别的社会反应阶段（3 个月至 6 个月），此阶段婴儿对母亲的反应比其他人的反应更多、更强烈。第三阶段为特殊的情感联结阶段（6 个月至 3 岁），此阶段婴儿表现出对母亲明显的依恋。林崇德主编：《发展心理学》，人民教育出版社 1995 年版、2006 年第 15 次印刷，第 187 ~ 188 页。

③ 林崇德主编：《发展心理学》，人民教育出版社 1995 年版、2006 年第 15 次印刷，第 187 页。

型依恋、反抗型依恋。[①] 安全型依恋为积极的、良好的依恋，而反抗型依恋和回避型依恋为消极的、不良的依恋。儿童依恋对象的确立会使儿童有愉快、舒适及安全的表现，而儿童与依恋对象的分离会使儿童感到安全感及愉快舒适感觉的剥夺，此种剥夺会导致儿童内部工作模式的破坏，影响儿童的心理健康。如果依恋纽带受到阻碍或被打乱，或儿童的依恋被持续性打乱，儿童的内部工作模式就会被扭曲进而导致其精神损害，而且由于内部工作模式破坏了人在亲密关系中的行为模式，这种损害将具有长期性。[②] 如果在儿童依恋对象形成阶段强行将婴幼儿与依恋对象剥离开，则可能会对婴幼儿精神造成伤害，甚至影响子女将来的行为方式。我国相关司法解释规定两周岁以下子女原则上由母亲抚养，主要是考虑到两周岁以下子女尚可能处于哺乳期。因此，该规定主要考虑幼年子女的生理需求，而对幼年子女的心理发展特点考虑不够。

在依恋关系形成后，随着儿童年龄的增长，儿童对依恋对象的依恋会得到一定的削弱，如进入青春期后，初中生与父母之间的依恋会发生变化，在情感上有了其他依恋的对象，因子女行为上的独立愿望产生了与父母行为上的脱离、与父母观点上的脱离及父母的榜样作用削弱。[③] 对此，美国学者也指出，传统上认为未到青少年期的子女首先选择与母亲共同生活符合子女利益，但随着青春期的到来，子女面临这一阶段的重要心理任务，即要学会怎样成为一个男人或女人，这时与子女同性别的父母对子女的成长更为重要。[④]

---

① 辛浩力：《国外现代亲子关系理论观点回顾》，载《教育改革》1997 年第 2 期，第 36 页。

② Frank J. Dyer, *Psychological Consultation in Parental Rights Cases*, The Guilford Press, 1999, p. 154.

③ 林崇德主编：《发展心理学》，人民教育出版社 1995 年版、2006 年第 15 次印刷，第 377 页。

④ [美] 哈里 · D. 格劳斯：《家庭法》英文影印版，法律出版社 1999 年版，第 298 页。

因此，“幼年推定原则”主要适用于儿童依恋对象形成阶段的子女，通常是3周岁以下的子女。对于之后的子女监护应以“儿童最大利益”为基本原则，并参照“主要照顾者原则”及其他因素综合考虑。

（三）未成年子女监护中存在着一定的父母本位思想

在决定离婚后子女抚养的问题上，我国现行司法解释的规定在一定程度上仍然存在父母权利本位的思想，未完全从子女权利主体地位考虑。例如，1993年《子女抚养意见》第3条规定，如果父母均要求子女随其生活，对于一方有下列情形之一的，法官应优先考虑的情形包括父母一方已做绝育手术或因其他原因丧失生育能力的，及父母一方无其他子女，而另一方有其他子女的。这种规定并非从子女权利出发考虑未成年子女的监护抚养，而是基于父母的利益考虑。在登记离婚的情况下，只要父母就离婚后未成年子女的监护等事项达成一致意见，不需要征得未成年子女本人同意，也无相应的保障子女利益的措施，这些规定只考虑父母离婚的愿望及父母的某些利益，对子女利益考虑不周，体现了父母本位思想。

（四）对未成年子女探望权的规定未完全体现子女的主体地位

首先，我国《婚姻法》规定的探望权主体范围过窄且未规定子女本人作为探望权的主体，不能完全满足未成年子女的需求。我国《婚姻法》第38条规定了探望权的主体，即离婚后，不直接抚养子女的父或母，有探望子女的权利，另一方有协助的义务。但现行法仅规定未与子女共同生活的父母方为探望权人，未将未成年子女本人及与未成年子女有密切联系的近亲属纳入探望权人的范围，不能满足未成年子女正常交往、交流的需求，对未成年子女主体地位尊重不足。

其次，我国《婚姻法》未规定子女之外的探望权权利主体同时也是义务主体。我国《婚姻法》及《〈婚姻法〉司法解释（一）》规定了探望权的强制执行措施，但只规定了拒绝履行协助义务方的强制执行措施，并未规定对拒绝探望子女方同样适用强制执行措施。此种规定并非将未成年子女本人视为完全独立的权利主体看待，而是从维护父母的权利出发，将探望权视为未直接抚养子女方的权利。

再次，我国《婚姻法》有关探望权执行的规定欠缺多样化执行手段的考虑。有学者这样总结探望权案件的特征：立案难、举证难、执行难。[①] 因探望行为执行存在反复性、执行的权利主体和义务主体具有特殊性、执行标的的非财产性等因素，强制执行并不能完全实现探望权的目的，这需要将未成年子女作为权利主体，探索符合未成年子女利益的多元化的执行方式，包括结合说服教育、采取补偿性探望方式、对探望行为进行监督等多种手段才能真正实现探望权的目的。强制执行只是在迫不得已，其他替代性措施都无法保障子女利益的情况下采取的措施。如前所述，澳大利亚、加拿大都坚持此原则。离婚子女探望方面的法律目的不是对拒绝履行探望义务的父或母的制裁，而是通过多样化的执行措施保证让父或母履行探望义务，满足子女与父母交往的需求。

最后，我国《婚姻法》未规定促成离婚与未成年子女探望权纠纷一并解决的措施，不利于子女与父母的交往。我国《婚姻法》第38条规定，行使探望权利的方式、时间由当事人协议；协议不成时，由人民法院判决。此规定考虑探望权判决中存在的操作上的困难，尊重当事人意愿，赋予当事人协商的优先效力，这是符合人文主义离婚法协商性解决离婚纠纷的理念的。同时，我国《〈婚姻法〉司法解释（一）》第24条规定，人民法院作出的生效离婚判决中未涉及探望权，当事人就探望权问题单独提起诉讼的，人民法院应予受理。但现行法未规定离婚的同时必须解决未成年子女监护和探视的相关问题，根据不告不理的原则，如果夫妻在离婚时未对离婚后子女的探望问题提出处理，法院不会主动对此进行判决。因

① 何贵忠：《〈婚姻法〉5年实践之评析》，载《妇女研究论丛》2006年第11期，第22页。

此，司法实践中法院的离婚判决也就很少涉及子女探望权问题。在笔者统计的158份判决文书中，法院对离婚后子女探望事宜进行判决的只有13个案件，占法院判决案件的8.2%，也即91.8%的离婚案件并未考虑离婚后子女的探望权问题。这种将离婚本身与子女探望问题“拆分”处理的办法，虽然可以及时解决父母离婚问题，但可能牺牲了未成年子女的利益。这种“拆分”处理的结果之一是可能事后父母之间能对子女探望权达成一致意见，如果不能达成一致意见可以向法院提起诉讼，但无疑延缓了对子女探望问题的解决。另一种结果不排除夫妻离婚后，未直接监护子女的一方就从子女的生活中“消失”，不再或很少与未成年子女有交往、联系。

此外，通过法院对子女的探望内容进行强制性判决也不一定符合子女的利益。在笔者统计的上述判决探望权的13个案件中，有6个案件只是判决未抚养子女的一方有探望子女的权利，但并无探望子女的时间、地点的具体内容。另有7个案件对探望权的时间、地点等内容进行了判决，其中有3个案件是判决每月行使一次探望权（有1个案件还规定寒暑假在父母处各度过一半的时间），有3个案件是每月探望2次。另有1个案件规定每年行使1次探望权，这很难保证未成年子女的需求。由于各个案件的具体情况不同，法院难以对探望权的内容作出统一的判决。因此，国外许多国家鼓励夫妻协商解决离婚后子女的探望权问题，这是离婚法引导功能的体现和要求，也更有利于满足未成年子女在探望权方面的需求。一方面，探望协议是当事人自己作出的决定，更容易得到当事人的遵守执行；另一方面，也可以根据当事人自己的具体情况协商确定如何保障子女利益的实现。从前述分析看，国外一些国家规定凡是涉及未成年子女的离婚案件，都需要先行调解，并可以以由法院确认该调解协议的效力的方式解决离婚后子女的抚养监护及探望问题，如澳大利亚立法。在法国等国家也鼓励在离婚过程中通过夫妻协商解决离婚的各项后果，尤其是涉及子女的问题。以上国家的规定值得我国立法借鉴。

（五）未成年子女利益的监督、保障机制存在不足

在我国，虽然我国离婚亲子法总体上维护了子女的利益，但相关法律规定缺乏子女诉讼代理人等类似的监督、保障子女利益的机制，使“儿童最大利益原则”没有得到完全贯彻和落实。事实上，在离婚过程中往往由父母代理未成年子女的利益，父母既是案件的当事人又是代理人，就会出现“自己代理”的情况。当然，父母爱自己的子女是人的天性，但父母毕竟也有自己的利益和需求，从人性的弱点及人性恶假设的角度，难以保证每一个案件中父母都能维护子女的最大利益。

同时，虽然我国民事诉讼法有关于专家证据使用的规定，但在儿童监护探视案件中很少采纳专家证据，离婚子女探望和监护判决中认定子女最大利益具有很强的专业性，因专业知识所限，某些情况下法官可能难以对此作出准确的认定，这影响儿童最大利益的实现。最高人民法院 2002 年 4 月 1 日施行的《关于民事诉讼证据的若干规定》（以下简称《证据规则》）第 61 条规定：“当事人可以向人民法院申请由一至二名具有专门知识的人员出庭就案件的专门性问题进行说明。人民法院准许其申请的，有关费用由提出申请的当事人负担。审判人员和当事人可以对出庭的具有专门知识的人员进行询问。经人民法院准许，可以由当事人各自申请的具有专门知识的人员就有关案件中的问题进行对质。具有专门知识的人员可以对鉴定人进行询问。”但是该《证据规则》并未明确规定法官在必要时可以指定专家对子女利益进行评估以确定子女最大利益，也未明确对未成年子女监护探视中的专家证人的职责、提供的报告的证明效力等进行规定，这样子女的最大利益就难以保证得到实现。该《证据规则》规定有关费用由提出申请的当事人负担，且由当事人提出申请，一方面可能会增加当事人的负担；另一方面也可能有经济负担能力的夫妻一方就可以取得专家证据，而无经济能力方则无法获得此种证据，这可能会在夫妻之间造成不平等。受父母本位、父权至上观念的影响，父母可能并非会从子女角度去思考子女的最

大利益而申请专家证据。在笔者统计的158个涉及离婚后子女监护、探望的法院离婚判决书中，无一例使用专家意见。这样，未成年子女在监护中的利益并不能得到完全保障，未成年子女独立的主体地位并未得到完全体现。

此外，离婚登记时，婚姻登记机关并不对离婚协议进行实质审查，也不需要征得生理、心理发育能辨认自己利益的未成年子女本人的同意，子女相关事宜由父母双方决定，缺少公权力的介入，这无异于让夫妻任意处分子女的利益，与子女的主体地位不相符合，“儿童最大利益”难以得到保障。面对每年200万左右登记离婚的现实，立法却采取放任的态度，这值得反思。人文主义离婚法应坚持“以人为本”理念，并以坚持保障弱者权益为指导思想，在登记离婚情况下需要采取一定的措施维护未成年子女的利益。

第四节　离婚纠纷解决程序：婚姻挽救机制

我国《婚姻法》规定了登记离婚和诉讼离婚两种方式，并规定了调解作为诉讼离婚的必经程序。2003年公布施行的《婚姻登记条例》进一步简化了离婚手续，降低了离婚成本。这些规定在某种程度上体现了我国离婚法对人的关怀。但我国《婚姻法》规定的在离婚程序中挽救婚姻的机制存在不足：缺乏政府性婚姻指导、服务措施；促成婚姻和解的措施不够；离婚等待期的规定存在不足。

一、挽救婚姻的理由及措施

（一）挽救婚姻的理由

维护婚姻家庭的功能具有以下正当性基础：

一方面，离婚法挽救婚姻家庭是由家庭亲属身份这种亲密关系的重要性和不可替代性决定的。家庭由一定范围的近亲属组成，亲属关系是一种亲密关系，此种亲密关系的产生以感情或血缘为基础，自有人类以来人们依赖此种亲密关系提供物质上的资料、情感上的支持以抵御各种外界的侵扰，生死与共，生生不息并不断繁衍发展。在人类发展过程中，身份关系作为一种亲密关系，是社会其他关系无法取代也无法比拟的。维系此种亲密关系符合当事人及未成年子女的利益与需求。正如加拿大学者在对社会现实发生的巨大变化进行考察后指出的，虽然社会变化了，但人们的强烈需求及对亲密、持久关系的渴望依然如故。除了我们亲密持久的关系外，事事都可以被固定、被取代或被替换。[①] 唯有婚姻、家庭这种亲密关系无法被复制、被取代。

另一方面，离婚法挽救婚姻家庭是由亲属身份关系的利益涉他性所决定的。“亲属法之权利，系为亲属团体共存共荣所认之权利，非可由一人之肆意而约束他人，从而身份权常有为团体之利益而行使之义务。”[②] 法律对亲属关系的介入往往是因为其牵涉亲属团体的利益，如夫妻的结婚及离婚行为就不仅仅涉及一方的利益，还包括对方、第三方（子女或社会）的利益。现代以来，家庭自治（family autonomy）与保护家庭（family protection）成了婚姻家庭立法的两个根本要求。家庭自治源于法律对家庭这一私人领域隐私的容忍，对家庭的保护是基于家庭成员个体利益的维护及家庭关系的团体性，其中一个成员的利益往往涉及其他家庭成员的利益。

此外，离婚法挽救婚姻家庭是家庭社会功能的需要。如前文分析，家庭是一种初级社会组织形式，家庭在家庭成员社会化、家庭成员的情感发展、经济上的扶养等方面发挥着重要的功能。不管是现今还是今后，家庭仍然是我们情感的归依，是我们生存的基本而重要的场所。虽然现代社会的发展使家庭的功能发生了很大的变

---

① J. W. Mohr, The Future of the Family, the Law and the State, *Canadian Journal of Family Law*, 1984, p. 265.

② 史尚宽：《亲属法论》，中国政法大学出版社 2000 年版，第 36 页。

化，但家庭教育在人的心理发展和人格的塑造中，在孩子社会化中的作用表明家庭是不可被轻易取代的。家庭中的欢乐被称为“天伦之乐”，人类挑战和毁灭“天伦”，最终毁灭的只能是人类自身。[①] 家庭不同于政治团体，也不同于单纯的经济团体，其本身就是一个充满人文气息的场所。“社会是政治利益的团体，构成政治的集合；家庭是以家人相爱相亲为基础的团体。”因此，有学者断言，“只要一天有个人，有关涉照料弱者及所有权的感情及观念，家庭也将一天存在”。[②]

（二）挽救婚姻的措施

首先，我国离婚法及相关法律规定了离婚必须进行调解并采取多种措施促成婚姻调解。我国《婚姻法》第 32 条规定，男女一方要求离婚的，可由有关部门进行调解或直接向人民法院提出离婚诉讼。1992 年最高人民法院《关于适用〈中华人民共和国民事诉讼法〉若干问题的意见》第 92 条、2003 年最高人民法院《关于适用简易程序审理民事案件的若干规定》第 14 条都规定了审理离婚案件，应当进行调解。如前文所分析的，离婚调解是发挥离婚法引导功能的重要途径，是许多国家解决离婚纠纷的重要方式，有助于更好地调整和改善未来的关系，在某种程度上可以挽救尚未破裂的婚姻关系。为了实现离婚案件的调解，相关法律规定了调解人员的条件，并规定可以邀请专业人员进行调解。2002 年司法部《人民调解工作若干规定》、2010 年《人民调解法》对调解人员的条件进行了相应的规定，要求人民调解员应当由公道正派、热心人民调解工作，并具有一定文化水平、政策水平和法律知识的成年公民担任，并规定调解委员会应支持当地公道正派、热心调解、群众认可的社

① 潘允康：《家庭社会学》，中国审计出版社、中国社会出版社 2002 年版，第 312 页。

② ［意］密拉格利亚：《比较法律哲学研究》，吴章敏等译，中国政法大学出版社 2005 年版，第 490 页。

会人士参与调解。此外，2004 年最高人民法院《关于人民法院民事调解工作若干问题的规定》（以下简称《民事调解规定》）要求，根据《民事诉讼法》第 87 条的规定，人民法院可以邀请与当事人有特定关系或者与案件有一定联系的企业事业单位、社会团体或者其他组织，和具有专门知识、特定社会经验、与当事人有特定关系并有利于促成调解的个人协助调解工作。经各方当事人同意，人民法院可以委托前款规定的单位或者个人对案件进行调解，达成调解协议后，人民法院应当依法予以确认。在法院审理过程中，当事人申请法院对和解进行协调的，人民法院可以委派审判辅助人员或者邀请、委托有关单位和个人从事协调活动。由专业人员进行调解是由婚姻是一种身份关系所决定的，因为身份关系中存在更多的感性因素，且身份利益不同于一般的财产利益。专业人员的调解能更好地满足离婚当事人的需求，有利于发挥调解制度挽救婚姻的功能。为了更好地发挥调解的功能，《人民调解工作若干规定》要求人民调解委员会中应当有妇女委员，具有一定的性别意识，因为女性作为调解委员会委员往往会从女性经验、女性权益视角进行调解，有利于考虑女性的需求，维护女性的利益，有利于调解工作的开展。

此外，相关法律规定了促成婚姻和解的措施。《民事调解规定》第 4 条规定，双方当事人申请庭外和解的期间，不计入审限。同时该规定第 6 条规定，在答辩期满前人民法院对案件进行调解，适用普通程序的案件在当事人同意调解之日起 15 天内，适用简易程序的案件在当事人同意调解之日起 7 天内未达成调解协议的，经各方当事人同意，可以继续调解。延长的调解期间不计入审限。这些规定可以给离婚夫妻一定缓冲期，有助于离婚夫妻达成和解协议。

二、婚姻挽救机制存在的不足

虽然我国相关立法规定了离婚案件的调解制度，但总的来说，我国的离婚过于自由，尚缺乏直接的挽救婚姻的法律理念或法律制度。具体而言，我国相关立法挽救婚姻的机制存在以下方面的不足：

（一）缺乏政府性婚姻指导、服务措施

我国现行离婚法明确规定了离婚夫妻的权利义务，但仅仅从当事人的权利义务角度进行规定是不够的，人文性的离婚法应全面考虑人对于婚姻的需求。如前所述，在美国有专门立法规定对打算结婚者进行婚前教育和指导。一些国家拨专款进行婚姻指导及研究防范婚姻轻易解体的措施，如澳大利亚设立专门的“家庭关系中心”，为那些分手的夫妻提供信息、建议及调解服务，并为高冲突家庭提供诸如交流中心等服务项目。英国也规定有提供婚姻咨询，防止婚姻破裂的措施。提高婚姻质量，维持美满幸福的婚姻是符合每个人的利益和需求的。从长远角度看，对打算结婚的人群进行婚姻指导，以唤起家庭责任感，增强管理家庭事务、处理家庭问题的技能，了解促成婚姻成功的因素等，这并非无益的事情，是有利于家庭幸福美满的举措。在婚姻出现危机的情况下，通过一定的婚姻咨询等服务为打算离婚或已经走上离婚之路的当事人提供一定的帮助，可以为缓和夫妻矛盾创造一定的条件，在婚姻尚未破裂或尚未完全破裂的情况下，通过一定的外力作用改善婚姻、修复已经破坏的关系，使婚姻能够维持下去。即使婚姻解体，也应指导当事人妥善处理相关问题。而我国相关法律并未涉及相关的措施，在对人的关怀方面存在一定的不足。

在我国，提供政府性婚姻指导、帮助是符合我国现实的。我国结婚主体决定了加强婚前指导立法的必要性。近年来，“80后”已经成为我国的结婚主体。根据民政部公布的民政事业发展统计报告，2008年，20~24岁办理结婚登记的公民占结婚总人口比重最多，占37.9%，25～29岁占35.3%，30～34岁占10.7%。[①] 2009年，20～24岁办理结婚登记的公民占结婚总人口比比例最大，占37.0%，25～29岁占34.1%，30～34岁占10.7%。[②] 对这些人群进行婚前指导，正确认识婚姻关系，学会婚姻关系的调处，主动承担婚姻家庭责任，有助于维护健康的婚姻关系，也是对这一代人及其后代的关怀。随着"80后"作为结婚主体比例的增加，近年来，"80后"在离婚主体中也占有较大的比例。根据北京市崇文区法院2009年审理的离婚案件调研显示，2009年北京崇文法院民二庭共受理离婚案件360件，其中"80后"离婚案件为90件，占总数的25%。[③] 另据北京市某区法院统计，受理的400件离婚案件中，30%都是结婚1～2年就分手的年轻人。[④]"80后"离婚案件的特点如下：（1）婚姻时间短，结婚不到1年就离婚的，占5.6%；结婚1～3年的占51.1%，结婚3年以上的占23.3%；（2）涉及共同财产分割少（12.2%），涉及孩子抚养问题少（4.4%）。（3）因第三者导致离婚少（4.4%）；（4）因性格不合导致离婚比例高（88.9%）；（5）父母参与离婚比例高（91.1%）；（6）涉及彩礼或者婚前赠与比例高（66.7%）；（7）夫妻双方或一方为独生子女

---

① 中华人民共和国民政部规划财务司：《2008年民政事业发展统计报告》，发布时间：2009-05-22，http://cws.mca.gov.cn/article/tjbg/200906/20090600031762.shtml，最后登录时间：2010-12-10。

② 《2009年民政事业发展统计报告》，来源：民政部门户网站，发布时间：2010-06-10，http://cws.mca.gov.cn/article/tjbg/201006/20100600081422.shtml?2，最后登录时间：2010-12-10。

③ 刘静：《崇文法院调研"80后"离婚现状、原因及审理思路》，发布时间：2010-01-18，http://bjgy.chinacourt.org/public/detail.php?id=82594，最后登录时间：2010-07-21。

④ 巫昌祯：《进一步完善婚姻法的几点思考——纪念婚姻法修改五周年》，载《金陵法律评论》2006年春季卷，第3页。

比例高（96.7%）。[①]“80后”群体多属于独生子女，他们中很多从小生活在一种被关心、被照顾的环境下，相比之下，独立处理问题的能力较弱，家庭的责任心、人与人相处过程中的谦让等精神需要进一步增强。此外，“80后”思想观念多元化，受“快餐文化”影响较深，在婚姻观上也存在“闪婚”、“闪离”的情况，由于这些因素的存在，需要我们给予这些群体更多的人文性关怀，巩固、维护健康幸福的婚姻是政府的责任。

从离婚原因看，夫妻离婚的原因是多元的，很多是夫妻性格不合和夫妻关系出现矛盾后不能正确处理的结果。对结婚人员提供婚前指导可以预防轻率离婚，对于濒临破裂的婚姻也可能通过婚姻指导获得人性化帮助得以挽救。在我国，离婚原因复杂多样，但根据学者对成都市的离婚调查，离婚原因中最主要的是双方性格和爱好不合、双方了解不够、为家庭琐事争吵。在调查的709件离婚案件中，原告认为是性格或爱好有差异要求离婚的占69.82%，占所有离婚原因中的最高比例；此外原告以双方了解不够而要求离婚的占33.57%。原告的离婚原因中因家庭琐事争吵的占59.66%。[②]笔者所统计的158个法院判决文书中，70%左右的离婚是因为婚前了解不够、草率结婚、婚后因家庭琐事经常生气、吵打的结果。例如，有的法院在判决书中写道：“只要夫妻双方均能认识到自身不足，积极沟通，夫妻关系仍有改善可能。”[③]“只要原被告都珍惜夫妻感情，慎重对待婚姻，给年幼子女更多的关心和照顾，相互信任和宽

① 刘静：《崇文法院调研“80后”离婚现状、原因及审理思路》，发布时间：2010-01-18，http://bjgy.chinacourt.org/public/detail.php?id=82594，最后登录时间：2010-07-21。

② 《成都市离婚调查》课题组：《成都市离婚调查》，载《四川省情》2008年第4期，第37页。

③ 中国法院网：《黄a诉黄b离婚纠纷案》，http://ws.chinacourt.org/public/paperview.php?id=288832，最后登录时间：2011-02-01。

容，遇事多点沟通和交流，夫妻关系有望改善。”① 如果在夫妻缺乏沟通的技巧或不正确的行为认知的情况下，法院安排相关专业人员对这样的夫妻进行婚姻指导，可能有利于夫妻关系的改善。但问题是，目前情况下现行法并未明确规定相关机构或人员给予离婚当事人一定的婚姻指导。

此外，从离婚时间看，根据我国学者的调查，离婚的平均时间为婚后 8.81 年。有 50% 的夫妻婚后时间超过了 6 年，有 10% 的夫妻婚后时间在 1 年半以内，有 10% 的夫妻婚后时间超过了 19 年。② 而婚后 10 年左右的时间正好是民间所说的“七年之痒，十年之痛”的时间，夫妻处于一种相互在心理上处于经历“磨合期”后的倦怠期，需要通过婚姻指导辅助当事人了解婚姻发展的不同阶段，每个阶段可能会面临的问题和困难并采取建设性的处理方法，而不是消极地放弃婚姻。

实际上，有些离婚并没有到非得解体不可的地步，也并非就是因为婚姻质量差而导致不得不离婚。有学者对离婚者和在婚者的婚姻质量进行测评，发现离婚者婚姻期间的婚姻质量普遍差于在婚者，但并非都比在婚者的婚姻质量差。这种情况主要发生在支配性强的婚姻当事人身上，支配性强的人喜欢按自己的生活方式生活，如果配偶不能很好地和他们的愿望相契合，就可能认为婚姻阻碍了其自由发展而选择放弃婚姻。③ 如果增强这些人的社会责任感、引导当事人适当考虑配偶的愿望、学会在婚姻生活中进行良好沟通并

---

① 中国法院网：《鲁某诉朱某离婚诉讼》，http://ws.chinacourt.org/public/paperview.php? id=282610，最后登录时间：2011-02-01。

② 《成都市离婚调查》课题组：《成都市离婚调查》，载《四川省情》2008 年第 4 期，第 36 页。国外也有类似情况：据调查，在英国，婚姻平均存续时间是 11 年到 11.5 年。绝大部分离婚主体是年轻人，一旦夫妻婚姻生活的最初几年能维持，夫妻共同生活的几率就会增加。Peter de Cruz, Family Law, Sex and Society, A Comparative Study of Family Law, Routledge, 2010, pp. 47-48.

③ 甄宏丽、吴任钢：《在婚者与离婚者婚姻质量与个性的调查分析》，载《中国健康心理学杂志》2008 年第 7 期，第 820 页。

保持夫妻之间的配合、适当降低自己的支配欲，当事人并非就会一定选择离婚。即使是离婚，婚姻咨询也有助于帮助当事人正确看待离婚，减少离婚中的冲突、缩短离婚过程、尽快适应离婚（即有学者誉为“从感情上离婚”）。国内有调查人员对2001年6月至2001年12月河南新乡红旗区法院所受理的38名离婚案当事人的抑郁和焦虑的心理状况进行了研究。调查结果显示，被调查者的抑郁症状高于正常人群，肯定有抑郁症状的人有28人，而对照组只有4人有抑郁症状。其中抑郁症状主要表现为“无法摆脱的苦闷、烦恼、失眠、饮食减退、情绪低沉、工作能力下降”等。被调查者的焦虑症状高于正常人群，其中有焦虑症状的人有18人，而对比组有此症状的人只有2人。焦虑症状表现为“惊恐、紧张、头晕、心慌、失眠”等。①

改革开放30多年来，除了在少数情况下法院办理的离婚人数略有下降外，我国离婚人数基本上呈直线上升趋势。截至2009年，我国离婚总对数达到246.8万对，离婚总对数在30年内翻了将近9倍，并呈逐年递增趋势。因此，面对离婚这一庞大的人群，对离婚当事人给予心理方面的干预以减少其消极情绪，增强其应对负面效应的能力是非常必要的。

---

① 杜江等：《离婚案中当事人的心理状况调查》，载《健康心理学杂志》2002年第5期，第357页。

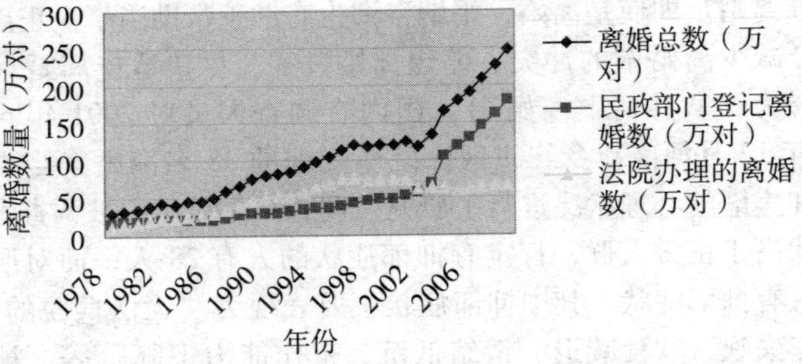

图1　我国改革开放30多年离婚人数增长图①

（二）促成婚姻和解的措施不够

1. 登记离婚过程中缺乏促成婚姻和解的措施

我国《婚姻法》规定了登记离婚和诉讼离婚两种离婚方式。在我国离婚总人数急剧增长的背景下，登记离婚人数增长比例远远超过诉讼离婚的比例。2002年民政部门登记内地居民的离婚数为57.3万对，2003年为69.1万对，2004年为104万对；截止到2009年，民政部门登记离婚数量达到180.2万对；2010年4季度登记离婚196.1万对。诉讼离婚在2002年、2004年及2005年反倒出现负增长的情形。例如，2002年法院调解和判决离婚60.4万对，比上年减少11.8万对，下降16.3%；2004年法院调解和判决离婚62.5万对，比上一年减少1.5万对，下降1.5%；2005年法院调解和判决离婚总数为60.1万对，比上一年减少1.4万对，下

① 图表根据中国门户发展网“1978～2006历年离婚办理情况”、国务院民政部民政事业发展统计报告数据、“中国民政统计年鉴2004”整理制作。http://cn.chinagate.cn/reports/2008-01/24/content_9583707;htm; http://cws.mca.gov.cn/article/tjbg/; http://tjsj.baidu.com/pages/jxyd/31/57/334cd158141e3e17f2ba70ee29eee61d_0.html，最后登录时间：2010-07-21。

降 2.9%。①

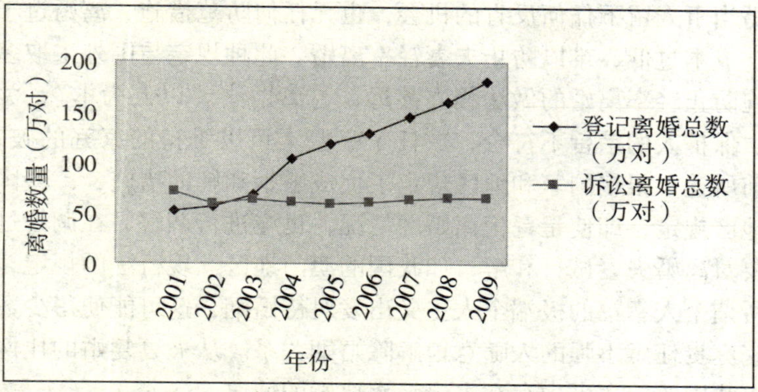

图 2 2001 年以来我国登记离婚与诉讼离婚增长图②

我国登记离婚比例增长快，首先是由登记离婚制度的人文性所决定的。在登记离婚的情况下，只要夫妻就离婚及离婚相关后果达成一致意见就可以解除婚姻，不需要在法庭上举证证明对方存在家庭暴力、虐待、遗弃、重婚、有配偶者与他人同居等过错以证明夫妻感情已经破裂，具有节约成本，减少夫妻对抗情绪的优点，有利于鼓励夫妻在离婚过程中通过协商解决相关问题、实现离婚夫妻好聚好散的目的。因此，登记离婚成为很多离婚当事人的选择。

根据我国《婚姻法》，在登记离婚的情况下，只需要当事人就离婚意愿及相关后果达成一致意见就可以解除婚姻关系，且 2003 年《婚姻登记条例》取消了 1 个月考虑期的规定，规定对符合条件的案件可以当场发给离婚证。新的《婚姻登记条例》体现了快捷、效率原则，但将处理财产关系的原则用于身份的解除方面，在

① 以上数据来源于国务院民政部民政事业发展统计报告数据。参见：http://cws.mca.gov.cn/article/tjbg/，最后登录时间：2010-07-21。

② 根据国务院民政部民政事业发展统计报告数据制作。参见：http://cws.mca.gov.cn/article/tjbg/，最后登录时间：2010-07-21。

某种程度上忽略了对人的关怀与保护。该规定在离婚程序方面未给离婚当事人留下任何反省的机会，也无任何防范措施，离婚过于容易、成本过低，难以防止夫妻轻率离婚。此种规定与国外采取多种措施防止轻率离婚的做法相去甚远，与离婚法“以人为本”，关心人、保护人的宗旨不符合，放任了一些本可以维持的家庭的破裂。如前所述，很多国家和地区规定了促成婚姻和解的措施，一些国家或地区规定，即使是登记离婚的情况，也应进行调解，在调解过程中要对离婚夫妻试行和解，如我国的澳门地区。现行法的规定，是从所谓个人幸福的极端个人主义出发对待婚姻，这可能使得少数婚姻家庭责任感不强的人随意地解除婚姻关系。从夫妻复婚的比例反映出我国登记离婚中存在夫妻轻率离婚的情况。①

2. 诉讼离婚调解的“治愈”功能不足

我国的离婚调解制度促成离婚夫妻和解的具体规定和措施存在不足，导致防止轻率离婚的指导思想难以完全落实，一些可以维持的婚姻关系解体了。调解的功能主要体现为“解决纠纷”，即向后看，而调解制度的“治愈”功能，即向前看的功能被弱化。

首先，相关法律挽救婚姻的观念不明，促成婚姻和解的具体措施不够。

我国现行法规定调解是诉讼离婚的必经程序，这考虑到了身份关系纠纷诉讼不同于普通民事案件中的财产诉讼，体现了人民法院对身份利益背后的人的价值的尊重。在离婚案件的调解过程中，就当事人的婚姻关系而言，法院的调解不是被动地任凭当事人自己作

---

① 根据2008年婚姻登记情况通报，2007年杭州市共办理结婚登记64824对，同比上升15.8%。其中，复婚1791对，比2007年1277对上升40%。《去年杭州市复婚率同比上升40%》，载《钱江晚报》，2009－02－04，http://ent.zjol.com.cn/05qianbao/system/2009/02/04/015225732.shtml，最后登录时间：2010－07－02。2006年，上海办理离婚手续的夫妇有37394对，复婚数达4326对，与2005年3301对的复婚数相比，增加了1025对。北京的复婚率也达到17%左右。李梦娟：《中国高离婚率调查》，载《政府法制》（半月刊）2008年第14期，第35页。

出和好还是分手的选择，法院或相关人员应有所作为，首先应在纠纷调解过程中把握当事人对该婚姻的需求程度，考虑婚姻关系继续存在的必要性及可能性，尽力挽救尚未破裂的婚姻关系。在婚姻关系确实无法维持的情况下才考虑当事人其他纠纷的解决。虽然我国《婚姻法》规定了调解是诉讼离婚的必经程序，但在离婚过程中缺乏促成婚姻和解的具体规定和措施。最高人民法院《民事调解规定》规定当事人在和解过程中申请人民法院对和解活动进行协调的，人民法院可以委派审判辅助人员或者邀请、委托有关单位和个人从事协调活动。该规定对于当事人和解进行协调活动的前提是当事人自己提出申请，并未明确规定法院有促进离婚夫妻和解的职责，未明确规定人民法院有义务在离婚诉讼过程中在当事人和解可能的情况下应暂停审理，为当事人确定一个和解期限，也未明确规定在一定条件下法官应主动为当事人指定由法官或相应的专业人员给予一定的和解指导和帮助。由于现行规定挽救婚姻的观念不明，在相关措施方面也就难以真正实现促成婚姻和解。法国、俄罗斯、英国、澳大利亚、加拿大等国均规定离婚过程中审理案件的法官或代理案件的律师应努力促成当事人和解，这样可以在一定程度上防止夫妻轻率离婚，挽救婚姻。

其次，我国离婚调解人员专业性不强，促成婚姻和解的功能受到限制。

离婚是一种身份关系的结束，身份关系纠纷的审理“不应对过去的问题在权利系统内断然作出决定，而是为了改善和调整未来的关系”。[①] 而一般的法律是就当事人之间过去的权利义务关系作出认定，不涉及未来关系的持续。身份关系的非财产性及此种纠纷“不计前嫌”、面向未来的特征对此类纠纷的解决提出了特殊要求，其中不仅仅涉及法律问题，也包括心理学、社会学等方面的问题。

---

① ［日］我妻荣、有泉亨：《日本民法 亲属法》，夏玉芝译，工商出版社 1996 年版，第 17～18 页。

因此，以一般处理财产关系的规则处理离婚纠纷可能远远不够，一般的法官也无法胜任除法律之外的专业性问题。对此，国外许多国家将以身份关系为基础的家事案件归入专门设立的家事法院管辖，由专门法官审理、调解家事纠纷案件，包括离婚案件，如英美法系国家的英国、美国、加拿大，大陆法系的德国、日本、韩国等。由专业性人员审理离婚案件并由相关人员参与离婚案件的调解可以更好地满足离婚当事人，包括未成年子女的需求，使纠纷的解决更符合人的利益。在谈到家事纠纷案件解决机制的专门化时，英国的Gardiner Lord指出："这是关涉人的感情的事情，而且所有的家事问题应在一种最具同情心的氛围下解决，并由那些真正懂得并知道如何处理家庭问题的法官和人员加以解决，这是最重要的。"①

对于离婚纠纷，我国相关法律规定了离婚诉讼中的调解和诉讼外的人民调解。我国相关规定对调解员的条件进行了规定，要求调解员需要公道正派、热心人民调解工作，具有一定文化水平、政策水平和法律知识。2010年《人民调解法》还规定，县级人民政府司法行政部门应当定期对人民调解员进行业务培训。人民调解员根据调解纠纷的需要，在征得当事人的同意后，可以邀请当事人的亲属、邻里、同事等参与调解，也可以邀请具有专门知识、特定经验的人员或者有关社会组织的人员参与调解。我国2004年《民事调解规定》规定，人民法院可以邀请与当事人有特定关系或者与案件有一定联系的单位或个人协助调解工作。经各方当事人同意，人民法院可以委托前款规定的单位或者个人对案件进行调解，达成调解协议后，人民法院应当依法予以确认。但这些规定要求人民调解委员会或法院聘用相关人员以协助调解工作，并无固定的专业化人员进行调解，遇到调解事由再临时"抓阄"。虽然《人民调解法》规定县级以上地方人民政府对人民调解工作所需经费应当给予必要

① Stephen Creteny, *Family Law in the Twentith Century: A Histry*, Oxford University press, 2003, p.744.

的支持和保障，但对调解人员并未规定相关的激励措施，要在离婚调解过程中普遍推行调解人员的专业化存在较大的难度。在离婚过程中，当事人获得诉讼外的调解、帮助普遍较少。很多当事人在无法与对方沟通交流的情况下就直接走上离婚之路。在笔者统计的158例离婚案件裁判文书中，只有7例曾经接受过诉讼外的调解，其中3例是由当事人的亲戚进行调解，1例获得了村委会、司法调解委员会的调解，有1例获得镇调解委员会调解，1例获得单位领导调解，有1例案件获得妇联的调解，另有1例当事人请求村委会调解，但被告未参加。接受诉讼外调解、帮助的离婚案件只占统计的离婚案件的4.4%。

最后，离婚调解过于追求“便民”、“高效”，其理念在于方便当事人离婚，挽救婚姻的功能受到挤压。

在我国一些地方的法院设立便民法庭，以方便老百姓诉讼，其中包括离婚诉讼。“便民”法庭的设立，当日开庭、当日审结、当日送达法律文书，大大提高了审判速度，一些离婚案件很快就得到解决，甚至10分钟就可以解决离婚纠纷。① 据报道，在南京鼓楼便民法庭，此种离婚程序只要当事人双方同意并申请走简易快捷程序，法庭只需将审理讯问程序和内容编写成计算机程序，用最简便

① “10分钟了结离婚案”：2000年，北京西城区法院设立“便民法庭”，在短短40天时间，为200余对“错配”的夫妻解除了婚约，几乎成了“爱情终结者”。自2000年3月31日“便民法庭”开设以来，截至5月10日，共审结各类案件254件，其中夫妻双方协议离婚的案件占90%以上。为方便当事人，“便民法庭”所有受理的案件均在当日开庭、当日审结、当日送达法律文书，因此深受当事人的欢迎，最快的从开庭到结案仅用了20分钟。参见：《北京：便民法庭20分钟判离婚》，载《北京晚报》，2000－05－15，http://news.sina.com.cn/society/2000－05－15/89631.html；《10分钟了结离婚案》，载《生活时报》，2000－04－02，最后登录时间：2010－11－10，http://www.gmw.cn/01shsb/2000－04/02/GB/03%5E1301%5E0%5ESH1－227.htm。

最迅速的程序进行审理，离婚从立案到完成裁判，只需要十几分钟。[①] 有审判员说："按要求审一个案子，要经过法庭调查、法庭辩论、法庭调解三个程序。我们的便民法庭受理的都是无争议案件，尤其是离婚案占了90%，当事人都已经协商好了，双方无争议，便民法庭就省去了法庭辩论、法庭调解，这样就省时间了。"[②] "便民"法院以处理财产纠纷的方式对待"人事"纠纷，甚至离婚诉讼案件完全与行政机关的登记离婚无异，只要当事人就离婚达成一致意见，连调解程序也可以免了，这是不符合相关法律规定的，而且"匆忙地解除夫妻关系绝不是最佳的选择，这对夫妻双方和子女利益都不利"。[③] 还有报道在夫妻分居两地时，法院通过电话调解当事人离婚的案件。[④] 虽然用电话调解也经历了调解过程，但2004年《民事调解规定》第7条规定，调解时当事人各方应当同时在场，根据需要也可以对当事人分别做调解工作。离婚案件中宜以当事人同时在场调解和分别调解相结合的方式进行，这样能更好地保证调解体现当事人的真实想法，如《法国民法典》就规定调解需要先与夫妻单独见面试行调解，再与夫妻共同见面调解，让当事人自己向对方表达自己的意愿。在"便民"措施的背后，我们看到的是审判机关解决案件纠纷的"高效"、"便民"的理念，但以这样的方式对待离婚问题可能会牺牲公平，缺乏对人的关怀。我国《婚姻法》相关规定并未明确规定离婚反省期等，连调解的期限也被压缩为"当日"处理，法院"挽救婚姻"的功能再次受到

---

① 陈岚：《南京出现便民法庭：15分钟就能完成的离婚程序》，载《现代快报》，2003-08-06，http://news.sohu.com/86/41/news211874186.shtml，最后登录时间：2010-11-10。

② 《10分钟了结离婚案》，http://www.gmw.cn/01shsb/2000-04/02/GB/03%5E1301%5E0%5ESH1-227.htm，最后登录时间：2010-11-10。

③ 胡志超：《中国破裂主义离婚法律制度》，法律出版社2010年版，第235页。

④ 刘平毅、石才强：《天各一方要离婚"电波法庭"便民诉》，发布时间：2010-07-26，http://www.xfxww.com/news/2010726/2010726829136504.html，最后登录时间：2010-11-10。

挤压。正如有学者在讨论我国的司法能动的时候指出的，将“司法为民”解释成“司法便民”无非是服务、方便那些想离婚的人，希望离婚很容易的人。至于那些不希望离婚，希望离婚成本很高因此保住家庭的人，似乎不在“服务”和“便民”的范围之内。[①]而登记离婚取消原《婚姻登记管理条例》中30天等待期的规定，也是身份法追求“效率至上”观念的体现。这些做法实际是为离婚大开方便之门，“司法为民”不能简单理解为“便民”，法院对这样的“便民”调解应有所节制。

3. 离婚等待期的规定存在不足

最高人民法院《民事调解规定》规定，在答辩期满前人民法院对案件进行调解，适用普通程序的案件在当事人同意调解之日起15天内，适用简易程序的案件在当事人同意调解之日起7天内未达成调解协议的，经各方当事人同意，可以继续调解。延长的调解期间不计入审限。该规定确认了民事调解中和解期限不计入审限，而且规定在一定情况下可以延长调解期限，这样就可以延缓离婚夫妻离婚的步伐，在一定程度上具有离婚等待期的功能，有助于缓解离婚夫妻之间的冲突。但根据该规定只能是在当事人同意的情况下才可以延长调解期限，并未规定法院有职责为有和解可能的夫妻确定延长一个调解期限以促进当事人反省。而在登记离婚的情况下，几乎无离婚程序性限制。

我国的《离婚法》规定了离婚自由原则，但并未规定在离婚与维持婚姻之间等待期的规定，不利于缓和夫妻矛盾，难以防止轻率离婚。离婚等待期包括分居制度及离婚反省期（或考虑期）。如前所述，法国、德国、英国、美国、意大利、挪威以及我国的香港、澳门地区等都设立有分居制度。以分居作为离婚与维持婚姻之间等待期的规定是因为人容易受感性支配，在夫妻之间发生纠纷

① 强世功：《司法能动下的中国家庭——从最高法院关于〈婚姻法〉的司法解释谈起》，载《文化纵横》2011年第1期，第27页。

时，设置分居制度可以暂时冷却夫妻矛盾，使当事人有机会冷静、慎重地思考婚姻关系，可以在一定程度上防止冲动离婚。[①] 虽然我国《婚姻法》并没有明确规定分居制度，但民众认为有必要对分居进行法律规制，[②] 现实生活中也存在大量的分居现象。[③] 现实生活中夫妻因感情不和分居的情况非常普遍，在笔者所统计的 158 例案例中，在离婚过程中存在分居现象的案件占 103 件，占所统计的案件的 65%。由于我国《婚姻法》并未明确规定夫妻分居制度，这些分居的夫妻多采取“离家出走”、“下落不明”、“不与家人联系”、“音讯全无”、“因暴力出走”、“被赶出家门”、“与他人私奔、外出”等方式。在 103 个夫妻分居案件中存在上述分居方式的有 45 件，占所统计的离婚案件的 28.4%。在分居时间上，最长的达到 12 年，还包括 7 年、5 年等不等的时间。

同时，我国的登记离婚制度中缺乏反省期的规定。离婚反省期有助于慎重处理离婚问题、维护婚姻家庭的稳定、保障当事人合法权益。[④] 国外有学者认为，“规定等待期的理由虽然在于尊重夫妇一方要求解除婚姻的意愿，但这种意愿必须经过认真的考虑，特别是基于子女的利益，应尽可能地防止过于轻率的离婚”。由于夫妻冲动离婚的情况较严重，实践中我国一些婚姻登记机关已经开始采

---

① ［丹麦］T. S. 施米特：《斯堪的纳维亚婚姻案件诉讼程序法（选译）》，载张贤钰主编：《外国婚姻家庭法资料选编》，复旦大学出版社 1991 年版，第 366 页。分居制度的设立还有利于保护夫妻分居期间的权利，在一定程度上防止家庭矛盾的升级，有利于保护妇女儿童的权利。根据学者的调查，在我国，夫妻之间发生矛盾时多为女方主动提出分居，占 55.41%；近八成的被调查者认为，女性离家去亲戚或朋友家居住以缓和矛盾。陈苇、罗晓玲：《我国夫妻分居情况调查及其立法构想》，载陈苇主编：《家事法研究》（2010 年卷），群众出版社 2011 年版，第 214、230 页。

② 学者调查显示，在我国，认为有必要对夫妻分居进行法律规制的占被调查者的 65.81%。陈苇、罗晓玲：《我国夫妻分居情况调查及其立法构想》，载陈苇主编：《家事法研究》（2010 年卷），群众出版社 2011 年版，第 229 页。

③ 在笔者所统计的 158 份离婚判决文书中，存在夫妻分居的比例为 65%。

④ 陈苇：《婚姻法修改及其完善》，载《现代法学》2003 年第 4 期，第 192 页。

取相应措施防止当事人冲动离婚。①

总之，由于我国尚处于社会主义初级阶段，经济不发达，社会保障制度相对不完善，家庭抚养是家庭成员的主要生活来源，离婚无疑会对未成年子女及经济弱势方造成巨大的冲击。我国是人口大国，占世界1/5左右的人口，即使不是很高的离婚率，但离婚绝对人数多，破裂家庭对社会保障以及对社会的和谐发展都会产生一定的影响。挽救婚姻、维护家庭是对人的基本生存场所的维护，是对人的关怀。国际社会一再重申家庭是社会的基本单元，应采取一切措施巩固家庭、维护婚姻。一些社会保障制度非常完善的国家也采取大量措施，挽救婚姻、维护婚姻家庭的传统职能，以降低离婚率。在国家采取措施巩固婚姻的情况下，英国2005年至2007年离婚率出现下降趋势，比1993年离婚高峰期的离婚数量下降18%。②在美国，粗离婚率从1880年到1980年一直处于上升趋势，1880年的粗离婚率为0.4，到1920年达到1.6，1956年上升到2.3，1981年达到最高峰5.1，此后美国的离婚率一直下降，2006年粗

---

① 据报道，在重庆，冲动离婚的比例占到离婚总数的一半，民政部门的统计，2008年全市有76013对夫妻离婚，到2009年达到了84752对，2010年上升到96582对。复婚人数与离婚人数之比为15%。重庆市渝中区打算在婚姻登记室旁边建立离婚缓冲室，对前来登记离婚的夫妻提供到离婚缓冲室“恳谈”的机会。若夫妻俩还是犹豫不决，可以向一旁的“感情化解室”求助，一位专业人士将免费为双方进行心理咨询。重庆市民政局负责人还鼓励有条件的区县，在婚姻登记处设立缓冲室或调解室。黄宇：《调查称半数人离婚因冲动 重庆建首个离婚缓冲室》，载《重庆晨报》，2011-02-11，http://www.cnr.cn/gundong/201102/t20110211_507662235.html，最后登录时间：2011-02-13。

② Peter de Cruz, *Family Law, Sex and Society, A Comparative Study of Family Law*, Routledge, 2010, p. 47.

离婚率下降到3.6。[①] 截至2009年美国的粗离婚率下降到3.4。[②] 离婚是对婚姻关系确实无法维持情况下不幸婚姻的补救，挽救婚姻是对能够维持的婚姻关系的支持，既符合社会利益，也有利于婚姻当事人及未成年子女的利益。我国离婚法应加大挽救婚姻的力度。

① J. Thomas Oldham, Changes in the Economic Consequences of Divorce, 1958 – 2008, *Family Law Quarterly*, Volume 42, Number 3, fall 2008, p. 420.

② 统计的州包括44个州和华盛顿D. C地区，*Births*, *Marriages*, *Divorces*, *and Deaths*: *Provisional Data for* 2009, *table A*, http://www.cdc.gov/nchs/fastats/divorce.htm.，最后登录时间：2010 – 12 – 05。

第五章　我国离婚法的完善：基于人文主义视角

在新时期，我国政府提出“以人为本”、“构建和谐社会”的宏伟目标。为了实现这一远大目标，坚持以人的自由、平等、尊严为合理内核的人文主义思想自然成为我国离婚法的精神支柱。在新的千年，应坚持人文主义“以人为本”理念，根据人文主义离婚法的立法目标及其应发挥的功能，结合上述我国离婚法人文精神体现不足的规定完善我国的离婚法。

第一节　人文主义离婚法的基本原则

根据上述人文主义离婚法的基本理念、立法目标及我国离婚法人文精神体现不足的分析，建议根据以下基本原则完善我国离婚法，以更好地实现离婚法对人的关怀和保护：离婚自由与适当限制原则、离婚夫妻平等原则、子女最大利益原则。

一、离婚自由与适度限制原则

如前所述，自由价值是人文主义的重要内容之一，离婚自由是法的自由价值的体现，是人类婚姻制度文明的体现和要求，也是实现婚姻幸福的手段。人类婚姻史始终以离婚自由为发展方向，坚持离婚自由原则也是各国离婚法总的发展趋势。人文主义离婚法应“以人为本”，尊重人性对自由的向往和追求，保障离婚自由。但任何自由都不是绝对的，生活在社会中的人，需要在行使离婚自由权利的同时，防止对他人权利的侵犯。同时，绝对的离婚自由也可能并非符合当事人自己的利益。由于人性存在易受感性支配、理性的不完备性等弱点，出于当事人对婚姻家庭的普遍需求的维护及“人性恶”的防范，决定了应对绝对的离婚自由加以适度的限制。对离婚自由加以适度的限制是离婚法“以人为本”的要求，也是世界各国的普遍做法。对离婚自由的限制应当具有正当性，这一限制的正当性应从人出发加以考虑。由于人生活在集体中，人文主义对人的关注也包括集体中的人。人文主义关注个体的权利、利益与需求，但人文主义不是个人自由，离婚自由的行使不得侵犯他人的权利。目前我国的离婚法总体上体现了离婚自由原则，但我国的离婚法在防范轻率离婚方面的措施尚存在一定的不足，需要进一步完善相关规定以防止离婚过于自由，防止极端自由主义的出现。同时，应进一步保障离婚弱势群体的权益以保障弱势方平等的离婚自由权利的实现。

二、离婚夫妻平等原则

平等价值是人文主义思想的重要价值之一，人文主义离婚法自然应体现离婚夫妻之间的平等。平等在不同情形下有不同的含义，包括机会平等与结果的平等、形式平等与实质平等等。现代社会，立法已经出现从形式平等到实质平等的转变，此种转变就是对弱势群体利益的特殊保护，承认其作为人的基本权利。离婚夫妻实质平等是人文主义离婚法保障弱者权益的立法目标及离婚法保障家庭成员人身及财产权益功能的要求。“现代民法发生了从把人作为理性的、有意识的、强而智的存在的把握方法，向以弱而愚的存在为中心去把握的方向的转换。这样，作为属于人的权利，人格权得到强调，不是一切人均平等地对待，而是向保护弱者、愚者的方向大大地前进了。”这种倾向可以称作“人的再发现或复归的方向”。① 这充分反映了在现代民法理性人假设修正背景下对弱势群体的保护，对人的价值的尊重。形式上平等的法律是以男女两性具有相同的社会地位，相同的社会能力及相同的社会资源为前提。此种平等完全忽略了社会经济、文化、风俗等对女性的不利影响，因此需要揭开男女平等的真正面纱，将男女平等问题置于社会文化大背景下进行审视，看到男女两性作为人类不同的群体存在的社会性差异，消除此种差异产生的社会根源，才会更好地实现男女之间的真正平等。由于社会多种因素导致男女之间存在着事实上的不平等，使女性处于弱势地位。要实现人与人之间实质的平等，消除男女之间的差异，需要考虑社会现实和男女地位不平等的根源，以完善相关法律制度，给予女性特殊的法律保护才能实现男女之间的实质平等。对离婚弱势群体的权益保障是人文主义离婚法“以人为本”的应有之义，是实现人的平等、自由及维护人的尊严的要求，也是实现离婚法实质平等，追求实质正义的需要。

如前所述，我国离婚法规定了针对离婚女性的保护措施，总体上体现了对女性的人文关怀。但在离婚经济贫困女性的权利分配方面的保障措施力度不够，为防止离婚女性经济贫困化，需要进一步完善对离婚女性的权利分配保障措施，以实现女性和男性的实质平等。

三、子女最大利益原则

保护弱者权益是人文主义的应有之义，未成年子女作为离婚过程中的弱势群体，其权益应得到法律的保护。自联合国 1989 年《儿童权利公约》以来，“儿童最大利益原则”成为许多国家处理儿童事项的基本原则。“儿童最大利益原则”是国际社会多年来不

① ［日］星野英一：《私法中的人》，王闯译，中国法制出版社 2004 年版，第 82 页。

懈努力的结果，在儿童人权保障、关爱和保护儿童权益方面发挥着重要的指导作用，因此实现子女的最大利益也应成为我国离婚亲子关系法的基本原则。以子女最大利益作为指导离婚亲子关系法的基本准则，是确立子女在亲子关系中与父母平等的主体地位和权利意识，并将其贯彻至婚姻法的体系、具体制度甚至是法律术语中，将“子女最大利益”置于“父母法律权利”之上，使确保子女权利和利益的实现真正成为父母的责任和义务。[①] 以子女最大利益作为离婚亲子法的基本原则是国际社会家庭法的基本原则，具体要求“法律政策从强调成年人之间的关系转向以父母对子女的义务为重”。[②]

将子女最大利益作为确立离婚亲子法的基本原则，是尊重未成年子女主体地位的需要。未成年子女也是人，应将其当做人看待。未成年子女主体地位的确立是子女最大利益的前提和基础，如果子女还只是实现家族或父母利益的手段，本身不是目的，则不可能实现子女最大利益。只有将未成年子女作为独立的主体，才能实现其利益最大化。子女最大利益也是未成年子女在相关法律关系中主体地位的体现。同时，子女最大利益是人文主义离婚法保障弱者权益原则的需要。未成年子女因其自身心智发育不健全、理性不完备，不能完全对自己的利益进行判断，保障其权益才能维护其作为独立主体的地位。根据“儿童最大利益原则”，在离婚子女的相关事项中，应以子女的利益和需求作为决定的依据，应考虑未成年子女在生理、情感、心理等各方面的需求，而非根据父母的需求进行判断。在子女的权利和父母的权利之间，以子女的权利为本位。

我国离婚法在离婚子女抚养监护以及探视方面的规定总体上体

---

① 龙翼飞：《完善婚姻家庭法律制度的新探索》，载《法学家》2007 年第 1 期，第 77 页。

② Mavis Maclean, *Family Law and Family Values*, Hart Publishing Oxford, 2005, p. 10.

现了“儿童最大利益原则”。但我国作为1989年联合国《儿童权利宣言》的缔约国，至今在立法上尚未明确规定该原则，在我国现行立法上也未完全贯彻该原则，在离婚未成年子女监护和探视中也未完全尊重未成年子女的主体地位。例如，某些规定将未成年子女的利益与母亲的利益或父母的利益并列而给予同等的保护，有些规定甚至以父母的利益或意愿作为优先考虑，仍然停留在“父母本位”阶段。[①] 因此，应在我国《婚姻法》中确立“儿童最大利益原则”，并在我国的离婚法中全面贯彻落实该原则。

第二节 离婚纠纷多元解决机制的完善

针对上述我国离婚法人文精神体现不足的分析，结合离婚法人文主义“以人为本”基本理念及人文主义离婚法的立法目标、基本功能，笔者建议从以下方面完善我国离婚纠纷的多元解决机制：第一，建立婚姻指导、服务机制以促进健康、和谐的婚姻关系的建立；第二，完善离婚调解制度，增设登记离婚情况下的离婚调解强制程序，保障子女最大利益的实现；第三，增设离婚等待期以挽救婚姻；第四，建立专业化的家事法院，以更好地满足离婚当事人的需求，维护当事人的权益；第五，完善判决离婚的法律原则，规定以分居作为认定夫妻感情破裂的主要标准，并加大离婚弱者的救济力度以实现“感情破裂”情形下的离婚自由。以上建议的宗旨在于保障离婚自由权利的实现，挽救尚能维持的婚姻关系，并建立符合人性需求下的离婚纠纷解决方式。

一、建立婚姻指导、服务机制

健康、稳定的婚姻关系符合人的普遍利益。离婚自由是人文主

① 陈苇、谢京杰：《论“儿童最大利益优先原则”在我国的确立——兼论〈婚姻法〉等相关法律的不足及其完善》，载《法商研究》2005年第5期，第40页。

义离婚法的价值取向之一，但坚持离婚自由的同时又要反对轻率离婚。我国相关法律未规定离婚过程中的政府性婚姻指导及婚姻咨询服务措施，防止轻率离婚的措施存在不足，且不能满足离婚当事人的需求。为维护婚姻家庭关系，更好地满足离婚当事人在婚姻过程中的需求，笔者建议从以下方面完善我国离婚法：

（一）加强政府性婚姻指导立法①

为了防止轻率离婚对婚姻当事人及未成年子女的伤害，同时在一定程度上防止离婚社会成本的增加，建议加强政府性婚姻指导立法。婚前教育是政府性婚姻指导的重要方式，也是国外一些国家采纳的方法，其目的是使打算结婚者掌握婚姻的规律及基本常识，懂得珍惜爱情、珍惜家庭，化解婚姻矛盾的应对方法，尽最大可能防止家庭破裂的悲剧，保持家庭稳定。② 婚姻指导立法的内容包括：对适婚人群进行婚姻家庭伦理、夫妻的权利义务、父母对子女的义务、家庭关系的认知方式、家庭关系处理的技巧、如何建设性地解决家庭纠纷等方面的教育与培训，让适婚人群了解促成婚姻成功的因素，增强对婚姻的正确认识。关于婚姻指导的执行机构，鉴于婚前教育相关立法可操作性较强，建议在《婚姻登记条例》里规定由民政部门为登记结婚的当事人提供婚姻相关指导，如为登记结婚

---

① 全国妇联人才开发中心、中国国际婚姻家庭协会联合启动了中国婚姻家庭指导师资格研修、国际注册认证培训计划，希望能培养上百万名合格的婚姻家庭指导师，并渗透到全国各地上百万个社区，开始“拯救婚姻”的行动。2006 年，杭州首批婚姻咨询师获得婚姻咨询师资格证书，将持证上岗。高颖盈：《杭州首批婚姻家庭指导师将上岗》，发表日期：2006 - 11 - 14，http://www. xmxlzx. com/data/68007/detail. php?thisid =42308；从 2008 年 9 月 22 日开始，杭州市将在上城、拱墅等 8 个婚姻登记处设立婚姻家庭指导室，将有总共 31 名具有法律辅导、心理咨询、婚姻家庭指导等方面专业知识的志愿者在各个婚姻登记处，为婚姻当事人提供婚姻家庭指导服务。叶海：《杭州 31 名志愿婚姻家庭指导师下周“上岗”》，发布时间：2008 - 09 - 19，http://zjnews. zjol. com. cn/05zjnews/system/2008/09/19/009954648. shtml，最后登录时间 2010 - 09 - 30。

② 巫昌祯：《进一步完善婚姻法的几点思考——纪念婚姻法修改五周年》，载《金陵法律评论》2006 年春季卷，第 6 页。

的人员免费发放有关婚前指导的资料（如光碟或相关书籍）或安排当事人参与由相关心理学、教育学、法学专家提供的课程安排。在婚姻登记部门设立婚姻指导办公室，在婚姻登记（包括结婚登记和离婚登记）过程中告知当事人在婚姻指导办公室获得婚姻指导，登记机关也可以定期开设相关课程，在婚姻登记前建议当事人参加相关的指导或培训。考虑到一些结婚当事人不愿接受强制性的婚前指导，建议婚前指导为自愿的，但婚姻登记部门有义务采取灵活多样的措施，积极推行婚前指导活动的开展。对于积极参与者，可以以免去登记结婚的工本费等措施给予一定的奖励。

（二）增加婚姻咨询服务立法

婚姻咨询是针对婚姻危机的当事人家庭或在离婚过程中的当事人提供的一项服务。在当事人婚姻出现危机时，为当事人提供离婚相关的法律知识、伦理知识等，必要时给予心理指导以修复现有关系或进行必要的心理治疗以尽量让婚姻当事人维持并改进婚姻关系，使当事人重视婚姻家庭，并积极沟通、建设性地解决家庭矛盾。即使离婚也应妥善处理好离婚相关后果，减少离婚过程中的矛盾。

虽然我国一些地方设有婚姻心理咨询机构或婚姻危机服务，但目前尚缺乏公益性的婚姻咨询服务。由于很多人观念里没有形成请求心理救助的习惯，而且目前心理咨询收取的费用普遍偏高，婚姻咨询对很多人还是一种奢侈消费，一般民众难以接受此种有偿服务，在婚姻出现危机或离婚的情况下寻求婚姻咨询的人员有限。因此，政府应当承担起为危机婚姻当事人提供婚姻咨询的职责，满足离婚当事人的精神需求。根据我国的实际情况，建议在我国婚姻登记部门及人民法院设立婚姻咨询办公室，选任离婚调解人员中的社会工作者、心理学者、法律工作者提供婚姻咨询服务。婚姻咨询服务立法包括婚姻咨询人员的选任，咨询人员的职责、在咨询中的保密义务、咨询人员的编制及费用，以及对在法院离婚判决中可以指定当事人参与婚姻咨询时接受指定的咨询任务等进行相应的规定。

二、完善离婚调解制度

目前我国相关立法规定了作为群众性组织的人民调解制度及诉讼离婚中的强制调解制度。针对离婚案件，一些法院已经设立“家庭纠纷调解中心”，采取家事纠纷调解前置制度和随即调解制度。① 还有些地方建立了民间“家事纠纷援助中心”，② 也有的地方由派出所设立“人民调解驻所制”负责离婚等家事纠纷及其他民事纠纷的调解。③ 不同地方对家事纠纷的调解措施，说明家事纠纷的调解符合广大人民的需求。针对目前我国离婚调解制度存在的

---

① 赵正辉等：《为了每个家庭的和谐——记江苏省无锡惠山区法院“家事调解中心”》，江苏省无锡市惠山区法院成立家事调解中心。2009 年以来，惠山区法院共受理各类家事纠纷 122 件，审结 112 件，结案率达到 91.8%，其中调解、撤诉结案的为 80 件，调撤率达到 71.4%。法院与区妇联、镇妇联建立“共创和谐家庭联动机制”，在区妇联设立“家事调解中心”，法院每月向中心反馈家事纠纷审理情况，让中心及时掌握辖区家事纠纷动态信息；法院在处理矛盾易激化，难度较大的案件，及时与妇联取得联系，共同配合做好钝化矛盾、消除不安定因素。经双方当事人同意，法院在诉前、审前及审中将一些适合妇联调解的案件直接委托“家事调解中心”进行调解。经调解达成协议的，制作人民调解协议书，对委托调解未能达成调解协议的，由法院及时审理，并将该纠纷经过调解中心调解的情况在裁判文书中予以说明。该院建立调解前置制度和随即调解制度，把调解工作体现到家事纠纷处理的各个环节。对案情复杂、当事人对立情绪严重、直接下判可能导致矛盾激化的案件明确要求必须进行庭前调解，有效化解纠纷。不受案件是否受理、事实是否查清、答辩是否到期等限制，将调解时间确定为当事人向法院递交诉状直到判决宣告之前的任何时间，只要有调解的希望，都尽最大努力。http://www.jsfy.gov.cn/fyfc/ck63/2010/02/24142421245.html.

② “调解员善断家务事”：福建省厦门市同安区五显镇成立了全国首个“农村家事纠纷援助中心”，在全镇招募了 99 名家事调解员，调解员队伍由村治保会、调解委员、妇女会和村民小组中的“调解能手”组成，同时吸纳村中有威望、口碑好、善于做群众工作的退休干部、教师等参加，覆盖全镇所有自然村，形成了家事纠纷调解网络。援助中心成立一年来效果显著。人民网—人民日报，发布时间：2006－12－25，http://news.sohu.com/20061225/n247230542.shtml.

③ 《派出所有了调解室“家务事”不再难断》，载《成都日报》2010－03－25，http://www.cdrb.com.cn/html/2010－03/25/content_877076.htm，最后登录时间：2010－10－09。

不足，建议根据2010年《中华人民共和国人民调解法》、2002年最高人民法院《关于审理涉及人民调解协议民事案件若干规定》等，利用现有的资源，吸收人民调解员中的部分人员，借鉴我国实践中的做法，保留并发挥民间调解的长处，增加离婚案件调解的专业性，从以下方面完善我国的离婚调解制度：成立由法律工作者、妇联及相关专业人员如心理学专家、医学、教育学人员等组成专门的离婚调解办公室对离婚案件进行调解；增加登记离婚的强制调解制度，在人民调解框架下，将我国诉讼离婚中的调解与登记离婚中的调解统一纳入到民政部门及人民法院的离婚调解办公室进行调解。具体建议及其理由如下：

（一）登记离婚强制调解及其理由

如前所述，通过离婚过程中的调解可以在一定程度上缓解夫妻之间的敌对情绪，有助于调整和改善未来的关系、维护身份利益。国外许多国家和地区设立了离婚调解制度，在当事人向法院提起离婚诉讼后，指示当事人参与由法院相关调解人员组成的调解。国内外的研究表明，离婚可能对当事人带来不利影响，除了经济上的贫困外，还包括对当事人心理方面带来的消极情绪。离婚也可能对未成年子女产生一些消极影响，尤其是父母之间存在无休止纷争的情况。国外有心理学研究证明，父母离婚对孩子不仅仅是经历了一个事件，而且还经历了一个长期的不断变化的过程。孩子对父母离婚的应对能力与父母在解决离婚问题时采取的方式有关，而且与离异后子女能否得到应有的照顾有关。[①] 通过离婚调解，采取促进婚姻和解的措施，可以挽救婚姻。即使是当事人离婚，离婚调解也能促使当事人通过协商妥善解决离婚相关问题，可以减少对未成年子女及当事人本人的伤害。

---

① R. Emery, Facts, *Framework and Forecasts*: *Advance in Criminological Theory*, Volume 3, New Brunswick, New Jersy: Transaction, 1994. 转引自李维：《社会心理学新发展》，上海教育出版社2006年版，第405～406页。

在夫妻登记离婚的情况下，由于我国的登记离婚制度只需要婚姻当事人对离婚及相关后果达成一致意见，就可以到婚姻登记机关登记。我国的登记离婚制度缺乏挽救婚姻的防护性措施，也缺少公权力的介入，这可能危及未成年子女及弱势配偶的利益。离婚调解可以放慢离婚的步伐，并通过调解过程促进婚姻和解的措施，使感情尚未破裂的婚姻关系得以维持，维护夫妻弱势方的利益。同时，通过登记离婚前的调解，让一定的专业人员参与调解，尤其是通过代表子女利益的中立性代表人参与调解，可以保障子女利益的实现。因此，规定登记离婚中的强制调解程序可以克服目前我国法律规定对当事人及其子女保护不周的不足，是符合双方及子女的利益的。

（二）离婚调解制度的内容

1. 明确离婚调解的宗旨及目的

离婚调解的宗旨是维护婚姻当事人及其子女的利益。其目的主要包括两个：一是促进当事人和解，防止轻率离婚。如前文分析的，婚姻家庭符合人们的普遍需求，除非婚姻关系到了非解除不可的地步，立法应当创造促进当事人和解的机会。为此，建议规定离婚调解人员在调解过程中应采取相应措施促成婚姻和解；二是在无法实现婚姻和解时，引导当事人妥善解决相关利益冲突，尽量在一种协商的气氛下让当事人自己对离婚后果作出安排。

2. 离婚调解的原则

离婚调解的原则包括自愿原则、平等原则及合法原则。自愿原则，是指在调解过程中，根据当事人的意愿自行决定调解的结果，相关调解人员只是给予当事人必要的指导，而不是将调解员的意愿强加给当事人。调解中的自愿原则是民法私法自治的体现，是当事人在平等、友好的氛围下，通过自己的判断对自己相关权利义务在法律框架内作出决定。调解人员不能将自己的意愿强加给当事人。平等原则，是指在调解过程中，离婚当事人之间、离婚当事人与调解人员之间是平等的，调解人员不能侵犯被调解人员的利益。合法性原则，是指离婚调解应符合法律的规定，不能违反法律的基本原则、基本精神及相关规定，在调解过程中应维护各方当事人的权利。法院调解只是对当事人进行引导和指导，但并不意味着调解人员就放任当事人的协议内容。如果当事人的协议违反法律的规定，调解人员应该进行纠正和指导，其目的在于维护弱势者的合法权益。例如，夫妻协议严重违反未成年子女或弱势配偶利益时，调解人员应当进行相应的指导。因此，在离婚调解过程中遵循合法原则，可以克服登记离婚情况下登记员对离婚协议不进行实质审查的弊病，维护未成年子女及弱势当事人的利益。

3. 离婚调解机构的设置及其人员组成

根据我国登记离婚和诉讼离婚的离婚方式，为方便群众，宜分别在各婚姻登记部门及基层人民法院设立离婚调解办公室。由政府部门对调解人员的选任、培训等给予指导，并经专门知识培训后上岗。①

我国《婚姻法》规定了法官在审理离婚案件中的调解职能，但如前所述，离婚案件的调解不仅仅是解决当事人离婚后果方面的纠纷，还包括促进当事人和解及帮助当事人适应离婚的法律后果等。因此，为克服我国离婚调解人员专业性不足、法院审理和调解案件负担过重的不足，建议整合我国现有资源，利用现有制度，成立由法律工作者、妇联成员、婚姻咨询师、心理咨询师等人员组成

① 有学者建议在基层乡镇（街道）的人民调解委员会中设立专门的“家事纠纷调解中心”，该调解中心设专职家事纠纷调解员，由政府财政给予工作经费。各区、县民政部门设立“家事纠纷调解中心”指导办公室，对所属家事纠纷调解中心的工作进行指导、规范、培训、考核与监督。各区、县民政部门经公开考试后选拔家事纠纷调解员，对其经专门知识培训后上岗，专门负责家事纠纷的调解工作，并接受各区、县民政部门对其工作的指导、培训、考核与监督。对于调解结果应赋予法律上的约束力。陈苇、来文彬：《论我国家事纠纷人民调解的新机制——以澳大利亚“家庭关系中心”之家事纠纷调解为视角》，载《学术交流》2009年第7期，第62～63页。笔者赞同设立“家事纠纷调解中心”的上述观点，但由于离婚纠纷与普通的家事纠纷仍然存在一定的差异，作为离婚调解机构应在民政部门及人民法院设置专门的离婚纠纷调解办公室为宜。

婚姻调解办公室。调解人员人数根据案件具体情况由1～3人组成，必须有一名法律工作者参与。在涉及未成年子女的离婚案件中，必须有一名指定的代表儿童利益的中立性代表人参加。

4. 离婚调解的效力

结合我国2001年《〈婚姻法〉司法解释（二）》、2002年最高人民法院《关于审理涉及人民调解协议民事案件若干规定》、2010年《中华人民共和国人民调解法》等规定，建议规定离婚调解的效力如下：

当事人就离婚后果达成的协议的履行或者调解协议的内容发生争议的，一方当事人可以向人民法院提起诉讼。调解达成调解协议后，双方当事人认为有必要的，可以自调解协议生效之日起30日内共同向人民法院就离婚相关后果申请司法确认，人民法院应当对调解协议进行审查，在30天内依法确认调解协议的效力。人民法院依法确认调解协议有效，一方当事人拒绝履行或者未全部履行的，对方当事人可以向人民法院申请强制执行。

经调解当事人仍然同意离婚的，可以选择由法院制作确认离婚调解书，也可以选择由登记机关登记解除婚姻关系。登记机关应自申请之日起30天内依法登记离婚。登记机关进行离婚登记时，要求夫妻须就未成年子女监护探视达成一致意见。人民法院确认离婚调解协议时，要求离婚夫妻须同时就未成年子女监护、探视事项达成一致意见。登记离婚或法院作出离婚协议确认书之日起当事人的婚姻关系终止。如果自当事人达成离婚协议之日起30日内当事人未申请离婚登记或法院未就离婚作出确认的，离婚协议中解除婚姻关系的内容失效。

在离婚财产分割方面，经离婚调解办公室调解达成的、有关民事权利义务内容，并由双方当事人签字或者盖章的调解协议，具有合同的效力。事后当事人请求撤销调解协议，如果法院审理后认为不存在订立协议时存在欺诈、胁迫等情形的，不予支持。

当事人就离婚后子女抚养及探望相关问题达成的协议，事后一方请求撤销的，如果不存在违背“子女最大利益原则”的情形，人民法院不予支持。当事人请求变更子女抚养、监护事项的，由人民法院根据“子女最大利益原则”判决。

只有在当事人经过调解无法达成协议的情况下，法院才考虑受理离婚案件。在法院对离婚后子女监护、探望方面，法院应参考离婚夫妻参与调解的情况，将夫妻是否积极参与调解作为判决离婚后对子女监护、承担诉讼费用的一个考虑因素。

三、增设离婚等待期的规定

（一）增设离婚反省期的规定

由于我国离婚率逐年攀升，复婚率也在不断增加。建议在我国离婚法中设立一定时期的离婚反省期。规定一定时期的反省期可以在一定程度上反省该婚姻关系是否确实应该结束，在对婚姻进行冷静、理性的分析之后决定婚姻是否应该解除，这样可以减少夫妻感情尚未破裂情况下的轻率离婚，也是人文性离婚法对婚姻价值的尊重，对人的关怀采取的措施。首先，在登记离婚时建议规定一定的反省期。规定登记离婚需由相关人员进行调解，经过调解后当事人仍然坚持要离婚的，当事人可以要求婚姻登记机关登记解除婚姻关系。婚姻登记登记机关自收到夫妻离婚协议书之日起 30 天内予以登记，特殊情况可以延长。其次，建议规定，在离婚诉讼的任何阶段，如果法院从案件的性质、相关证据或夫妻一方或双方的态度认为夫妻有和解可能，法院应中止审理。中止审理后，经夫妻双方同意或由法院自由裁量，任命婚姻咨询人员或离婚调解人员帮助夫妻达成和解协议。如果延期审理已经过了 30 天，经夫妻一方或双方申请可以恢复离婚诉讼。

（二）增设分居制度

我国《婚姻法》在判决离婚时以“夫妻感情破裂”为法律原则，并规定夫妻因感情不和分居满 2 年的，认定夫妻感情破裂。但我国《婚姻法》并未设立分居的具体制度。2011 年 7 月 4 日最高人民法院通过的《〈婚姻法〉司法解释（三）》只是规定了婚姻关系存续期间夫妻能否主张子女抚养费的内容，并未提及与夫妻分居相关问题。《〈婚姻法〉司法解释（三）》及相关立法具有极强的功利性，立法更注重强调法律解决纠纷的功能，忽略了分居制度之挽救婚姻的功能，缺乏对人的全面保护而设定一种完备制度的理念。分居制度是在离婚与在婚之间设立一种过渡性的婚姻方式，提供一种可供选择的生活方式。由于人性需求的多元性，处理离婚纠纷的方式也应是多元的，“只用黑白两色看待事物的人绝不是人文主义者”。[①] 国外许多国家设立有分居制度，目的是为当事人在离婚和维持婚姻之间规定一种过渡期，提供多元化的解决离婚纠纷的方式，可以满足离婚当事人的不同需求。同时，建立分居制度可以为当事人提供离婚的缓冲期，有利于缓解夫妻矛盾，防止轻率离婚。建议在我国的《婚姻法》中设立分居制度，对分居的构成要件、分居的类型、分居在人身方面和财产方面的法律效力、分居的终止等进行明确的规定。[②]

四、设立专业化的家事法庭

离婚案件不同于一般的财产纠纷，设立专业化的家事法院审理离婚案件是必要的，也是许多国家的做法。在我国，设立家事法庭的理论研究也趋于成熟，既具有法律依据，也有可借鉴的域外资源，设立条件基本已经具备。例如，我国湖北孝感老河口市法院1999年已经专门设立了“维护妇女儿童权益合议庭”、2000年石家庄市正定县妇联与县人民法院成立“婚姻家庭合议庭”和“婚姻家庭教育学校”，湖北襄樊市中级人民法院1997年成立了婚姻家

---

① ［委内瑞拉］H. 缪吉尔：《新人文主义》，刘智译，载《国外社会科学》1989年第11期。

② 陈苇、罗晓玲：《我国夫妻分居情况调查及其立法构想》，载陈苇主编：《家事法研究》（2010年卷），群众出版社2011年版，第240~244页。

庭合议庭，四川广安市岳池县成立了由女法官组成的“女子合议庭”等。[①] 一些省市，如广东省已经开始试点建立专门审理家事纠纷的家事法院，家事法庭设立的宗旨很符合离婚的人性化要求。[②] 这些情况表明，在我国设立家事法庭审理家事纠纷是可行且必要的。因此，建议借鉴国外立法经验，整合现有的审判资源，在不增加法院财政开支的情况下，在我国民事审判庭中设立专门审理家事纠纷的家事法庭以审理家事纠纷案件，包括离婚案件。建议在全国扩大试点，到最后全面推行家事法庭审判制度。为保障离婚案件审理的专业化，更好地满足离婚当事人及未成年子女的利益和需求，维护其合法权益，建议对审理家事纠纷的法官定期进行性别意识、心理学、社会学等相关专业知识的培训。

五、完善判决离婚法定条件的规定

在婚姻尚能维持的情况下，通过以上立法建议尽量挽救婚姻关系。如果婚姻关系确实无法维持，则首先通过调解鼓励夫妻就离婚达成协议，并协商解决离婚相关事宜。调解不成时，应依法定条件解除婚姻关系。如前述分析，笔者认为我国《婚姻法》以夫妻感

---

① 陈爱武：《家事法院制度研究》，北京大学出版社 2010 年版，第 154 ~ 165 页。

② 2010 年 3 月 23 日，广东省高院宣布选择 7 个层级不同的法院试点设立“家事法庭”负责家事审判。这 7 个试点法院包括中山中院，广州市黄埔区法院，珠海市香洲区法院，中山市第一、第二法院，佛山市顺德区法院，东莞市第二法院。家事合议庭将由熟悉婚姻家庭案件和审判经验丰富的法官组成，配备至少一名女法官，必要时邀请妇联官员、心理专家担任人民陪审员。参见：《广东法院试点组建家事合议庭 专审“家事纠纷”》，发布时间：2010 - 03 - 23，http://www.chinanews.com.cn/gn/news/2010/03-23/2186320.shtml；最后登录时间：2010 - 10 - 09。目前采用家事审判的案件，主要包括婚姻案件，如婚姻无效、撤销婚姻、确认婚姻成立或不成立、离婚等；亲子关系案件，如收养关系、认领关系等；继承案件等。对于家事审判案件，法院一般采取和解的方式。中山市中级人民法院“家事法庭”进行了多方面的创新，包括：审理目标是恢复情感、消除对立、实现和解；审理方式是发现需求、确定宗旨、社会参与、创新机制。《广东中山圆满了结该市“家事法庭”第一案》，发布时间：2010 - 06 - 07，http://news.163.com/10/0607/18/68JKHSML000146BC.html；最后登录时间：2010 - 10 - 09。

情破裂作为判决离婚的法律原则符合人的精神需求，符合离婚法对人的关怀的终极目的，也是我国离婚法将来应该坚持的基本原则。但由于该原则存在认定难的局限，且我国《婚姻法》第32条例示的离婚理由与司法审判实践脱节，[①] 应当结合前述分析对该原则进行改革。首先，建议将夫妻感情破裂的客观认定标准与当事人的主观感受相结合，即以“感情破裂，不能忍受共同生活”作为判决离婚的法定条件。其次，建议规定以夫妻分居作为认定夫妻“感情破裂”的主要情形，结合其他因素进行判断。建议规定，人民法院在认定夫妻感情破裂的时候，宜以夫妻分居作为夫妻“感情破裂”的主要标准，并结合其他原因认定。建议规定人民法院审理离婚案件，调解无效，应准予离婚。有下列情形之一，调解无效的，应准予离婚：（1）因感情不和分居满2年的；（2）以下原因导致夫妻感情破裂的：实施庭暴力或虐待、遗弃家庭成员的；有赌博、吸毒等恶习屡教不改的；其他导致夫妇感情破裂的情形。[②] 以分居作为判决离婚的主要原因符合我国社会现实，且根据夫妻的具体情况对判决离婚的法定条件作出“分级”规定，可以满足不同情况下离婚夫妻的要求，落实“感情破裂”原则。至于“不能忍受共同生活”，宜从当事人提起离婚诉讼、调解无效，且存在感情破裂的情形等方面进行认定。

此外，应加大对离婚弱者的救济力度以保证“感情破裂”原则能得到更好的实施，并保障离婚弱者的基本人权得以实现。具体分析见本章第三节、第四节。

---

① 马忆南：《婚姻法第32条实证研究》，载《金陵法律评论》2006年春季卷，第24～25页。在前述笔者所统计的158个离婚判决书中，70%左右的离婚夫妻是因家庭琐事发生争吵，或分居而离婚；有一例因重婚离婚的案件，虐待家庭成员离婚的案件2例，原告有配偶者与他人同居离婚的只有4例，但法院最终并未查证。具体参见前文分析。

② 具体参见1989年最高人民法院《关于人民法院审理离婚案件如何认定夫妻感情确已破裂的若干具体意见》的相关规定。

第三节 离婚女性经济权益保障制度的完善

根据前述分析，离婚女性经济贫困与女性权利分配保障不足有关，为缓解离婚女性经济贫困，建议从以下方面加大对离婚女性权利分配的保障力度：在离婚法中增强性别意识，推行社会性别主流化；完善夫妻共同财产范围界定的规定；完善离婚经济补偿制度及离婚经济帮助制度；保障离婚女性对住房的优先照顾权。

一、增强性别意识，推行社会性别主流化

根据前述分析，男女不平等的原因是多方面的，既有意识形态领域的原因，也有社会历史与现实的原因。从社会角度分析，男女之间的不平等，并不是由男女之间的生理差异所产生，主要由社会（包括文化、体制、习俗、观念等）所导致，因此通过改变社会文化观念是可以改变男女之间的不平等现状的。1995 年在北京举行的联合国第四届世界妇女大会通过的《行动纲领》确立了社会性别主流化，以此作为提高两性平等的一项全球性策略。[①] 建议在我国离婚法的制定和执行中推行社会性别主流化，结合女性所处的历史地位及社会现实，对离婚法的实施对女性产生的不利影响进行分析，不断修改完善相关法律，实现女性与男性平等地从法律制度中受益。同时，建议对家事法院的法官、离婚纠纷的调解人员等进行社会性别培训，在离婚法的适用过程中切实维护女性权益。

---

① 1997 年，联合国经社理事会通过了对社会性别主流化的定义，即“把性别问题纳入主流是一个过程，它对任何领域各个层面上的任何一个计划行动，包括立法、政策或项目计划对妇女和男人产生的影响进行分析。它是一个战略，把妇女和男人的关注、经历作为在政治、经济和社会各领域中设计、执行、跟踪、评估政策和项目计划的不可分割的一部分来考虑，以使妇女和男人能平等受益，不平等不再延续下去。它的最终目的是达到社会性别平等”。参见《联合国妇女问题：“社会性别主流化”》，http://www.un.org/chinese/esa/women/mainstreaming.htm。

二、夫妻共同财产范围界定之规定的完善

针对我国《婚姻法》在夫妻共同财产的界定方面存在的不足，建议从以下方面进行完善以保障女性的权利分配，防止离婚女性贫困化：①

一方面，建议《婚姻法》规定婚姻期间创作的知识产权期待利益为夫妻共同财产，并增设知识产权可借鉴的评估方法。婚姻期间创作的知识产权期待利益规定属于夫妻共同财产，是对夫妻对该知识产权贡献的承认，是对从事家务劳动方劳动价值的承认，是保护女性家务劳动价值的需要。同时，建议增加评估知识产权期待利益的考虑因素。我国 2001 年财政部颁发的《企业会计准则——无形资产》规定，专利权、非专利技术、商标权、著作权、商誉等都可以作为无形资产进行价值评估。会计学对于无形资产评估主要采现值法、成本法及市价法。因成本法存在不考虑市场需求、未反映无形资产的赢利能力等方面的不足，② 成本法主要用于无形资产费用的分担。由于无形资产的特殊性，加上目前无形资产交易市场不活跃，很难充分取得交易的相关信息，实际中限制了市价法的运用。③ 目前对于未来的收益或转让相关知识产权时价值的评估主要采用现值法。在分割婚姻期间创作的知识产权的期待收益时，建议结合 2001 年颁布的《资产评估准则——无形资产》的相关规定，考虑无形资产成本的不完整性，无形资产与其价值存在弱对应性等特征，参考影响无形资产价值评估的因素进行评估：无形资产的取得成本、机会成本、效益因素、寿命期限、技术成熟程度、市场供求状况、转让因素、同行业同类无形资产的计价标准和依据、价格

---

① 此部分分析参见冉启玉：《论我国〈婚姻法〉对夫妻家务劳动价值的保护》，载《理论月刊》2011 年第 1 期。

② 苑泽明主编：《无形资产评估》，复旦大学出版社 2005 年版，第 41、102 页。

③ 虞晓芬、汪初牧主编：《资产评估》，清华大学出版社 2004 年版，第 144 页。

支付方式等以确定其价值。[①] 同时也需要考虑家务劳动方的机会成本及精力成本，知识产权人因家务劳动的受益及知识产权人的主观努力等因素以在夫妻之间分割知识产权的期待收益，由知识产权人给予另一方相应的补偿。如果知识产权期待利益确实难以评估的，也可以在实现知识产权期待利益的时候对其利益分配另行提起诉讼请求分割。

另一方面，建议针对婚姻期间一方获得的人力资本，在离婚时对另一方进行合理的补偿。人力资本期待收益不同于物质资本价值的评估，以正规教育为表现形式的人力资本投资为例，人力资本具有间接性、迟效性、长效性及异质性等特征。[②] 对人力资本价值进行评估时，宜考虑以下因素对非人力资本方进行补偿：人力资本方进行人力资本投资时的年龄、人力资本的可变性特点，人力资本的折旧现象、人力资本取得过程中夫妻共同投资、夫妻双方的机会成本、社会其他方面投资、人力资本获得方的主观努力及实现人力资本的前景等。[③]

三、离婚经济补偿制度的完善

如前述分析，我国的离婚经济补偿制度存在适用面过窄、补偿标准缺乏可操作性等不足，使女性的家务劳动价值在离婚时未得到完全体现。建议从以下方面对我国离婚经济补偿制度进行完善：

首先，建议扩大离婚经济补偿适用的范围。在夫妻适用共同财产制的情况下，如果夫妻一方在抚养子女、赡养老人、承担家务明显多于另一方的，离婚时也可以请求经济补偿。这有利于对夫妻家务劳动价值的承认，尤其是对女性家务劳动价值的承认，可以由夫

---

① 朱萍主编：《资产评估学教程》，上海财经大学出版社 2004 年版，第 229 ~ 231 页。

② 何承金主编：《劳动经济学》，东北财经大学出版社 2002 年版，第 158 页。

③ 冉启玉：《成本与收益：夫妻家务劳动价值的法经济学分析》，载《北方论丛》2009 年第 5 期，第 148 页。

妻共同分担婚姻分工的成本，降低因婚姻产生的对女性的不利影响。[①]

其次，增设离婚经济补偿的考虑因素。不管是国际社会还是国内，在家务劳动具有价值方面基本上已经达成共识，但如何衡量家务劳动的价值却是一个仍未解决的难题。在我国，有学者主张“以家政劳务工人的计量工资进行替代是一种现实而可行的手段”。[②] 还有学者提出采取“家务补偿金 = 当地家政服务人员（如保姆、钟点工等）单位时间平均工资 × 家务时间”以计算家务劳动价值。[③] 关于夫妻家务劳动的计算方法，国外有采用市场替代成本法则和机会成本法则等进行计算。[④] 上述评估方法中，市场替代成本法需要将家务中的诸如煮饭、洗衣、打扫房间、开车送孩子到朋友家及监督孩子做家庭作业等替代以厨师、清洁工、洗衣工、出租车司机或家庭教师等人员的工资来计算。此种方法烦琐且实施中难以将家庭协同生产中的市场因素完全分离出来，而且夫妻协力、协助义务不具有对价性。[⑤] 以家政服务人员的工资标准计算家务劳动的价值，可能会严重降低家务劳动的价值。相比之下，机会成本计算方法可以避免替代成本法则所带来的计算上的烦琐，能更客观地反映家务劳动的价值，但只能在能确定机会成本的情况下适用。因此，在衡量家务劳动价值时应参考家务劳动方存在的机会成本、

---

① 另一方面，规定共同财产制下的离婚经济补偿制度也有利于鼓励家庭义务的承担，尤其是现实生活中一些夫妻当事人“下落不明”、“不与家人联系”的情况，离婚时，应当对另一方承担经济上的补偿责任。

② 王峰：《家务劳动的计量方法》，载《能源基地建设》1998 年第 6 期，第 60 页。

③ 陈丽娟：《家务补偿请求权的法经济学分析》，载《妇女研究论丛》2007 年第 3 期，第 7 页。

④ ［美］苏珊娜·格罗斯巴德·舍特曼主编：《婚姻与经济》，王涛译，上海财经大学出版社 2005 年版，第 302 页。

⑤ ［美］苏珊娜·格罗斯巴德·舍特曼主编：《婚姻与经济》，王涛译，上海财经大学出版社 2005 年版，第 302 页。

婚姻的存续时间、家务劳动方所做的贡献、家务劳动方机会利益的丧失、非家务劳动方可能获得的利益等对另一方进行补偿，不宜简单地以家政工的工资收入标准进行补偿。

四、离婚经济帮助制度的完善

针对我国离婚经济帮助制度的不足，建议从以下方面进行完善：设立离婚后的扶养制度，在夫妻一方长期从事家务劳动离婚时又无可分割的财产或在夫妻共同财产分割、离婚经济补偿后仍存在生活困难，或因为其他原因导致夫妻一方在离婚时无力自我扶养时，有经济能力的一方应当向其提供离婚后的扶养费，以更好地在离婚夫妻之间公平地分担因婚姻产生的经济上的不利后果。建议从以下方面构建我国的离婚扶养制度：适当放宽离婚经济帮助的条件；适当扩大请求权人的范围；增设法院判决离婚经济帮助应考虑的因素，注重保护妇女和儿童的利益；强化离婚经济帮助义务履行的保障措施，增加其可操作性；增加离婚经济帮助免除、限制、变更或终止的条件，使该制度更合理。①

五、保障离婚女性住房的优先照顾权

针对离婚女性的住房困难，可以借鉴法国租让的方式保障经济困难方的居住权。建议规定，如果离婚时一方配偶没有住房，需要夫妻另一方以个人财产中的房屋进行扶养时，宜以住房的居住权为扶养方式。如果该方配偶监护未成年子女，此种居住权直至最小的子女成年。如果该方配偶未监护未成年子女，则直至居住方经济状况好转、再婚或与他人同居时终止。法官根据具体情况，判决居住方给付一定的租金或不给付租金。所有情形，如新的情况证明应终

① Chen Wei, Ran Qi – Yu, A Study of The System of Spousal Maintenance on Divorce: A Comparison Between China and Russia, *International Journal of Law, Policy and the Family* 19, (2005), p. 322.

止该居住权的，法官应判决终止该居住权。在决定以夫妻一方的个人住房居住权进行扶养时，需要考虑房屋所有权人另行购买或租赁住房的能力，而且以受帮助方抚养未成年子女作为一个重要的考虑因素。

在分割婚姻共同住房时，考虑到离婚后无住房一方的困难，建议借鉴英美国家的推迟出售或推迟分割住房的做法，即法院判决无住房的一方对婚姻住房享有暂时的居住权，直到需要居住在该房屋的配偶再婚、与他人同居、主动搬迁或死亡等特定事件发生时才出售或分割该住房。

第四节　以未成年子女为主体地位完善离婚法相关规定

如前所述，我国离婚法总体上以维护和保障未成年子女利益为基本原则，但未成年子女主体地位的体现仍然存在一定的不足。建议根据联合国“儿童最大利益”原则，以突出未成年子女作为离婚亲子法的主体地位完善相关立法。对此，笔者提出以下完善建议：在未成年子女监护、探视方面促进父母协商性养育计划的制订；根据未成年子女身心发展特点及不同需求确定未成年子女的监护；根据未成年子女的利益和需求完善未成年子女探视权的相关规定；增设未成年子女利益的监督、保障机制。

一、促进父母协商性养育计划的制订

为克服对抗性诉讼判决的不足，加上子女探望判决执行中存在的困难，离婚法应鼓励夫妻就离婚后子女监护、探视达成协商意见。如前所述，建议在我国登记离婚和诉讼阶段设立离婚调解强制程序，在调解过程中，调解人员应当坚持促进父母协商性养育计划的制订这一基本原则。当事人就子女问题达成的协议经法院确认后具有强制执行的效力。除非申请人向法院提交一份由家事纠纷调解

员所出具的证明外，法院不得审理离婚案件。如果当事人在调解中未尽实际努力解决纠纷，或拒绝参加或未能参加调解，则法院可以作出让当事人参加家庭纠纷调解的指示，并以此作为判断当事人承担诉讼费用以及作为判决子女由何方监护的考虑因素。父母在子女监护、抚养、探视等方面协商性养育计划的制订更有利于满足子女的需求。

二、离婚法之未成年子女监护制度的完善

（一）坚持法律上的共同监护原则

由于未成年子女与父母（通常是父母）的依恋关系，为了子女人格、个性的良好发展，离婚法应鼓励父母离婚后共同监护未成年子女。离婚后对子女的人身共同监护并非都符合未成年子女的利益，建议增加未成年子女人身共同监护（轮流抚养）的考虑因素：父母之间的交流情况及就影响子女福利的事项达成共同决定的能力；子女的意愿；对子女的社会和学校生活可能造成的干扰；父母双方家庭的地理距离；父母职业的要求等。建议在离婚法中明确规定：在父母一方有家庭暴力行为、虐待、遗弃子女或父母一方的个人品行对子女监护严重不利等情形，法院不得判决离婚当事人对子女的人身共同监护。此种情况下，离婚诉讼当事人就子女人身共同监护达成协议的，人民法院不予认可该协议。

（二）以未成年子女利益及需求确定未成年子女监护

建议我国《婚姻法》应明确规定“儿童最大利益原则”作为处理涉及子女事项的一个基本原则，同时根据儿童心理发展特点，结合父母满足子女需求的其他情况，决定直接养育子女的父母。具体而言，根据上述我国现行法监护中对子女心理发育考虑存在的不足的分析，建议借鉴英美法国家的“幼年推定原则”、“主要照顾者原则”，将我国司法解释规定 2 周岁以下的子女原则由母亲抚养修改为 3 周岁以下的子女原则上由母亲抚养，但子女的主要照顾者不是母亲或子女的母亲无法担任监护人、担任监护人对子女不利者

除外。这一年龄划分是根据儿童依恋理论，一般情况下儿童在 3 周岁之前确立与依恋对象的依恋关系。确立 3 周岁以下的子女原则由母亲抚养是为了让婴幼儿顺利建立起依恋关系。

对于 3 周岁以上 10 周岁以下的子女，在坚持“主要照顾者原则”并坚持离婚父母对子女法律上的“共同监护”原则下，综合多种因素确定未成年子女的监护。具体而言，3 周岁以上 10 周岁以下的子女，在以下情况应优先考虑该方父或母对子女的优先抚养权：子女随其生活时间较长；对方患有久治不愈的传染性疾病或其他严重疾病，或者有其他不利于子女身心健康的情形，不宜与子女共同生活的；子女随其生活，对子女成长有利的；父母抚养子女的条件基本相同，双方均要求子女与其共同生活，但子女单独随祖父母或外祖父母共同生活多年，并且祖父母或外祖父母要求且有能力帮助子女照顾孙子女或外孙子女的。同时，在决定父或母对子女的监护时应考虑以下因素：父母满足子女需求的愿望与能力以及其他有利于子女身心健康发展的因素；防止子女情感及身体等方面的伤害；父母的受教育程度及品德状况；其他与子女的年龄、性别及法院认为所有与子女利益相关的因素。最后，建议在决定子女监护及其变更时增加“友好父母”条款，即以父母积极参与子女监护、探视等相关事项调解的情况作为该方父母监护子女申请或变更子女监护申请的一个考虑因素。

根据《儿童权利公约》的要求，在子女可以表达意愿的情况下，在决定子女事项时应听取子女的意愿。我国现行法规定子女 10 周岁以上时应考虑听取子女的意愿，但对于 10 周岁以下的子女，并非完全不顾子女的意愿，必要时，可以由法院酌情考虑是否考虑子女的意愿。年满 10 周岁的子女，也需要适量考虑子女的意愿是否违背其利益以决定是否可以采纳其意见。这既有利于发扬人性善的优点，也符合未成年子女的利益。

三、离婚法之未成年子女探望权制度的完善

（一）用语的转变：将“探望权”修改为未成年子女“全面交往权”

“探望”一词最初并非用于人身方面，而是对财产的监督和保护。探望权一语强调的是父母对子女的权利而非完全考虑子女的要求，而且该用语体现父母高高在上的地位，具有单向性，缺乏家庭成员之间交往的互动性。根据近年来国外立法经验，建议将父母对未成年子女的“探望权”修改为未成年子女的“全面交往权”，以突出未成年子女的权利主体地位，使探望权的内容更加具体明确，用语更加人性化。

（二）适当扩大未成年子女“全面交往权”交往对象的范围

未成年子女“全面交往权”重在强调在父母离婚后子女与父母交往的主体地位，及强调此种交往对子女的意义，因此该权利最主要的主体是未成年子女本人。根据“全面交往”理念，应明确规定父母离婚后未成年子女享有与父母及相关近亲属全面交往的权利。至于哪些近亲属应纳入到交往对象的范围，则根据该近亲属与未成年子女的抚养关系、情感联系、依恋程度等综合考虑。如果该交往违背子女最大利益，则可以中止该交往，或不批准其他近亲属的交往。

（三）完善未成年子女“全面交往权”实现的义务主体范围的规定

我国《婚姻法》第38条对探望权主体的规定只限于不直接抚养子女的父或母，义务主体为未直接抚养未成年子女的父或母，并未将拒绝探望的父或母纳入义务主体范围，这不利于离婚后子女全面交往权的实现。建议在《婚姻法》中规定未直接抚养未成年子女的父或母有满足未成年子女全面交往权实现的义务，直接抚养子女的父或母有协助的义务。

（四）增补未成年子女“全面交往权”实现的多元途径

首先，鼓励通过协商实现未成年子女“全面交往权”。这是由未成年子女全面交往权的内容繁杂、交往方式多样、交往权的执行次数多所决定的。在离婚前的调解中，调解人员应鼓励就子女监护交往权等相关事项达成调解意见。其次，在未成年子女“全面交往权”的执行方面，建议采取多样化的执行方法。由于子女全面交往权执行标的的特殊性，执行中难度较大，为保证未成年子女交往权的实现，应采取多样化的执行方法。强制执行难以保证子女“全面交往权”的实现，此种执行方式只应作为最后的救济手段。为此，建议采取以下多元化方式实现未成年子女的“全面交往权”：第一，建议规定，增补子女“全面交往权”实现的监督机构，由当事人所在地的村委会、居委会、未成年人所在地的妇女儿童工作委员会对未成年子女的“全面交往权”的实现进行监督。在交往义务人拒绝履行义务时，未成年子女的法定代理人申请相关部门监督及调解。第二，建议离婚法部分规定补偿性探视制度，即规定不履行交往义务或不尽协助义务方应承担补偿性探视的义务，并由未履行义务人承担相应的费用。第三，在父母极端冲突的情况下，政府应为子女交往见面提供相应的便利条件，避免父母之间直接见面接触。例如，可以借鉴法国的做法，在民政部门设立“子女交往中心”，由直接抚养子女一方将子女带到中心，由中心安排子女与未抚养子女方见面交往，并按时将子女送还到中心，再由抚养子女方将子女带回家。此外，在未成年子女全面交往权实现过程中，可以利用现代发达的通信设备，通过网络、电话、书信等“间接交往”方式作为辅助以满足未成年子女与父母的交往。但对“间接交往”应予一定的限制，因为这种交往不同于面对面的交往，并不能取代现实生活中的直接交往。诉诸法院强制执行只是最后的手段，只是其他替代性方式都无法实现未成年子女的“全面交往权”的情况下才采用的手段。通过这些多元化的执行方式，能进一步促进未成年子女与父母的交往，满足未成年子女的需求，促进未成年子女健康成长。

（五）明确规定离婚时须同时解决未成年子女“全面交往权”问题

我国《婚姻法》对离婚与子女“全面交往权”的“拆分”解决方式将父母的离婚利益置于子女交往权之上，未完全体现子女作为其利益的主体地位。建议在离婚法中应明确规定子女探望权问题应与父母离婚问题一并解决。在鼓励离婚夫妻通过协商解决子女“全面交往权”问题的情况下，如果协商不成，法院应在判决离婚的同时对子女的“全面交往权”进行判决。

四、未成年子女利益之监督、保障机制的完善

在父母离婚过程中，虽然未成年子女不是离婚案件的当事人，但其作为独立于父母的独立主体，其权益自然应受到法律的保护。未成年子女因其心智发育得不健全，作为弱势群体，其权益更容易受到侵犯。虽然我国离婚法总体上体现了以尊重和维护未成年子女利益为原则，父母离婚后对子女的监护、探视等问题往往是作为离婚的附带后果进行解决的，且由于我国离婚法并未设立未成年子女监护、探视等事项中的中立性代理人，缺乏未成年子女利益的监督、保障机制，难以完全实现未成年子女的最大利益。从坚持人文主义离婚法“以人为本”，保障弱势群体权益出发，为实现未成年子女在监护探视中的独立主体地位，建议在我国离婚法中明确规定：未成年子女年满10周岁以上的，在涉及其利益时，应听取其意愿。建议设立保障未成年子女利益的独立代理人，以监督和保障未成年子女利益的实现。在涉及未成年子女的离婚案件中，在调解人员组成上应有妇联的工作人员参与，以代表未成年子女利益参与调解。在夫妻无法就未成年子女相关问题达成一致意见向法院提起诉讼时，代表未成年子女利益的调解人员应作为未成年子女的独立代理人参与离婚诉讼以维护未成年子女的合法权益。建议在我国离婚法中规定，在审理离婚子女监护、探望问题上，在必要的情况

下，人民法院的法官可以指定由 1 ~ 2 名具有专门知识的人员或相关律师出庭就涉及未成年子女最大利益的相关问题进行说明。审判人员和当事人可以对出庭的具有专门知识的人员进行询问。

结　语

法律的人文精神是法的应然性要求，是人类不懈追求的价值目标。在离婚法中体现对人的关怀，是离婚法不断发展前进的推动力。近现代许多国家兴起的离婚法改革运动浪潮迄今方兴未艾，其目的在于让离婚法更符合人的利益和需求。离婚法对离婚自由的态度、离婚法夫妻法律地位及子女法律地位的历史演进充分体现了离婚法向着自由、平等及维护人的尊严的目标不断进步。离婚自由是对人的自由价值的尊重，有利于实现婚姻幸福，具有人文主义品性，是现代各国离婚法坚持的基本原则。为实现离婚自由，许多国家离婚法采纳了破裂离婚原则。但破裂原则的采纳产生了一些不容忽视的社会问题，如离婚社会成本加剧、人们对婚姻的信仰降低等，尤其是导致对未成年子女的不利影响及抚养未成年子女的离婚女性的贫困化。在什么情况下婚姻应当允许解除，在什么情况下应采取措施挽救婚姻，以及如何在离婚自由与保障离婚弱势群体权益之间寻求平衡点，既保障婚姻当事人享有离婚自由权以追求婚姻幸福，又要保障离婚弱者的权益，这些仍然是现代离婚法改革的重心，也将是21世纪离婚法关注的重要内容。

笔者认为，人文主义是人类共同的精神财富，其“以人为本”的基本理念及关怀人的终极目标是我们制定离婚法的基本动力，也为我们指明了未来奋斗的方向。因此，构建一部自由、平等及维护人的尊严的离婚法，是新世纪离婚法的要求。人文主义离婚法应坚持“以人为本”理念，以坚持离婚自由、防止轻率离婚及保障弱势群体权益为立法目标，以离婚自由与适度限制、离婚夫妻平等、子女最大利益为基本原则，发挥离婚法的引导功能及维护家庭成员权益的功能。笔者建议应在我国离婚法中建立离婚纠纷多元解决机制，既要保障当事人的离婚自由，也要挽救尚能维持的婚姻关系，在离婚后果方面要根据人的利益和需求解决相关纠纷。同时，建议加大对离婚贫困女性权益保障力度，保障离婚弱者基本人权、维护其做人的尊严，也可以发扬人性善的优点。最后，笔者建议应依据“儿童最大利益”原则，从未成年子女的主体地位角度完善离婚法之规定，以维护未成年子女的利益，满足其合理需求。

现有研究中较少涉及结合人文主义与离婚法进行的研究，本书尝试对离婚法进行一次研究视角的转换，虽竭尽所能，但尚存在诸多不足，祈望各位前辈、同人批评指正。

主要参考文献

（按引用先后顺序排列）

一、著作类

（一）中文著作

［1］周辅成：《从文艺复兴到十九世纪资产阶级哲学家政治思想家有关人道主义人性论言论选辑》，商务印书馆 1966 年版。

［2］叶秋华：《外国法制史》，中国法制出版社 2000 年版。

［3］李喜蕊：《英国家庭法历史研究》，知识产权出版社 2009 年版。

［4］周作人：《公荼随笔》，河北教育出版社 2002 年版。

［5］何勤华主编：《英国法律发达史》，法律出版社 1999 年版。

［6］龙佳解：《中国人文主义新论——评当代新儒家的传统文化诠释》，湖南大学出版社 2001 年版。

［7］时显群：《西方法理学研究》，人民出版社 2007 年版。

［8］张文显：《二十世纪西方法哲学思潮研究》，法律出版社 2006 年版。

［9］徐国栋：《人性论与市民法》，法律出版社 2006 年版。

［10］武步云：《人本法学的哲学探究》，法律出版社 2008 年版。

［11］李永成：《经济法人本主义论》，法律出版社 2006 年版。

［12］赵敦华：《西方哲学简史》，北京大学出版社 2001 年版。

[13] 侯健、林燕梅:《人文主义法学思潮》, 法律出版社2007年版。

[14] 于文杰:《现代化进程中的人文主义》, 重庆出版社2006年版。

[15] 刘新主编:《中国法律思想史》(第二版), 中国人民大学出版社2005年版。

[16] 马小红、姜晓敏主编:《中国法律思想史》, 中国人民大学出版社2010年版。

[17] 张椿年:《从信仰到理性——意大利人文主义研究》, 浙江人民出版社1993年版。

[18] 王俊杰:《法的正义价值理论与民事再审程序构造》, 人民法院出版社2007年版。

[19] 郭义贵:《西欧中世纪法律概略》, 中国社会科学出版社2008年版。

[20] 何勤华主编:《西方法学史》, 中国政法大学出版社1996年版。

[21] 夏勇:《人权概念起源——权利的历史哲学》, 中国政法大学出版社2001年修订版。

[22] 何勤华主编:《德国法律发达史》, 法律出版社2000年版。

[23] 何勤华主编:《法国法律发达史》, 法律出版社2001年版。

[24] 马小红主编:《中国法律思想史研究》, 中国人民大学出版社2007年版。

[25] 梁启超:《新民说　论权利思想》,《饮冰室专集》之四, 中华书局1989年版。

[26] 俞可平:《政治与政治学》, 社会科学文献出版社2005年版。

[27] 武高寿:《社会契约新论: 社会主义契约文化探求》, 北

京大学出版社 2006 年版。

［28］郑杭生主编：《社会学概论新修》（修订本），中国人民大学出版社 2001 年版。

［29］陈苇主编：《婚姻家庭继承法学》，群众出版社 2005 年版。

［30］吴增基等主编：《现代社会学》，上海人民出版社 2005 年版。

［31］徐国栋：《罗马私法要论——文本与分析》，科学出版社 2007 年版。

［32］李锡鹤：《民法哲学论稿》，复旦大学出版社 2000 年版。

［33］张翔：《自然人格的法律构造》，法律出版社 2008 年版。

［34］卓泽渊：《法的价值论》（第二版），法律出版社 2006 年版。

［35］谷春德主编：《西方法律思想史》，中国人民大学出版社 2004 年版。

［36］李晓明：《私法的制度价值》，法律出版社 2007 年版。

［37］刘复之主编：《人权大词典》第一辑，武汉大学出版社 1993 年版。

［38］夏利民：《民法基本问题研究》，中国人民公安大学出版社 2001 年版。

［39］陈苇：《结婚与婚姻无效纠纷的处置》，法律出版社 2001 年版。

［40］徐儒宗：《人和论——儒家人伦思想研究》，人民出版社 2006 年版。

［41］黄风：《罗马法》，中国人民大学出版社 2009 年版。

［42］林榕年：《外国法制史》，中国人民大学出版社 1999 年版。

［43］李志敏：《中国古代民法》，法律出版社 1988 年版。

［44］中国基督教协会印发：《圣经》，南京爱德印刷有限公司

1996 年版。

[45] 薄洁萍:《上帝作证——中世纪基督教文化中的婚姻》,学林出版社 2005 年版。

[46] 陈苇主编:《家事法研究》(2007 年卷),群众出版社 2008 年版。

[47] 胡志超:《中国破裂主义离婚法律制度》,法律出版社 2010 年版。

[48] 瞿同祖:《中国法律与中国社会》,中华书局 2003 年版。

[49] 张学军:《论离婚后的扶养立法》,法律出版社 2004 年版。

[50] 梁凤英:《中国传统民法理念与规范》,郑州大学出版社 2003 年版。

[51] 陈苇(项目负责人):《澳大利亚家庭法(2008 年修正)》,群众出版社 2009 年版。

[52] 陈苇主编:《外国婚姻家庭法比较研究》,群众出版社 2006 年版。

[53] 陈苇主编:《加拿大家庭法汇编》,群众出版社 2006 年版。

[54] 付子堂主编:《法理学进阶》,法律出版社 2005 年版。

[55] 李银河、马忆南主编:《婚姻法修改论争》,光明日报出版社 1999 年版。

[56] 马忆南主编:《婚姻家庭继承法学》,北京大学出版社 2007 年版。

[57] 李维:《社会心理学新发展》,上海教育出版社 2006 年版。

[58] 徐汉明、盛晓春:《家庭治疗——理论与实践》,人民卫生出版社 2010 年版。

[59] 林秀雄:《婚姻家庭法之研究》,中国政法大学出版社 2001 年版。

[60] 夏吟兰:《离婚自由与限制》，中国政法大学出版社2007年版。

[61] 李银河:《女性主义》，山东人民出版社2005年版。

[62] 何勤华、魏琼主编:《西方民法史》，北京大学出版社2006年版。

[63] 李瑜青主编:《叔本华文存》，上海大学出版社2006年版。

[64] 杜宴林:《法律的人文主义解释》，人民法院出版社2005年版。

[65] 北京大学哲学系译:《十八世纪法国哲学》，商务印书馆1979年版。

[66] 韩德强:《论人的尊严——法学视角下人的尊严理论的诠释》，法律出版社2009年版。

[67] 阎章荣、陈洪涛:《神学主义法学》，法律出版社2008年版。

[68] 梁慧星:《民法解释学》，中国政法大学出版社1995年版。

[69] 夏吟兰:《美国现代婚姻家庭制度》，中国政法大学出版社1999年版。

[70] 陈苇（项目负责人）:《改革开放三十年（1978~2008）中国婚姻家庭继承法研究之回顾与展望》，中国政法大学出版社2010年版。

[71] 王伟:《中国伦理性百科全书》（婚姻家庭伦理学卷），吉林人民出版社1993年版。

[72] 陈苇主编:《婚姻家庭继承法学》，群众出版社2005年版。

[73] 陈苇:《中国婚姻家庭法立法研究》（第二版），群众出版社2010年版。

[74] 陈苇、冉启玉:《离婚扶养制度研究——中国法与俄罗

斯法之比较》，载王利明、郭明瑞、潘维大主编：《中国民法典基本理论问题研究》，人民法院出版社 2004 年版。

[75] 巫昌祯主编：《婚姻法执行情况调查》，中央文献出版社 2004 年版。

[76] 王洪：《婚姻家庭法》，法律出版社 2003 年版。

[77] 林崇德主编：《发展心理学》，人民教育出版社 1995 年版、2006 年第 15 次印刷。

[78] 史尚宽：《亲属法论》，中国政法大学出版社 2000 年版。

[79] 潘允康：《家庭社会学》，中国审计出版社、中国社会出版社 2002 年版。

[80] 陈苇主编：《家事法研究》（2010 年卷），群众出版社 2011 年版。

[81] 陈爱武：《家事法院制度研究》，北京大学出版社 2010 年版。

[82] 苑泽明主编：《无形资产评估》，复旦大学出版社 2005 年版。

[83] 虞晓芬、汪初牧主编：《资产评估》，清华大学出版社 2004 年版。

[84] 朱萍主编：《资产评估学教程》，上海财经大学出版社 2004 年版。

[85] 何承金主编：《劳动经济学》，东北财经大学出版社 2002 年版。

（二）译文著作

[1] [日] 栗生武夫：《婚姻法之近代化》，胡长清译，中国政法大学出版社 2003 年版。

[2] [英] 阿伦·布洛克：《西方人文主义传统》，董乐山译，生活·读书·新知三联书店 1997 年版。

[3]《马克思恩格斯选集》第三卷，人民出版社 1972 年版。

[4] [美] 汉斯·J. 摩根索：《国家间的政治》，杨歧鸣等译，

商务印书馆 1993 年版。

［5］［美］孔恩：《科学革命的结构》，程树德等译，台湾源流出版事业股份有限公司 1994 年版。

［6］［美］恩格尔·哈特：《生命伦理学和世俗人文主义》，李学钧、喻琳译，陕西人民出版社 1998 年版。

［7］［美］美国人文杂志社、三联书店编辑部：《人文主义——全盘反思》，宋念申等译，生活·读书·新知三联书店 2006 年版。

［8］［意］卜伽丘：《十日谈》，上海译文出版社 1985 年版。

［9］［德］伊曼努尔·康德著：《道德形而上学原理》，苗力田译，上海世纪出版集团 2002 年版。

［10］［德］卡尔·拉伦茨：《德国民法通论》（上），王晓晔等译，法律出版社 2003 年版。

［11］［德］黑格尔：《法哲学原理》，范扬、张企泰译，商务印书馆 1961 年版、2007 年印刷。

［12］《马克思恩格斯全集》第一卷，人民出版社 1956 年版。

［13］《马克思恩格斯选集》第一卷，人民出版社 1972 年版。

［14］［荷兰］斯宾诺莎：《神学政治论》，温锡增译，商务印书馆 1982 年版。

［15］［英］约翰·密尔：《论自由》，程崇华译，商务印书馆 1959 年版、2006 年第 8 次印刷。

［16］［美］威廉·K. 弗兰克纳著：《伦理学》，关键译，生活·读书·新知三联书店 1987 年版。

［17］［古希腊］亚里士多德：《政治学》，吴寿彭译，商务印书馆 1983 年版。

［18］《马克思恩格斯选集》第四卷，人民出版社 1972 年版。

［19］［法］卢梭：《社会契约论》，何兆武译，商务印书馆 2006 年版。

［20］［意］彼德罗·彭梵得：《罗马法教科书》，黄风译，中

国政法大学出版社 1992 年版。

[21]［英］洛克著:《政府论》（下），叶启芳、瞿菊农译，商务印书馆 2009 年版。

[22]［日］星野英一:《私法中的人》，王闯译，中国法制出版社 2004 年版。

[23]［日］我妻荣、有泉亨:《日本民法　亲属法》，夏玉芝译，工商出版社 1996 年版。

[24]［英］凯特·斯丹德利:《家庭法》，屈广清译，中国政法大学出版社 2004 年版。

[25]［法］雅克·盖斯旦、吉勒·古博:《法国民法总论》，陈鹏等译，法律出版社 2004 年版。

[26]［意］密拉格利亚:《比较法律哲学研究》，吴章敏等译，中国政法大学出版社 2005 年版。

[27]［瑞士］雅各布·布克哈特:《意大利文艺复习时期的文化》，何新译，商务印书馆 2007 年版。

[28]［法］让 - 雅克·卢梭:《论人类不平等的起源和基础》，高煜译，广西师范大学出版社 2002 年版。

[29]［法］孟德斯鸠:《论法的精神》，张雁深译，商务印书馆 2006 年版。

[30]［芬兰］E. A. 韦斯特马克:《人类婚姻史》，李彬译，商务印书馆 2002 年版。

[31]［意］桑德罗·斯奇巴尼选编:《婚姻·家庭和遗嘱继承》，费安玲译，中国政法大学出版社 2001 年版。

[32]［美］斯塔夫里阿诺斯:《全球通史》（第 7 版），董书慧等译，北京大学出版社 2005 年版。

[33]［德］费希特:《自然法权基础》，谢地坤、程志民译，商务印书馆 2004 年版。

[34]［德］康德:《法的形而上学原理——权利的科学》，沈淑平译，商务印书馆 2008 年版。

[35] [意] 加林:《意大利人文主义》,李玉成译,生活·读书·新知三联书店 1998 年版。

[36] [美] 马斯洛:《人的潜能和价值》,林方主编,华夏出版社 1987 年版。

[37] [美] 苏珊娜·格罗斯巴德·舍特曼主编:《婚姻与经济》,王涛译,上海财经大学出版社 2005 年版。

(三) 中文论文

[1] 孙国华、张小军:《以人为本与法学研究范式》,载徐显明主编:《以人为本与法律发展》,山东人民出版社 2008 年版,第 5 页。

[2] 张文显、于宁:《当代中国法哲学研究范式的转换——从阶级斗争范式到权利本位范式》,载《中国法学》2001 年第 1 期,第 64 页。

[3] 杨大文等:《完善社会主义初级阶段的婚姻家庭制度》,载《中国法学》1989 年第 2 期。

[4] 李龙等:《"以人为本"的法哲学解读——"以人为本"四人谈》,载《金陵法律评论》2004 年秋季卷。

[5] 汪太贤:《论中国法治的人文基础重构》,载《中国法学》2001 年第 4 期。

[6] 吴惠红:《中西人文精神异同探析》,载《经济与社会发展》2005 年第 6 期。

[7] 汪太贤:《人文精神与西方法治传统》,载《政法论坛(中国政法大学学报)》2001 年第 3 期。

[8] 韩庆祥、王勤:《从文艺复兴"人的发现"到现代"人文精神的反思"》,载《北京大学学报(哲学社会科学版)》1999 年第 6 期。

[9] 吴宁宁:《梁启超自由思想评析》,载《内蒙古社会科学(汉文版)》2010 年第 3 期。

[10] 黄蔼凡:《苏联巩固婚姻家庭关系的措施》,载《俄罗斯

中亚东欧研究》1984年4期，第48页。

[11] 朱有钰：《苏联促进和巩固婚姻家庭关系的若干措施》，载《国际观察》1984年第2期。

[12] 徐国栋：《新人文主义与中国民法理论》，载《学习与探索》2006年第6期。

[13] 赵凯荣：《马克思论法的人文主义哲学基础》，载《四川大学学报（哲学社会科学版）》2000年第5期。

[14] 周安平：《性别平等的法律进路之批判》，载《法商研究》2004年第3期。

[15] 邓翠华：《人是目的与手段的有机统一》，载《教学与研究》2007年第8期。

[16] 徐国栋：《从身份到理性》，载《法律科学（西北政法学院学报）》2006年第4期。

[17] 刘国利、吴镝飞：《人文主义法学引论》，载《中国法学》2004年第6期。

[18] 傅新球：《英国离婚法的演变》，载《世界历史》2003年第2期。

[19] 何玲、张晓洁：《英法两国离婚法改革特点》，载《河北法学》1998年第2期。

[20] 曹瑞臣：《当代英国离婚态势与特征探析》，载《欧洲研究》2005年第2期。

[21] 晏生山：《判决离婚标准研究——以美、英、德、法四国立法为借鉴》，西南政法大学2005年硕士毕业论文。

[22] 杨晋玲：《从举证责任看我国婚姻法裁判离婚理由的完善》，载《云南大学学报法学版》2001年第4期。

[23] 李红玲：《婚姻破裂原则与感情破裂原则的比较》，载《法学》1991年第11期。

[24] 张光平：《婚姻破裂主义——治标不治本——兼评现行法定离婚理由》，载《社科纵横》2008年第1期。

[25] 唐卲廉、周敏:《人文·人文主义·人文精神》,载《四川师范学院学报(哲学社会科学版)》2002 年第 11 期。

[26] 龙翼飞:《完善婚姻家庭法律制度的新探索》,载《法学家》2007 年第 1 期。

[27] 陈苇:《离婚后父母对未成年子女监护权问题研究——兼谈我国〈婚姻法〉相关内容的修改与补充》,载《中国法学》1998 年第 3 期。

[28] 冉启玉:《英美法"儿童最大利益原则"及其启示——以离婚后子女监护为视角》,载《河北法学》2009 年第 9 期。

[29] 陈苇、胡苷用:《离婚诉讼前处理子女抚养纠纷的一种新机制——澳大利亚"家庭关系中心"评介及其启示》,载《吉林大学社会科学学报》2007 年第 4 期。

[30] 薛宁兰:《无过错离婚在美国的法律化进程》,载《外国法译评》1998 年第 4 期。

[31] 任丑:《人权视阈的尊严理念》,载《哲学动态》2009 年第 1 期。

[32] 李青:《中日"家事调停"的比较研究》,载《比较法研究》2003 年第 1 期。

[33] 王琪:《经济学视阈的离婚妇女财产权益》,载《求索》2006 年第 7 期。

[34] 马致远、张蓉:《透视弱势群体——中国离婚妇女的生活状况及其权益保障》,载《长安大学学报(社会科学版)》2003 年第 9 期。

[35] 易松国:《离婚的后果:离婚女性的定量分析及思考——以深圳市为例》,载《江西社会科学》2006 年第 5 期。

[36] 何贵忠:《〈婚姻法〉5 年实践之评析》,载《妇女研究论丛》2006 年第 11 期。

[37]《成都市离婚调查》课题组:《成都市离婚调查》,载《四川省情》2008 年第 4 期。

[38] 刘爱玲等:《中国成年人家务劳动现状》,载《中国慢性疾病预防与控制》2007 年第 2 期。

[39] 马忆南:《婚姻法第 32 条实证研究》,载《金陵法律评论》2006 年春季卷。

[40] 陈苇:《婚内所得知识产权的财产期待权之归属探讨——兼谈对〈婚姻家庭法〉(1999 年法学专家建议稿)的修改建议》,载《现代法学》2000 年第 4 期。

[41] 冉启玉:《论我国〈婚姻法〉对夫妻家务劳动价值的保护》,载《理论月刊》2011 年第 1 期。

[42] 马忆南:《离婚救济制度的评价与选择》,载《中外法学》2005 年第 2 期。

[43] 辛浩力:《国外现代亲子关系理论观点回顾》,载《教育改革》1997 年第 2 期。

[44] 巫昌祯:《进一步完善婚姻法的几点思考——纪念婚姻法修改五周年》,载《金陵法律评论》2006 年春季卷。

[45] 甄宏丽、吴任钢:《在婚者与离婚者婚姻质量与个性的调查分析》,载《中国健康心理学杂志》2008 年第 7 期。

[46] 杜江等:《离婚案中当事人的心理状况调查》,载《健康心理学杂志》2002 年第 5 期。

[47] 强世功:《司法能动下的中国家庭——从最高法院关于〈婚姻法〉的司法解释谈起》,载《文化纵横》2011 年第 1 期。

[48] 陈苇:《婚姻法修改及其完善》,载《现代法学》2003 年第 4 期。

[49] 陈苇、谢京杰:《论"儿童最大利益优先原则"在我国的确立——兼论〈婚姻法〉等相关法律的不足及其完善》,载《法商研究》2005 年第 5 期。

[50] 陈苇、来文彬:《论我国家事纠纷人民调解的新机制——以澳大利亚"家庭关系中心"之家事纠纷调解为视角》,载《学术交流》2009 年第 7 期。

［51］冉启玉：《成本与收益：夫妻家务劳动价值的法经济学分析》，载《北方论丛》2009 年第 5 期。

［52］王峰：《家务劳动的计量方法》，载《能源基地建设》1998 年第 6 期。

［53］陈丽娟：《家务补偿请求权的法经济学分析》，载《妇女研究论丛》2007 年第 3 期。

［54］李梦娟：《中国高离婚率调查》，载《政府法制》（半月刊）2008 年第 14 期。

［55］［委内瑞拉］H. 缪吉尔：《新人文主义》，刘智译，载《国外社会科学》1989 年第 11 期。

二、英文类

（一）英文著作

［1］Katherine T. Bartlett，Deborah L. Rhode，*Gender and Family*（*fourth edition*），Aspen Publishers，2006.

［2］Julie Wallbank，Shazia Choudhry and Jonathan Herring，*Rights*，*Gender and Family Law*，Routledge，2010.

［3］J. M Masson，R. Bailey - Harris，R. J Probert，*Principles of Family Law*，Sweet and Maxwell（London），2008.

［4］Hiroshi Oda，*Japanese Law*（*Third edition*），Oxford University Press，2009.

［5］Frances Burton，*Family Law*，published by Cavendish Publishing Limited，Great Britain，2003.

［6］Katharina Boele - woelki，*Debates in Family Law Around the Globe at the Dawn of the 21st Century*，intersentia，2009.

［7］Kate Standley，*Family Law*，London，Macmilian，1993.

［8］Stephen Cretney，*Family Law in the Twentieth Century*，A History，Oxford University Press，2003.

［9］Family Law Processes，*Practices and Pressure*，edited by

John Dewar and Stephen Parker, Hart Publishing Oxford and Portland, Oregon, 2003.

[10] Judith Areen, *Family Law (Third Edition)*, the Foundation Press, USA, 1992.

[11] Ira Mark Ellman, Paul M. Kurtz, Katharine T. Bartlett, *Family Law (Second Edition)*, The Michie Company Law Publishers, Charlottesvile, Virginia, 1991.

[12] John Eekelaar and Thandabantu Nhlapo, *the Changing Family International Perspectives on the Family and Family Law*, Hart Publishing, Oxford, UK, 1998.

[13] Peter de Cruz, *Family Law, Sex and Society, A Comparative Study of Family Law*, Routledge, 2010.

[14] Mavis Maclean, *Family Law and Family Values*, Hart Publishing Oxford, 2005.

[15] Frank J. Dyer, *Psychological Consultation in Parental Rights Cases*, The Guilford Press, 1999.

[16] [美] 哈里·D. 格劳斯:《家庭法》英文影印版，法律出版社 1999 年版。

(二) 英文论文

[1] Barbara Bennett Woodhouse, *Child Custody in the Age of Children's Rights: The Search for a Just and Workable Standard*, Family Law Quarterly, 33, 1999.

[2] Tammy R. Pettinato, *Transforming Marriage, The Transformation of Intimacy and the Democratizing Potential of Love*, Journal of Law & Family Studies, Vol. 9, 2007.

[3] John Eekelaar, *the Emergence of the children Rights*, Oxford Journal of Legal Studies, 1986.

[4] Olga A. Khazova, *Allocation of Parental Rights and Responsibilities after Separation and Divorce under Russian Law*, Family Law

Quarterly, Volume 39, Number 2, Summer 2005.

[5] Helen Rhoades and Susan B. Boyd, *Reforming Custody Laws: A Comparative Study*, International Journal of Law, Policy and the Family 18, (2004).

[6] Katharina Boele – Woelki, Dieter Martiny, *The Commission on European Family Law (CEFL) and its Principles of European Family Law Regarding Parental Responsibilities*, ERA Forum, 2007 (8).

[7] Linda D. Elrod, Milfred D. Dale, *Paradigm Shifts and Pendulum Swings in Child Custody: The Interests of Children in the Balance*, 42, Family Law Quarterly, 2008.

[8] Mark Henaghan, *What Does a Child's Right to Be Heardin Legal Proceedings Really Mean? ABA Custody Standards Do Not Go Far Enough*, 42 Family Law Quarterly, 2008 .

[9] Michael Grossberg, *Who Gets the Child? Custody, Guardianship, and the Rise of a Judicial Patriarchy in Nineteenth – Century America*, Feminist Studies, Vol. 9, No. 2 (Summer, 1983).

[10] Eva Ryrstedt, *Custody of Children in Sweden*, Family Law Quarterly, Volume 39, Number 2, Summer 2005.

[11] Lynne Marie Kohm, *Tracing the Foundations of the Best Interests of the Child Standard in American Jurisprudence*, Journal of Law & Family Studies, 2008.

[12] Cynthia C. Siebel, *Fathers and Their Children: Legal and Psychological Issues of Joint Custody*, Family Law Quarterly, Volume 40, Number 2, Summer 2006.

[13] Patrick Parkinson, *The Law of Postseparation Parenting in Australia*, 39 FAM. L. Q. (2005).

[14] National Fatherhood Initiative, with This Ring... a National Survey on Marriage in America 29 (2005), P 4. http//: www. smartmarriages. com/nms. pdf.

[15] The National Marriage Project, the State of Our Unions 2005: The Social Health of Marriage in America (2005), pp. 18 – 19, http//: www. virginia. edu/marriageproject/pdfs/SOOU2005. pdf.

[16] Marsha Garrison, *Reviving Marriage: Could We? Should We?* Journal of Law & Family Studies, Volume 10, 2008.

[17] Stephen J. Bah, *Social Science Research on Family Dissolution: What It Shows and How It Might Be of Interest to Family Law Reformers*, Journal of Law & Family Studies, Volume 4, No1, 2002.

[18] P. R. Amato & B. Keith, *Parental Divorce and Adult Well – being: A Meta – analysis*, Journal of Marriage and the Family, 1991.

[19] Benjamin Scafidi, *The Taxpayer Costs of Divorce and Unwed Childbearing : First – Ever Estimates for the Nation and for All Fifty States*, 2008, pp. 5 – 9, 18. http: //www. americanvalues. org/coff/executive_ summary. pdf. 2010 – 10 – 04.

[20] Alan J. Hawkins, *Will Legislation to Encourage Premarital Education Strengthen Marriage and Reduce Divorce?* Journal of Law and Family Studies, 2007.

[21] Marsha Garrison, *Promoting Cooperative Parenting: Programs and Prospects*, Journal of Law & Family Studies, Volume9, No. 1 2007.

[22] Lynn D. Wardle, *No – Fault Divorce and The Divorce Conundrum*, Brigham Young University Law Review, 1991.

[23] J. W. Mohr, *The Future of the Family, the law and the state*, Canadian Journal of Family Law, 1984.

[24] Haya Stier, Noah Lewin – Epstein, *Policy Effects on the Division of Housework*, Journal of Comparative Policy Analysis, Vol. 9, No. 3, September 2007.

[25] Marie Evertsson and Magnus Nermo, *Dependence Within Families and the Division of Labor: Comparing Sweden and the United*

States, Journal of Marriage and Family 66 (December 2004).

[26] J. Thomas Oldham, *Changes in the Economic Consequences of Divorce*, 1958 - 2008, Family Law Quarterly, Volume 42, Number 3, fall 2008.

[27] *Births, Marriages, Divorces, and Deaths: Provisional Data for* 2009, table A, http://www.cdc.gov/nchs/fastats/divorce.htm

[28] Chen Wei, Ran Qi - Yu, *a Study of The System of Spousal Maintenance on Divorce: a Comparison Between China and Russia*, International Journal of Law, Policy and the Family 19, (2005).

三、法典、法律、法规及司法解释

[1] 陈苇（项目负责人）:《澳大利亚家庭法（2008 年修正)》，群众出版社 2009 年版。

[2] 李浩培等译:《拿破仑民法典》，商务印书馆 1997 年版。

[3] 陈卫佐译注:《德国民法典》（第 2 版），法律出版社 2006 年版。

[4] 罗结珍译:《法国民法典》，中国法制出版社 2005 年版。

[5] 焉一美译:《俄罗斯联邦家庭法典》，载张贤钰主编:《外国婚姻家庭法汇编》，群众出版社 2000 年版。

[6] 中国政法大学澳门研究中心、澳门政府翻译办公室编:《澳门民法典》，中国政法大学出版社 1999 年版。

[7] 中国法学会婚姻法学研究会编:《外国婚姻家庭法汇编》，群众出版社 2000 年版。

[8] 陈苇主编:《加拿大家庭法汇编》，群众出版社 2006 年版。

[9] 蒋月等译:《英国婚姻家庭法选集》，法律出版社 2008 年版。

[10]《中华人民共和国婚姻法》（1980 年 9 月 10 日第五届全国人民代表大会第三次会议通过，2001 年 4 月 28 日修正）

[11]《中华人民共和国民法通则》（1986 年 4 月 12 日第六届全国人民代表大会第四次会议通过，自 1987 年 1 月 1 日起施行）

[12] 最高人民法院《关于贯彻执行〈中华人民共和国民法通则〉若干问题的意见（试行）》（1988 年 1 月 26 日最高人民法院审判委员会讨论通过，1987 年 1 月 1 日起施行）

[13] 最高人民法院《关于人民法院审理离婚案件处理子女抚养问题的若干具体意见》（最高人民法院审判委员会第 603 次会议讨论通过，1993 年 11 月 3 日起施行）

[14] 最高人民法院《关于人民法院审理离婚案件处理财产分割问题的若干具体意见》（最高人民法院审判委员会第 603 次会议讨论通过）

[15] 最高人民法院《关于人民法院审理离婚案件如何认定夫妻感情确已破裂的若干具体意见》（1989 年 11 月 21 日通过，颁布之日起施行）

[16] 最高人民法院《关于适用〈中华人民共和国婚姻法〉若干问题的解释（一）》（2001 年 12 月 24 日最高人民法院审判委员会第 1202 次会议通过）

[17] 最高人民法院《关于适用〈中华人民共和国婚姻法〉若干问题的解释（二）》（2003 年 12 月 4 日最高人民法院审判委员会第 1299 次会议通过，自 2004 年 4 月 1 日起施行）

[18]《婚姻登记条例》（2003 年 8 月 8 日国务院第 387 号令公布，2003 年 10 月 1 日起施行。）

[19] 最高人民法院《关于民事诉讼证据的若干规定》（2001 年 12 月 6 日由最高人民法院审判委员会第 1201 次会议通过，2002 年 4 月 1 日起施行）

[20] 最高人民法院《关于人民法院民事调解工作若干问题的规定》（2004 年 8 月 8 日最高人民法院审判委员会第 1321 次会议通过，2004 年 11 月 1 日起实施）

[21]《人民调解工作若干规定》（2002 年 9 月 11 日司法部部

长办公会议通过，自 2002 年 11 月 1 日起施行）

［22］《中华人民共和国人民调解法》（2010 年 8 月 28 日第十一届全国人民代表大会常务委员会第十六次会议通过，2011 年 1 月 1 日起施行）

四、辞书类

［1］大辞海编辑委员会：《大辞海》，上海辞书出版社 2003 年版。

［2］Bryan A. Garner，Black's Law Dictionary（Eighth Edition），Thomson West，2004.

［3］《哲学大辞典》编辑委员会编：《哲学大辞典》，上海辞书出版社 1992 年版。

［4］中国社会科学院语言研究所词典研究所词典编辑室编：《现代汉语词典》（第五版），商务印书馆 2005 年版。

［5］冯契主编：《哲学大辞典》，上海辞书出版社 1992 年版。

［6］刘复之主编：《人权大词典》（第一辑），武汉大学出版社 1993 年版。

五、其他类

［1］中国民政部规划财务司公布的全国民政事业发展统计报告数据，http://cws.mca.gov.cn/article/gzdt/。

［2］《中国民政统计年鉴 2004》，http://tjsj.baidu.com/pages/jxyd/31/57/334cd158141e3e17f2ba70ee29eee61d_0.html。

［3］《1978～2006 历年离婚办理情况》，http://cn.chinagate.cn/reports/2008-01/24/content_9583707.htm。

［4］《中国民政统计年鉴 2004》，http://tjsj.baidu.com/pages/jxyd/31/57/334cd158141e3e17f2ba70ee29eee61d_0.html。

［5］国务院民政部门关于离婚统计数据，http://cws.mca.gov.cn/article/tjbg/。

[6] 刘静：《崇文法院调研“80后”离婚现状、原因及审理思路》，http://bjgy.chinacourt.org/public/detail.php? id=82594。

[7]《当代中国婚姻观的调查》，http://www.sojump.com/report/89981.aspx。

[8]《“80”后婚姻观的调查》，http://www.askform.cn/FormViewResult.aspx? FormID=66190&UserID=59196。

[9]《2009年民政事业发展统计报告》，http://cws.mca.gov.cn/article/tjbg/201006/20100600081422.shtml? 2。

[10]《北京：便民法庭20分钟判离婚》，http://news.sina.com.cn/society/2000-05-15/89631.html。

[11]《10分钟了结离婚案》，http://www.gmw.cn/01shsb/2000-04/02/GB/03%5E1301%5E0%5ESH1-227.htm。

[12] 陈岚：《南京出现便民法庭：15分钟就能完成的离婚程序》，http://news.sohu.com/86/41/news211874186.shtml。

[13] 刘平毅、石才强：《天各一方要离婚“电波法庭”便民诉》，http://www.xfxww.com/news/2010726/2010726829136504.html。

[14]《广东法院试点组建家事合议庭 专审“家事纠纷”》，http://www.chinanews.com.cn/gn/news/2010/03-23/2186320.shtml。

[15]《广东中山圆满了结该市“家事法庭”第一案》，http://news.163.com/10/0607/18/68JKHSML000146BC.html。

[16] 赵正辉等：《为了每个家庭的和谐——记江苏省无锡惠山区法院“家事调解中心”》，http://www.jsfy.gov.cn/fyfc/ck63/2010/02/24142421245.html。

[17]《调解员善断家务事》，http://news.sohu.com/20061225/n247230542.shtml。

[18]《派出所有了调解室“家务事”不再难断》，http://www.cdrb.com.cn/html/2010-03/25/content_877076.htm。

[19] 高颖盈：《杭州首批婚姻家庭指导师将上岗》，http://www. xmxlzx. com/data/68007/detail. php？ thisid =42308。

[20] 叶海：《杭州31名志愿婚姻家庭指导师下周“上岗”》，http://zjnews. zjol. com. cn/05zjnews/system/2008/09/19/009954648. shtml。

[21]《最高人民法院关于适用〈中华人民共和国婚姻法〉若干问题的解释（三）》（征求意见稿），http://news. xinhuanet. com/legal/2010 -11/16/c_12779091. htm。

[22] 联合国妇女问题：《社会性别主流化》，http://www. un. org/chinese/esa/women/mainstreaming. htm。

后　记

本书系我的博士学位论文修改、补充而成。本人在写作中的诸多艰辛，均化做笔底20万余字的书稿。在写作中，本人自愧理论功力之不足，但于离婚法这片热爱的土壤中尝试探寻人文主义的理想光芒，默默耕耘于婚姻家庭法之一隅，自觉颇有收获，略有一丝欣慰。未敢妄称取得什么成果，只是在离婚法的人文主义研究方面进行了一次也许是微不足道的尝试。拙著即将付梓之际，在此对指导、帮助、支持我完成论文写作的老师、同学及出版社的同人们致以由衷的感谢！

感谢我的恩师陈苇教授！自2002年本人踏入西政之日，我一直师从陈苇老师学习婚姻法。从硕士研究生到博士生，从第一篇习作到博士论文，从学生到讲台，都是陈老师悉心指导，诲人不倦的结果。陈老师对工作一丝不苟的态度、对学术孜孜不倦的追求让我无比敬佩，并鞭策着我不断前进。每当我在生活、工作上遇到困难时，陈老师总是默默地给我送来最真诚的帮助。我的博士论文写作过程中，陈老师倾注了不少心血。不管严冬酷暑，也顾不上节假日，陈老师在百忙之中，对我的论文选题、结构、论证等方面给予许多高屋建瓴的指导。我衷心地感谢陈老师多年来对我的栽培！我将终生铭记恩师的教导："老老实实做人、踏踏实实做事。"并且，感谢陈老师的丈夫陈德毅先生给予我的诸多帮助，辛苦您了！

感谢西南政法大学的李开国教授、赵万一教授、刘云生教授、谭启平教授、石慧荣教授、汪世虎教授、王洪教授、孙鹏教授、曹兴权教授、唐烈英教授等老师们！本人在读书、工作期间有幸能得到各位老师的指导和教诲，老师们不吝赐教，使我终身受益。感谢中国人民大学的龙翼飞教授，重庆大学的程燎原教授，西南政法大学的张永和教授、李祖军教授、吴春燕教授对我的论文提出的宝贵的修改意见！感谢程燎原教授给我提供了原始的文献资料，并对我论文中的文献资料的引用进行了指正。在今后的教学和学术生涯中，我将铭记各位老师的教诲和指导。

感谢于林洋博士、曹贤信博士、梅象华博士在三年博士生学习期间给予我的无私帮助！在难忘的三年时光里，我们共同分享学习的快乐，分担遇到的困难。转眼三年过去，留下的是我们永远的同窗情谊！感谢欧阳若涛博士、车亮亮博士、孟庆涛博士、张志杭博士的支持和帮助！感谢同门师妹罗杰、李欣、侯菡、石婷及师弟段伟伟在学习期间对我的帮助和支持！感谢所有在读的同门师弟师妹们通过“家事法沙龙”就我在本书修改中的困惑问题展开论辩，丰富了我的知识，开阔了我的视野。

感谢我的母亲、爱人及爱子对我的鼓励和支持！他们是我坚强的后盾，力量的源泉。我年迈的母亲承担了家中繁重的家务，终日默默地为我操劳，让我有更多精力投入到论文的写作中，让我深深感受到了母爱的伟大！我的爱人倾其所有，竭尽所能支持我从硕士到博士，一步一步地完成学业，为我的学习、论文写作创造各种条件。年幼的儿子除了坚持认真、努力学习外，还积极“监督”我完成博士学位论文的写作、关心我的答辩结果，让我感受到儿子也心系母亲的学业。感谢我所有的亲人，亲情永远珍贵。

最后，本书能够顺利出版，还要感谢群众出版社的各位编辑老师，是他们不辞辛劳的工作，才使得本书能够及时出版。

冉启玉

2011 年 11 月 30 日于重庆

附　录

西南政法大学外国家庭法及妇女理论研究中心简介

学术顾问（以姓氏笔画为序）：王建华、方　俐、兰运华、
李春茹、陈　彬、郭渝平

主　　任：陈　苇

副 主 任：张华贵、朱　凡

秘 书 长：杜江涌

副秘书长：胡苷用

2003年12月至2004年12月西南政法大学民商法学院博士生导师陈苇教授受国家留学基金资助，由国家教育部公派出国留学作为访问学者到澳大利亚悉尼大学法学院进修家庭法一年。她回国后于2005年1月向学校提出了建立“西南政法大学外国家庭法及妇女理论研究中心”的书面申请。2005年4月1日西南政法大学校长办公会议批准同意该研究中心成立。

本“研究中心”的宗旨是通过整合本校婚姻家庭法及妇女理论方面的科研与教学资源，联合校内外其他单位与部门的相关人员，以西南政法大学为依托，开展中外学术交流，着力研究现阶段中外婚姻家庭继承法及妇女领域的重大理论和实践课题，为我国婚姻家庭继承法的完善及妇女理论的发展提供有益的借鉴经验，为我国立法机关提出相关建议，为司法部门提供法律咨询服务，争取多出科研成果，出精品科研成果，为创建国内一流、国际知名的西南政法大学而努力。

本“研究中心”的主要任务包括：1. 开展中外学术交流；2. 提供专业咨询服务；3. 进行理论研究；4. 培养婚姻家庭继承

法及妇女理论的学术人才；5. 组织开展学术讲座等，以期造就一批在本学科领域有一定影响的学术骨干和后备学术带头人。

本“研究中心”以《家事法研究》论丛作为学术研究阵地，每年计划推出1~2辑，由国家级出版社出版。并创建“研究中心”的网页——中外婚姻家庭法及妇女理论论坛，发表本研究中心成员的学术成果、开展对婚姻家庭问题的讨论，并邀请相关中外专家、学者、立法和司法实务部门人员进入该“论坛”，进行学术交流，以期实现学术研究与立法、司法的良性互动，促进中外学术研究和学术交流。

本“研究中心”以西南政法大学民商法学院婚姻家庭继承法和妇女理论研究所的人员为基础，并聘请校内外的专家、学者担任学术顾问和特约研究员。

Appendix

Introduction of the Research Center on Foreign Family Law and Women's Theory of Southwest University of Political Science and Law, China

Academic Consultants: Wang Jianhua, Fang Li, Lan Yunhua, Li Chunru, Chen Bin, Guo Yuping

Director: Chen Wei

Deputy Director: Zhang Huagui, Zhu Fan

Academic Secretary: Du Jiangyong

Deputy Academic Secretary: Hu Ganyong

Introduction

Professor Chen Wei, the doctor tutor of the Civil and Business Law School of Southwest University of Political Science and Law, China [hereinafter refers to SWUPL], studied family law in the Law School of Sydney University, Australia from Dec. 2003 to Dec. 2004 with the sustentation of "STATE SCHOLARSHIP FUND AWARD". In Jan. 2005, some days after came back to China, she presented the application for establishing "the Research Center on Foreign Family Law and Women's Theory of SWUPL, China". On Apr. 1st 2005, the President's Working Office of SWUPL approved her application.

The aim of the Research Center, is to develop academic exchange between China and foreign countries, put emphasis on grand important theory and practice problems of family law and women's theory by associating the researching and teaching resources of SWUPL with relevant personnel of other units and departments. All of that we have done and will do have some important meaning: (1) may provide the valuable experiences for the perfection of the laws of family and succession in China and the development of women's theory, (2) may provide relevant suggestions to Chinese legislature, and (3) may provide legal advices to judicial practice departments. We hope that SWUPL will be top ranking internally and famous internationally with our efforts.

The assignments of the Research Center including: (1) developing academic exchange between China and foreign countries in relevant fields; (2) providing professional consultation service; (3) strengthen academic research; (4) training some academic adepts of family law and women's theory; (5) giving academic lectures. We hope that some adepts and reserve academic leaders with certain influence in family law field would be brought up.

The research place of the Research Center including: (1) "Research on Family Law", is the analects of our academic research theses which will be published by a national publishing house one or two times per year; (2) "China and Foreign Countries Family Law and Women's Theory Forum", is the official website of the center. There will be academic products of center's members, discussions on family law and women's theory, and academic exchanges of experts, scholars, and judicial personnel of China and foreign countries. We hope to realize the virtuous communication between the theory and the practice and promote the academic exchange and research of China and foreign countries.

The personnel of the Research Center are mainly composed of scholars from the Marriage, Family and Succession Law and Women's Theory Research Institute of the Civil and Business Law School of SWUPL, China. We also invite some famous experts and scholars around the whole country to be the consultants and special research fellows. They are the members of the Research Center too.

图书在版编目（CIP）数据

人文主义视阈下的离婚法律制度研究/冉启玉著. —北京：群众出版社，2012.1
（家事法研究学术文库）
ISBN 978-7-5014-4956-9

Ⅰ.①人…　Ⅱ.①冉…　Ⅲ.①离婚法—研究—中国
Ⅳ.①D923.904
中国版本图书馆 CIP 数据核字（2011）第 257408 号

人文主义视阈下的离婚法律制度研究

冉启玉　著

出版发行：群众出版社
地　　址：北京市西城区木樨地南里
邮政编码：100038
经　　销：新华书店
印　　刷：北京蓝空印刷厂

版　　次：2012 年 1 月第 1 版
印　　次：2012 年 1 月第 1 次
印　　张：9.625
开　　本：880 毫米×1230 毫米　1/32
字　　数：260 千字

书　　号：ISBN 978-7-5014-4956-9
定　　价：32.00 元

网　　址：www.qzcbs.com
电子邮箱：qzcbs@163.com

营销中心电话：010-83903254
读者服务部电话（门市）：010-83903257
警官读者俱乐部电话（网购、邮购）：010-83903253
法律分社电话：010-83905745